HISTOIRE

DE FRANCE.

AVIS DE L'ÉDITEUR.

Il n'est pas en notre pouvoir de déterminer, d'une manière précise, l'époque où paraîtra la continuation de cet ouvrage jusqu'à 1815; mais nous sommes fondés à croire que le temps ne peut pas en être très-éloigné, l'auteur ayant déja poussé assez loin ce travail dont il s'occupe sans relâche.

Comme, à dater de 1807, par la disparition de la Prusse, qui cesse de figurer au rang des puissances de premier ordre, les questions de politique extérieure, sans perdre de leur importance ou plutôt en acquérant plus d'importance encore, vont être resserrées entre un moins grand nombre de cabinets, il est probable que quatre volumes suffiront au récit des sept dernières années du gouvernement impérial.

L'auteur reprendra ensuite en sous œuvre le période de 1785 à 1820, n'ayant rien de plus à cœur que de remplir, dans toute son étendue, son honorable mandat, en présentant un tableau complet des trente plus prodigieuses années de l'histoire de France; ou pour mieux dire, de l'histoire du monde.

HISTOIRE DE FRANCE,

DEPUIS LE 18 BRUMAIRE

(NOVEMBRE 1799),

JUSQU'A LA PAIX DE TILSITT

(JUILLET 1807).

PAR M. BIGNON.

« Je l'engage à écrire l'histoire de la
« diplomatie française de 1792 à 1815.»
Testament de Napoléon.

TOME SIXIÈME.

PARIS.

CHEZ Mme Ve CHARLES BÉCHET, LIBRAIRE,

QUAI DES AUGUSTINS, N°s 57 ET 59;

FIRMIN DIDOT FRÈRES, LIBRAIRES,

RUE JACOB, N° 24.

1830.

IMPRIMERIE DE A. FIRMIN DIDOT,
RUE JACOB, N° 24.

HISTOIRE DE FRANCE.

CHAPITRE LXV.

POLITIQUE ET GUERRE.

Proposition d'armistice faite par le roi de Prusse. — Refus de Napoléon. — Proclamation de Napoléon à la nation saxonne. — Renvoi des prisonniers saxons. — Imprévoyance du gouvernement prussien. — Capitulation d'Erfurt. — Poursuite des Prussiens par les Français. — Défaite de la réserve prussienne à Hall. — Honneur décerné au maréchal Davoust d'entrer le premier à Berlin. — Napoléon au tombeau de Frédéric à Potsdam. — Capitulation de Spandau. — Entrée de Napoléon à Berlin. — Arrestation et mise en liberté du prince d'Hatzfeld. — Égards de Napoléon pour la famille royale. — Paroles plus que sévères de Napoléon sur la cour de Prusse. — Témoignages de satisfaction donnés au corps du maréchal Davoust. — Proclamation de l'Empereur à l'armée. — Opérations militaires. — Capitulation du prince de Hohenlohe à Prentzlau. — Le prince Auguste Ferdinand fait prisonnier. — Capitulation de Stettin. — Poursuite du corps de Blucher par le prince de Ponte-Corvo. — Attaque de Blucher à Lubeck. — Capitulation de Blucher à Ratkau. — Capitulation des places de Hameln et de Nienbourg. —

Prise de Czenstokau. — Entrée de l'armée française en Pologne. — Activité de la vie politique de Napoléon. — Sévérité de l'Empereur envers le duc de Brunswick. — Griefs de la France contre l'électeur de Hesse. — Tentative de négociation faite par ce prince. — Occupation des possessions du prince d'Orange-Fuld. — Occupation du duché de Mecklenbourg-Schwerin. — Procédés bienveillants de l'Empereur envers l'électeur de Saxe. — Différence du jugement des peuples sur l'électeur de Saxe et l'électeur de Hesse. — Traité de paix avec la Saxe. — Article remarquable de ce traité. — Accession de plusieurs princes à la confédération du Rhin. — Négociation avec la Prusse. — Conditions proposées par l'Empereur. — Refus impolitique de Lucchesini de souscrire à ces conditions. — Refroidissement de l'Empereur pour la conclusion de la paix. — Remarque déplacée du marquis de Lucchesini. — Motifs de Napoléon pour ne pas conclure une paix partielle avec la Prusse. — Conclusion d'une suspension d'armes. — Conditions de cette suspension d'armes. — Refus du roi de la ratifier. — Organisation d'une administration française pour les pays conquis. — Prestation de serment à Napoléon par les autorités prussiennes. — Contributions extraordinaires de guerre. — Exemples antérieurs imités par Napoléon. — Exemple d'une junte autrichienne établie à Condé en 1793. — Paroles de Napoléon au ministre turc à Berlin.

En fuyant des champs d'Auerstaedt, le roi de Prusse comptait du moins sur le triomphe de ses deux autres armées. Il fut atteint dans sa fuite par la nouvelle de leur déroute commune. Le malheur eût dépassé toute borne pour qui en eût calculé la chance. Que devait-il être là où la possibilité n'en avait pas été admise? Peu d'heures avant ce cruel dénoûment, la reine rêvait encore à Weimar de chimériques victoires, et ce n'était pas sans peine qu'on l'avait décidée à partir. Arrivé à Sommerda, le roi relut la lettre de Napoléon qu'il avait reçue au commencement de la bataille. Il se hâta de répondre et proposa un armistice. Cette réponse fut portée à l'Empereur par M. de Dœnhof, l'un des aides-de-camp du roi. L'Empereur devait-il accepter cette proposition? Sans nous arrêter à la question militaire qui n'est pas douteuse, il ne le pouvait pas même comme homme d'État. La Prusse, eût-elle été par lui relevée de sa ruine, n'eût pas été pour la France un meilleur allié qu'avant cette dernière humiliation. D'ailleurs derrière la Prusse s'avance la Russie, et dans la Russie c'est l'Angleterre que Napoléon va combattre. Il est une conquête qui lui échappera toujours et qu'il est condamné à toujours poursuivre, c'est la conquête de la paix maritime. Quand il la demandera de concert avec la Russie même, il ne l'obtiendra pas. Comment eût-il pu s'arrêter à Iéna? La proposition du roi de Prusse ne fut pas acceptée.

Aux succès de la guerre, l'Empereur ne négligea point de joindre ceux de la politique. Parmi les prisonniers faits à Iéna se trouvaient six mille soldats et deux à trois cents officiers saxons. Toujours il avait parlé avec les plus grands égards du sage prince qui gouvernait la Saxe, se plaisant d'ailleurs à rappeler que, depuis deux cents ans, ce pays avait été sous la protection de la France. Peu de jours auparavant il avait aussi adressé à la nation saxonne une proclamation par laquelle il lui annonçait qu'il venait la soustraire à la honte de devenir une province prussienne. « Demain, disait-il, les « Prussiens demanderaient la Lusace [1]; après-« demain, la rive de l'Elbe. Mais que dis-je ? « N'ont-ils pas tout demandé en forçant votre « souverain à reconnaître une souveraineté qui, « étant imposée immédiatement, vous effacerait « du rang des nations? »

Les actions de l'Empereur furent d'accord avec ses paroles. Il renvoya les officiers et soldats saxons à leur prince sous la seule condition de ne point servir contre les armées françaises. Sa générosité ne fut point mal placée. L'électeur, qui d'abord obtint la faveur de rester neutre,

---

[1] Le fatal congrès de 1815 a fait voir si Napoléon jugeait bien la Prusse.

entra peu de temps après dans l'alliance d'un ennemi qui avait été pour lui un libérateur.

Dans les guerres ordinaires, une bataille perdue n'avait été jusqu'alors qu'un premier accident qui n'empêchait pas de disputer encore le terrain à l'ennemi, sans compter les places fortes dont le vainqueur avait à faire le siége. En Prusse, la monarchie tout entière a été mise sur un coup de dé. Il était si vrai que ce n'était qu'une guerre de passion, une guerre commandée par les femmes, que les hommes y avaient oublié toutes les précautions de la prudence la plus ordinaire. Nulle mesure pour le ralliement de l'armée en cas d'une défaite; l'armée de réserve, au lieu d'être à proximité pour favoriser ce ralliement, était à Hall, où elle sera battue dans une affaire partielle. Nulle mesure pour la sûreté des places; on n'a pas même songé à y mettre des hommes qui aient la volonté de s'y défendre. Delà cette série de capitulations, tant de places de guerre que de corps d'armée en rase campagne, série inconcevable qui étonnera les siècles à venir.

Le jour qui suivit la bataille vit la première de ces capitulations. Dès le 15 à midi, le grand-duc de Berg avait cerné Erfurt. Cette place, abondamment approvisionnée en vivres et en munitions de guerre, renfermant en outre un grand parc d'artillerie, eût difficilement fait une longue défense par l'encombrement et la confusion qu'y produisait la multitude des fuyards. Cependant on devait s'attendre à quelque résistance. Elle n'en fit aucune. Le soir même, à 11 heures, la capitulation fut signée. La garnison déposait les armes et restait prisonnière de guerre; les officiers étaient renvoyés sur parole. Sur quatorze à quinze mille hommes qui étaient dans cette place, il y avait six mille blessés. Au nombre des prisonniers étaient le feld-maréchal Möllendorf, qui s'y trouvait retenu par ses blessures, le prince d'Orange, le lieutenant-général Grawert et deux généraux-majors.

Ce même jour 15, les corps fugitifs, pressés par les Français, invoquaient, comme un préservatif, la demande d'armistice faite par le roi à l'Empereur. « Que voulez-vous de nous? disait
« le maréchal Kalkreuth au maréchal Soult qu'il
« avait fait prier de se rendre aux avant-postes.
« Tous nos généraux sont tués ou blessés; vos
« succès sont assez grands. Le roi a demandé à
« l'Empereur une suspension d'armes; il est im-
« possible qu'il ne l'accorde pas. » — « L'Empe-
« reur, répondit le général français, ne fera plus
« une telle faute. Après la bataille d'Austerlitz il
« accorda un armistice à l'armée russe, et voilà
« cette armée qui marche aujourd'hui contre

« nous. » On se sépara. Soult attaqua le corps du maréchal Kalkreuth à Greussen, le chassa de cette ville, l'atteignit de nouveau à Nordhausen, d'où il le déposta encore en lui prenant du canon et quelques centaines d'hommes. Le reste de ce corps ne s'échappa qu'en se jetant dans les montagnes du Harz.

Moins loyal que le maréchal Kalkreuth, le général Blücher qui, dans sa fuite avec cinq à six mille chevaux, avait rencontré une brigade de dragons français à Weissensée, ne s'était fait nul scrupule d'assurer au général français Klein qu'il avait été conclu un armistice de six semaines et de l'affirmer sur sa parole d'honneur. Le général français lui ouvrit un libre passage. Croire à l'honneur d'un ennemi peut être une faute, mais qu'il faut plaindre celui pour qui un faux serment devient un moyen de salut! Dans les campagnes de la révolution, des généraux autrichiens ont eu aussi recours à cette étrange ruse de guerre; des généraux français, jamais.

Pour être battue, une armée n'est pas détruite. Il était à prévoir que l'armée prussienne se rallierait sous Magdebourg, place indiquée par le roi, comme point général de réunion. Ce ralliement ne s'exécuta pas. La présence seule du souverain eût pu l'opérer. Ce prince suivit d'autres conseils. Il laissa au prince de Hohenlohe le commandement en chef de toutes les troupes qui avaient combattu à Iéna, annonça l'intention de couvrir Potsdam et Berlin, et, s'il ne pouvait y réussir, de se retirer derrière l'Oder pour aller au-devant de ses dernières réserves. Une telle résolution ne pouvait que compléter la dissolution de l'armée.

L'Empereur, malgré son désir de ne pas laisser de relâche à l'ennemi, avait donné deux jours de repos à plusieurs de ses corps d'armée. Trois seulement, celui du maréchal Soult, celui du prince de Ponte-Corvo et la cavalerie du grand-duc de Berg, n'avaient cessé de presser les Prussiens sur les trois routes qui conduisent à Magdebourg. Le 19, le maréchal Soult arrivait devant cette place presque en même temps que l'arrière-garde ennemie.

Il tardait au prince de Ponte-Corvo, resté étranger aux deux batailles d'Auerstaedt et d'Iéna, de ressaisir la part de gloire qui lui était échappée. Arrivé à Querfurt le 16 octobre, il en partit, à deux heures du matin, pour marcher contre Hall où se trouvait la réserve prussienne sous les ordres du prince Eugène de Virtemberg. Cette place, couverte par la Saale et dans quelques parties par des étangs et des marécages, fut attaquée, sur plusieurs points à la fois, avec une vigueur qui triompha de tous les obstacles. Les divisions des généraux Dupont et Drouet rivalisèrent surtout d'audace et d'intrépidité. Le régiment prussien de Treskow fut pris tout entier par le général Drouet. Il resta aux mains des Français cinq mille prisonniers, trente-cinq pièces de canon et des magasins considérables de subsistances.

Après les deux jours de repos si nécessaires à son corps d'armée, le maréchal Davoust s'était dirigé sur Leipsig où il entra le 18. Un ordre de l'Empereur portant que cette ville était, comme entrepôt général des marchandises anglaises sur le Continent, une ennemie dangereuse pour la France, prescrivit la saisie de toutes ces marchandises. Le lendemain, ce maréchal s'avança sur Wittemberg, et, y étant arrivé assez tôt le 20 pour s'emparer du pont où l'ennemi venait de mettre le feu, il porta ses trois divisions sur la rive droite de l'Elbe.

Deux jours après, le maréchal Lannes, que suivait à une demi-marche le maréchal Augereau, franchit ce même fleuve à Coswig, et le prince de Ponte-Corvo, à Barby [1].

---

[1] Le prince de Ponte-Corvo avait eu ordre de le passer le 21. A l'occasion de ce retard d'un jour, malgré son succès à Hall, l'Empereur lui reprocha son inaction dans les batailles d'Auerstaedt et d'Iéna.

De ce moment les trois corps du maréchal Davoust, du maréchal Lannes et du maréchal Augereau, le grand duc de Berg et la garde Impériale sous les ordres des maréchaux Lefèvre et Bessières marchèrent sur Berlin par les deux routes qui conduisent à cette capitale.

Un ordre du jour fit connaître que « l'Empereur voulant témoigner sa satisfaction au « troisième corps (celui du maréchal Davoust) « par la plus belle récompense pour des Français, « avait ordonné que ce corps entrerait le pre-« mier à Berlin, le 25 octobre. »

Dix jours après la seule bataille qui eût été livrée, Berlin voyait entrer dans ses murs le corps français qui avait battu l'armée principale conduite par le Roi et le duc de Brunswick. Ce dernier était mourant; le Roi avait passé l'Oder.

Voici l'itinéraire qu'avait suivi Napoléon. De Weimar où il était resté trois jours, il avait porté son quartier-général le 18 à Naumbourg; le 19, à Hall; le 21 à Dessau [1]; le 23 à Wittem-

---

[1] Le duc régnant d'Anhalt-Dessau, dans ses égards pour le vainqueur d'Iéna, ne cacha point, après les malheurs de la maison de Prusse, la vieille amitié qui l'attachait à cette maison. Son fils, qu'il envoya au-devant de l'Empereur à la frontière de sa petite principauté, ayant servi dans l'armée prussienne, en portait l'uniforme. Lui-même, à la réception de l'Empereur, il était décoré de l'Aigle-Noire. « Napoléon, dit le marquis de

berg, dont il fit le dépôt central de l'armée, et le 25, à Potsdam où il arrivait presque en même temps que le maréchal Lannes.

Une vie active comme celle de l'Empereur ne pouvait manquer de donner lieu à de curieux rapprochements. On sait qu'il était le premier à les saisir. Aussi ne manqua-t-il pas de faire remarquer[1] que c'était au même jour de l'année précédente qu'était arrivé dans cette ville l'empereur Alexandre qui, en jettant la Prusse dans de fausses voies, avait fini par amener, mais sous de différents auspices, au tombeau de Frédéric II, le chef du gouvernement français. Tout était, dans les châteaux de Potsdam et de Sans-Souci, sur le même pied que si le roi de Prusse y eût été attendu. L'homme qui venait de renverser la colonne de Rosbach était plus que personne capable d'apprécier dignement celui qui l'avait élevée. Pour l'Empereur, la première démarche fut de visiter le caveau où reposent, dans un cercueil de bois de cèdre, sans ornement, les cendres de Fréderic. A l'aspect des plus belles

---

« Lucchesini, en qui la flatterie et la prospérité n'avaient point « éteint le sentiment des actions vertueuses, fut loin d'être « blessé de la noble contenance du prince de Dessau. » Il ne fit au contraire que l'en estimer davantage.

[1] 17e bulletin.

dépouilles qu'il eût encore recueillies, l'épée de ce Prince, son cordon de l'Aigle-Noire, sa ceinture de général, les drapeaux de sa garde dans la guerre de sept ans, il eut du moins l'heureuse pensée de leur assigner la seule destination qui pût en excuser l'enlèvement. « J'en fais présent, « dit-il, à l'hôtel des invalides de Paris. Les « vieux soldats de la guerre de Hanovre accueil- « leront avec un respect religieux tout ce qui « appartient à l'un des premiers capitaines dont « l'histoire conservera le souvenir. »

Le 25 octobre, au moment où le maréchal Davoust entrait dans Berlin, le maréchal Lannes cernait la citadelle de Spandau et sommait le commandant de se rendre. Un premier refus ayant amené quelques démonstrations d'attaque, sur une seconde sommation, ce commandant capitula. La garnison qui était de douze cents hommes fut faite prisonnière de guerre. Les officiers pouvaient se retirer dans leurs familles et emporter leurs effets [1].

---

[1] Appelé auprès de l'Empereur aussitôt après la bataille d'Iéna, j'arrivais à Potsdam au moment où il venait d'apprendre la capitulation de Spandau. Il m'ordonna de me rendre sur-le-champ dans cette place où l'on croyait qu'il se trouvait des prisonniers d'État pour opinions politiques. On nommait particulièrement le lieutenant-colonel de Bulow, arrêté pour avoir publié un écrit sur la campagne de 1805. Je visitai les prisons et me fis représenter les écrous. J'interrogeai même les

De Potsdam, l'Empereur alla, le 26, visiter la place de Spandau et se rendit le soir à Charlottenbourg. Le 27, il fit son entrée solennelle à Berlin, reçut aux portes de la ville les hommages du corps municipal et descendit au vieux château, moins généreux sous ce rapport à l'égard du roi de Prusse qu'il ne l'avait été envers l'empereur d'Autriche, dont il avait évité d'habiter la capitale. Le château de Charlottenbourg lui eût offert les mêmes avantages que celui de Schönbrunn.

Les premières paroles de Napoléon à Berlin ne furent pas non plus, comme en Autriche, des paroles de bienveillance. Voyant à la tête de la députation des habitants le prince d'Hatzfeld qui, depuis la fuite du roi, remplissait les fonctions de gouverneur civil de Berlin, il lui dit : « Je n'ai pas besoin de vos services, retirez-vous « dans vos terres. » Les avant-postes français avaient intercepté une correspondance secrète

---

prisonniers. Il n'en existait aucun pour crime d'État; mais cette circonstance me rendit témoin d'une scène qui explique les faciles capitulations des commandants de place en Prusse. Le major de Bénékendorf, qui venait de rendre cette forteresse sans un seul jour de défense, n'avait d'autre souci que de se débattre avec un officier français relativement à de petits objets de basse-cour qu'il prétendait compris dans les effets que la capitulation l'autorisait à emporter.

de ce prince avec les armées prussiennes. Là ne s'arrêta pas la colère de l'Empereur. Dans son irritation contre le parti de la guerre, peut-être crut-il qu'un exemple de rigueur serait utile à sa politique. Le prince d'Hatzfeld fut arrêté pour être livré à un Conseil de guerre. A cette nouvelle, la princesse d'Hatzfeld au désespoir court chez l'Empereur pour implorer la grace de son mari. Les larmes, les supplications d'une jeune femme intéressante par elle-même et dans un état de grossesse déja très-avancée, ne le trouvèrent point insensible. « Vous connaissez, lui « dit-il, l'écriture de votre mari, » et il lui remit la lettre. « Jetez-la au feu; il ne restera plus rien « qui l'accuse. » Par cette conduite, il rendit la vie à l'infortunée princesse et s'acquit sur le prince d'Hatzfeld et sa famille une reconnaissance[1] qui ne s'est jamais démentie.

---

[1] Pour ôter à l'Empereur le mérite de cet acte de clémence, quelques écrivains ont prétendu que les lettres interceptées du prince d'Hatzfeld étaient d'une date antérieure à son entrée en fonction comme gouverneur civil. Cette explication n'est pas satisfaisante. Il y avait déja plusieurs jours que le prince avait commencé à remplir ces fonctions. Au reste, durant l'occupation de la Prusse et ensuite dans un autre pays, ayant vu habituellement le prince d'Hatzfeld que j'avais connu pendant mon premier séjour à Berlin, je puis garantir la sincérité de sa profonde reconnaissance pour l'Empereur.

Dès le lendemain de son entrée, l'Empereur rendit visite à la veuve du célèbre prince Henri et au vieux prince Ferdinand, dernier frère de Frédéric II, père du prince Louis tué à Saalfeld. Il recommanda les attentions les plus délicates pour la princesse Auguste, sœur du roi, princesse héréditaire de Hesse-Cassel, restée dans le château de Berlin où elle était récemment accouchée, et fit assurer des fonds mensuels pour l'entretien de la maison de cette princesse. Par ces démonstrations de courtoisie envers des personnes qu'il regardait comme étrangères à la guerre, il semblait qu'il cherchât à couvrir la violence de ses sorties contre la reine et le parti dont elle avait secondé les passions anti-françaises. Quels qu'eussent été les torts, la vengeance était cruelle.

Dans la première audience où l'Empereur reçut le corps diplomatique et les principaux personnages du pays, distinguant les paisibles citoyens de Berlin de la faction de château qui les avait dominés, et rappelant les insultes faites au roi lui-même dans la personne de ses ministres par les officiers de sa garde, il dit ce mot justement condamné : « Je rendrai cette no- « blesse de cour si petite qu'elle sera obligée de « mendier son pain. » Dans cette même audience, il s'adressa au comte de Néale : « Eh bien !

« Monsieur, vos femmes ont voulu la guerre;
« en voici le résultat. » On avait saisi une lettre
de sa fille[1] à la marquise de Lucchesini où elle
disait : « Napoléon ne veut pas la guerre; c'est
« pour cela qu'il faut la lui faire. »

La faveur accordée au troisième corps de
précéder l'armée à Berlin n'était que le premier
trait de la reconnaissance de l'Empereur. Il
passa les trois divisions de ce corps en revue
dans la plaine de Biesdorf, et distribua des grades, des décorations, avec une munificence
égale au mérite de ces vaillantes troupes. La
revue terminée, il fit former en cercle tous les
généraux, colonels, officiers et sous-officiers, et
leur adressa les paroles les plus affectueuses :

[1] Ce trait entre mille autres était resté dans la mémoire de l'Empereur, parce que M. de Néale étant allé à Paris à l'époque du consulat, sa fille avait été accueillie avec une bienveillance particulière chez madame Bonaparte. Cette jeune personne d'ailleurs était du caractère le plus doux et le plus aimable, ce qui constate encore mieux la réalité du vertige qui avait tourné toutes les têtes à Berlin.

A la suite de cette sortie, l'Empereur en avait fait une autre contre les reines qui, maîtrisant leurs maris, avaient contribué à la perte des États, désignant indirectement la reine Marie-Antoinette et la reine de Naples; puis voulant adoucir sa véhémence par une espèce de plaisanterie sur la tendance des femmes à se mêler des affaires publiques, il se tourna vers le ministre turc à qui il dit en riant : « Vous avez raison, vous autres,
« de les enfermer. »

« J'ai perdu des braves, leur dit-il, je les re-
« grette comme mes propres enfants.... Vous
« m'avez rendu un service signalé dans cette
« circonstance marquante. C'est particulièrement
« à la brillante conduite du troisième corps
« d'armée que sont dus les résultats que vous
« voyez. Dites à vos soldats que je suis satisfait
« de leur courage; vous avez tous acquis pour
« jamais des droits à ma reconnaissance et à mes
« bienfaits. » — « Sire, répondit le maréchal, le
« troisième corps sera pour vous dans toutes les
« circonstances ce que fut pour César la dixième
« légion. » Aussitôt que l'Empereur dispensera
des titres à ses compagnons d'armes, il donnera
au maréchal Davoust le titre le plus beau que
ce maréchal puisse porter, celui de duc d'Auerstaedt.

L'Empereur devait des témoignages de satisfaction à toute l'armée. Il les lui exprima par une
proclamation en date du 26 octobre : « Soldats,
« vous avez justifié mon attente et répondu à la
« confiance du peuple français...... Vous êtes
« les dignes défenseurs de la gloire de ma cou-
« ronne et de l'honneur du grand peuple....
« La cavalerie a rivalisé avec l'infanterie et l'ar-
« tillerie. Je ne sais à quelle arme je dois donner
« la préférence; vous êtes tous de bons soldats.
« Voici les résultats de nos travaux. »

« Une des premières puissances militaires de « l'Europe, qui osa naguère nous proposer une « honteuse capitulation, est anéantie. Les forêts, « les défilés de la Franconie, la Saale, l'Elbe, « que nos pères n'eussent pas traversés en sept « ans, nous les avons traversés en sept jours, et « livré dans l'intervalle quatre combats et une « grande bataille. Nous avons fait soixante mille « prisonniers, pris cinquante-cinq drapeaux par-« mi lesquels sont ceux des gardes du roi de « Prusse, six cents pièces de canon, trois forte-« resses, plus de vingt généraux. Cependant près « de la moitié de vous regrettent de n'avoir pas « encore tiré un coup de fusil.... Soldats, les « Russes se vantent de venir à nous; nous leur « épargnerons la moitié du chemin; ils retrou-« veront Austerlitz au milieu de la Prusse.... « Nous ne serons plus désormais les jouets d'une « paix traîtresse, et nous ne poserons plus les « armes que nous n'ayons obligé les Anglais, « ces éternels ennemis de notre nation, à re-« noncer à troubler le repos du continent et à « la tyrannie des mers. »

De Berlin, l'Empereur avait expédié des instructions à ses divers corps d'armée pour leurs marches ultérieures. Le maréchal Soult ayant prévenu ses ordres à propos, il lui donna carte blanche. Le corps de ce maréchal et celui du maréchal Ney avaient formé l'investissement de Magdebourg, lorsque, le 24 octobre, on apprit que le duc de Weimar, détaché dans une fausse direction, avant la bataille d'Iéna, revenait à la tête de dix-huit mille hommes, seules troupes qui n'eussent pas combattu, et cherchait à passer l'Elbe. Sur la déclaration du maréchal Ney que son corps seul était plus que suffisant pour le siége de Magdebourg, Soult s'était porté sur Tangermunde, mais il n'avait pu atteindre qu'une partie de l'arrière-garde ennemie. Après avoir conduit sur la rive droite de l'Elbe les troupes qui étaient sous son commandement, le duc de Weimar les laissa sous les ordres du général Winning et rentra dans son duché d'après le consentement de l'Empereur Napoléon. Le général Winning se réunit peu de jours après au général Blucher. Soult, le prince de Ponte-Corvo et le grand-duc de Berg marchaient, par des routes différentes, à la poursuite de tout ce qui existait encore de troupes prussiennes entre l'Elbe et l'Oder.

Une colonne prussienne du corps du prince de Hohenlohe, sous les ordres du général Schimmelpfenning, fut, le 26 octobre, attaquée à Zehdenick par le général Lasalle, perdit trois cents hommes sur le champ de bataille et laissa sept cents prisonniers avec leurs chevaux. La plupart de ces prisonniers appartenaient au régiment de la reine.

D'après cette nouvelle, le prince de Hohenlohe, obligé de changer de direction, avait donné ordre à ses diverses brigades de se réunir sur Prentzlau d'où il espérait gagner Stettin. Il avait été deviné par le grand-duc de Berg, qui se porta sur le même point.

Le général Milhaud, envoyé par le grand-duc vers Botzembourg, rencontra une brigade de cavalerie ennemie dans le village de Wiguendorf. Il la fit attaquer aussitôt et la poussa vers un lac. Cinq cents hommes se rendirent prisonniers. C'étaient des gendarmes de la garde, corps dont les officiers avaient le plus hautement appelé la guerre. Lorsqu'on les vit paraître sur la place du château à Berlin, la population de cette ville, qui se souvenait de leur jactance, ne fut pas indulgente pour eux dans leur malheur[1].

Après tout ce qui avait déjà eu lieu, la capi-

---

[1] « Le peuple, tombé de sa hauteur chimérique, s'en prit
« dans sa douleur à tous ceux qu'il put accuser. Des bruits
« atroces flétrirent les premiers serviteurs de l'État. L'armée
« surtout, l'armée fut l'objet des imprécations. Les officiers
« avaient été des lâches..... Le désespoir rendit injuste et barbare. »

Mémoires de M. Lombard, secrétaire intime du roi.

tulation que le prince de Hohenlohe signa, le 27 octobre, fut encore un événement remarquable. Attaqué avec vigueur par la cavalerie légère du général Lasalle, que soutenaient les dragons des généraux Beaumont et Grouchy, le corps du prince de Hohenlohe fut jeté dans les faubourgs de Prentzlau et de là aussitôt poussé dans la ville. Déja les Français en brisaient les portes, impatients de s'y précipiter. Le prince capitula; il défila devant les vainqueurs avec seize mille hommes d'infanterie, six régiments de cavalerie, quarante-cinq drapeaux et soixante pièces d'artillerie attelée. Les troupes présentes au combat sous les ordres du grand-duc de Berg étaient inférieures en nombre à celles qui se rendirent, mais la confiance qui donne la victoire accompagnait les drapeaux français. Sous les drapeaux prussiens il n'y avait plus que découragement, lassitude et faiblesse. Le successeur du duc de Brunswick dans le commandement général eut de plus que lui le malheur de survivre à ses revers. Avec lui étaient prisonniers plusieurs généraux et un prince de Mecklembourg-Schwerin. Les soldats devaient être transportés en France. Les gardes du corps seuls retournaient à Potsdam, mais sans armes.

Un prince de la maison de Prusse, le prince Auguste Ferdinand, fut condamné par la fortune à venir, dans le palais[1] de sa famille, rendre hommage à l'Empereur Napoléon. Il avait été pris glorieusement les armes à la main.

Dans cette succession d'événements inouïs, il est des jours qui semblent vouloir doubler leur illustration. Le 29 octobre voyait en même temps une capitulation de troupes et une capitulation de place. A l'aile gauche du grand-duc de Berg, le général Milhaud, commandant l'avant-garde de cette aile, faisait capituler, à Passewalk, une colonne de six mille hommes sous les ordres du brigadier de Hagel. Ces six mille hommes se composaient des débris de quatre régiments d'infanterie, de six régiments de cavalerie, de canonniers et de soldats du train. A la droite du grand-duc, le général Lasalle sommait la place de Stettin de se rendre; et cette place bien armée, bien palissadée, renfermant une garnison de six mille hommes de belles troupes, cent soixante pièces de canon et des magasins considérables, se rendait à la voix du commandant d'une avant-garde de cavalerie.

---

[1] En dépit de tout orgueil national, je n'entrais point sans émotion dans ce château de Berlin où, pendant trois ans, j'avais vu la splendeur unie à la bonté dans toute la famille royale; mais rien ne me toucha plus vivement que le prince Auguste venant s'y présenter à l'Empereur.

Le 31, le commandant de Custrin, place couverte par l'Oder et entourée de marais, avec des fortifications en bon état, quatre mille hommes de garnison et quatre-vingt-dix pièces de canon sur les remparts, se rendait de même, sur une simple sommation, au général Gudin, appartenant au corps d'armée du maréchal Davoust. On eût dit que ce commandant eût regretté de se laisser gagner de vitesse par un rival. Il envoya une barque au général français pour venir prendre possession de la place. La prise d'une citadelle ne coûtait pas même un coup de pistolet.

Un seul corps prussien avait jusqu'à présent échappé aux poursuites des Français, celui du général Blucher. Ce corps était formé de la cavalerie qu'avait amenée avec lui ce général, de la colonne du duc de Weimar et d'une autre petite colonne du duc de Brunswick-Oels qui s'étaient réunies sous son commandement. Le maréchal Soult, le prince de Ponte-Corvo et le grand-duc de Berg étaient à sa recherche dans des directions différentes. Leurs mouvements étaient si bien combinés que l'avant-garde de ces divers corps arrivait presque en même temps sur l'ennemi. Le prince de Ponte-Corvo seulement avait une marche d'avance. Il attaqua l'arrière-garde de Blucher, le 4 novembre, sur plusieurs points, et il éprouva, particulièrement à Crewitz, une résistance assez vigoureuse, mais toutefois sans que le général prussien voulût recevoir la bataille, quoiqu'il eût encore une force imposante en infanterie, une cavalerie nombreuse et cent bouches à feu. En le voyant se refuser à un engagement général, le prince de Ponte-Corvo lui proposa de capituler et l'avertit qu'entouré, comme il allait l'être, par trois corps d'armée, il n'aurait, sous peu de jours, nul espoir de salut. « Je ne capitulerai jamais, » répondit Blucher, et il parut vouloir se maintenir dans la position de Gadebusch qu'il occupait alors; mais, dès le lendemain 5, il la quittait pour se retirer sur Lubeck dont il n'était éloigné que de dix lieues. Il y fut suivi sur-le-champ par les trois maréchaux français; le maréchal Soult et le grand-duc de Berg marchant par Ratzebourg; le prince de Ponte-Corvo par Schönberg. Chemin faisant, quelques bataillons prussiens furent coupés et pris. Un convoi de quinze cents Suédois, qui voulaient passer la Trave, tomba au pouvoir du premier corps avec son artillerie et ses bagages. Les procédés bienveillants du prince de Ponte-Corvo pour ces prisonniers furent comme une semence jetée dans le cœur de la nation suédoise. De là bientôt sortira pour lui une couronne. Siècle étrange où les Dalécarliens de

Gustave Wasa demanderont pour roi un soldat du Béarn, et où de si singuliers hasards détermineront leurs préférences!

Par malheur pour Lubeck, cette ville conservait encore quelques ruines de vieilles fortifications dont Blucher voulut tirer parti pour se défendre. La défense fut hardie, mais inutile. Le corps du prince de Ponte-Corvo et celui du maréchal Soult étaient arrivés en même temps, le premier, à la porte de la Trave; le second, à la porte de Mullen. Des deux côtés à la fois les portes furent enfoncées, les bastions escaladés, et l'ennemi repoussé. En vain il se bat dans les rues, sur les places, partout il est écrasé, et les deux corps français se réunissent au milieu de la ville. Le grand-duc de Berg, à son tour, dès qu'il peut trouver passage, s'élance à la poursuite des fuyards et termine la journée en recueillant l'artillerie et les hommes qu'il peut atteindre. Dès le 7 au matin, les trois maréchaux français sortaient de la ville pour envelopper ces débris de l'armée prussienne. Déja les Français étaient maîtres de Travemunde où Blucher voulait se retirer. Déja l'infanterie prussienne, était dépostée de Schwartau, et les Danois se montraient disposés à ne pas souffrir la violation de leur territoire. Hors d'état de soutenir l'attaque dont il était menacé, le général prussien envoya un parlementaire aux maréchaux français. La capitulation fut signée à Ratkau le 7 novembre. Infanterie, artillerie, cavalerie, tout fut fait prisonnier de guerre. On comprit même dans la capitulation les détachements prussiens qui, jetés sur les flancs, avaient été coupés par la rapidité de la marche du prince de Ponte-Corvo. Deux petits corps isolés, composés de quelques bataillons d'infanterie et de débris de cavalerie, se rendirent, l'un à Lunébourg, au général Drouet; l'autre au général Savary, dans Vismar. Dans leur indiscrète jactance, les Prussiens avaient souvent insulté aux capitulations de l'Autriche. Quel châtiment de leur orgueil! Ainsi fut consommée, en vingt jours à peu près, l'entière destruction de tout ce qui avait combattu à Iéna; et, pour qu'il ne restât en deçà de l'Oder (non compris la Silésie) rien qui attestât sur ce territoire l'existence de la Prusse, les dernières places qui s'y trouvaient encore se hâtaient d'ouvrir leurs portes aux Français.

L'inconcevable promptitude de ces capitulations causait aux vainqueurs eux-mêmes autant de surprise que de joie. Après quinze jours de blocus, le maréchal Ney, qui assiégeait Magdebourg, en avait commencé le bombardement. Cette place, qui jadis avait soutenu de si mémorables siéges, se rendit le 8 novembre. On y fit vingt-deux mille prisonniers, parmi lesquels se trouvaient vingt généraux et huit cents officiers. La ville renfermait sept cents pièces de canon, un million de poudre, un équipage de pont et un matériel immense d'artillerie.

Il restait, sur le Weser, deux places où s'étaient réfugiés tous les détachements prussiens, épars dans la Westphalie et le Hanovre, à l'approche de deux corps d'armée français venant, l'un de Wésel sous les ordres du roi de Hollande, l'autre de la Hesse sous ceux du maréchal Mortier. La place de Hameln, où il n'y avait pas moins de neuf mille hommes, capitula le 20 novembre; celle de Nienbourg, qui avait trois mille hommes de garnison, le 25.

La Silésie va offrir également des capitulations successives. Les places les plus fortes, les mieux approvisionnées ne seront pas les dernières à se rendre. Déja le 19 novembre, un détachement français, auquel s'étaient joints quelques Polonais de nouvelle levée, avait emporté en un jour la forteresse de Czenstockau.

Tandis que trois corps français suffisent à prendre ou à détruire les débris échappés à la première bataille et qu'un corps nombreux des troupes de la confédération du Rhin, sous le commandement du prince Jérôme, occupe la Silésie et en assiége les places, les corps des maréchaux Davoust, Lannes et Augereau sont déjà entrés en Pologne où le reste de l'armée va incessamment les suivre. Des troupes françaises ont pris possession de l'Électorat de Hesse, du duché de Brunswick, des possessions du prince d'Orange-Fuld, du Mecklembourg et des villes anséatiques [1].

La vie politique de Napoléon n'a pas été moins pleine que sa vie militaire. Tout en poursuivant le cours de ses succès, il prononçait sur le sort de trois des princes que nous venons de nommer, le duc de Brunswick, l'électeur de Hesse et le prince d'Orange. Il négociait avec la Saxe, avec la Prusse, avec la Porte-Ottomane, avec la cour de Vienne. Il adoptait à Berlin la grande mesure du blocus continental, communiquait cette mesure au sénat par un message, et demandait la levée par anticipation de la conscription de 1807. Enfin rendu à Posen il soulevait, sans la décider,

---

[1] A propos des villes anséatiques, le marquis de Lucchesini fait une longue note et de longues citations pour établir que Napoléon n'aimait pas les gouvernements libres; comme si, en faisant occuper Hambourg, Brême et Lubeck, l'Empereur pouvait avoir eu d'autre objet que d'anéantir le commerce anglais sur le continent. Il s'agissait bien là de liberté civile ou politique ! En pareil cas, l'Empereur eût de même occupé Constantinople. La manie de l'accusation a quelquefois, même chez un homme d'esprit, des à-propos bien ridicules.

la question du rétablissement de la Pologne ou d'une partie du moins de la Pologne. A ces graves opérations dominées elles-mêmes par le mouvement de la guerre présente, se mêlaient des soins d'un ordre non moins important que son esprit infatigable réunissait sans effort dans son universalité.

Peu de jours après la bataille d'Iéna, le duc de Brunswick, au milieu des souffrances causées par ses blessures, n'oubliant point l'intérêt de ses États, avait envoyé son maréchal du palais auprès de l'Empereur Napoléon pour lui présenter une lettre par laquelle le duc les recommandait à sa bienveillance. L'Empereur ne se crut pas obligé à respecter dans les vaincus des droits qu'ils n'eussent pas respectés en lui. Une trop belle occasion lui était offerte pour qu'il ne la saisît pas, celle de punir avec éclat, dans le général prussien de 1806, le signataire de la fameuse proclamation de 1792; sa réponse fut calculée pour plaire aux passions populaires. « Dites, monsieur, aux habitants de Brunswick[1] « qu'ils trouveront dans les Français des ennemis « généreux; dites au général Brunswick qu'il sera « traité avec tous les égards dus à un officier « prussien; mais que, dans un officier prussien,

[1] 16ᵉ bulletin.

« je ne puis reconnaître un souverain. S'il arrive « que la maison de Brunswick perde la souve- « raineté de ses ancêtres, elle ne pourra s'en « prendre qu'à l'auteur de deux guerres qui, « dans l'une, voulut saper jusqu'en ses fonde- « ments la grande capitale; qui, dans l'autre, « prétendit déshonorer deux cent mille braves « qu'on parviendrait peut-être à vaincre, mais « qu'on ne surprendra jamais hors du chemin « de l'honneur et de la gloire. Beaucoup de sang « a été versé en peu de jours; de grands désas- « tres pèsent sur la monarchie prussienne. Qu'il « est digne de blâme cet homme qui pouvait les « prévenir si, comme Nestor, élevant la parole « au milieu des Conseils, il avait dit : jeunesse « inconsidérée, taisez-vous; femmes, retournez « à vos fuseaux; et vous, Sire, croyez-en le « compagnon du plus illustre de vos prédéces- « seurs; puisque l'Empereur Napoléon ne veut « pas la guerre, ne le placez pas entre la gloire « et le déshonneur. » Le fond de justice sur lequel portent ces reproches n'en excuse pas la sévérité. Il semble que l'Empereur cherche à se la faire pardonner par l'indulgence qu'il montre pour les jeunes gendarmes, dont il trouve que les torts sont excusables; mais cette apparente indulgence ne tend qu'à justifier une remarque non moins dure qui lui échappe plus tard :

« Qu'aura donc la vieillesse de respectable, dit-il,
« si aux défauts de son âge elle joint la fanfaron-
« nade et l'inconsidération de la jeunesse? »

L'occupation de la Hesse par le maréchal Mortier et l'entrée de ce maréchal à Cassel avaient eu lieu le 31 octobre. La veille, 30, le chargé d'affaires de France auprès de l'Électeur remettait à ce prince une note renfermant l'exposition des principaux griefs qui avaient déterminé cette mesure. « Le soussigné, porte cette note, est
« chargé de déclarer [1] à S. A. S. le prince de

---

[1] Ce fut un bonheur pour moi d'avoir été appelé auprès de l'Empereur aussitôt après la bataille d'Iéna. Cette circonstance me sauva le désagrément de signer cette terrible note. Elle fut signée par le secrétaire de légation que j'avais laissé à Cassel. A mon départ de cette ville pour me rendre au quartier-général impérial, l'Électeur, affectant d'être tranquille pour lui-même, me remit une lettre par laquelle il recommandait le prince d'Anhalt-Bernbourg, son gendre, à la bienveillance de l'Empereur. L'accueil qui fut fait à cette lettre m'apprit que c'était pour lui-même que l'électeur devait être inquiet. L'Empereur me donna à lire la note qui devait être remise à ce prince, en me disant de voir s'il n'y avait pas quelques changements à faire dans la rédaction. Je relevai une assertion inexacte, celle qui porte : « que les troupes prussiennes ont traversé tous les
« États de Hesse-Cassel pour attaquer l'armée française à Franc-
« fort. » Je lui dis que le corps de Blucher n'avait fait que sept à huit lieues dans la direction de Francfort; que le lendemain il avait rétrogradé et marché sur Eisenach. L'Empereur approuva cette correction. Elle fut oubliée.

« Hesse-Cassel, maréchal au service de Prusse,
« que S. M. l'Empereur a une parfaite connais-
« sance de l'adhésion à la coalition de la Prusse
« de la part de la cour de Cassel;

« Que c'est en conséquence de cette adhésion
« que les semestriers ont été appelés, des che-
« vaux distribués à la cavalerie, la place de Ha-
« nau approvisionnée et abondamment pourvue
« de garnison;

« Que c'est en vain que S. M. a fait connaître
« à M. de Malsbourg, ministre du prince de
« Hesse-Cassel à Paris, que tout mouvement, que
« tout armement de la part du prince de Hesse-
« Cassel serait regardé comme une hostilité; que,
« pour toute réponse, la cour de Hesse-Cassel a
« donné ordre à M. de Malsbourg de demander
« des passeports à Paris et de retourner à Cassel;

« Que depuis les troupes prussiennes sont en-
« trées à Cassel; qu'elles y ont été accueillies
« avec enthousiasme par le prince héréditaire,
« général au service de Prusse, qui a même tra-
« versé la ville à leur tête;

« Que ces troupes ont traversé tous les États
« de Hesse-Cassel pour attaquer l'armée française
« à Francfort;

« Qu'immédiatement après, le plan de cam-
« pagne de l'armée française étant venu à se
« développer, les généraux prussiens ont senti

« la nécessité de rappeler tous les détachements
« pour se concentrer à Weimar afin de livrer
« bataille;

« Que c'est donc par l'effet de circonstances
« militaires et non de la neutralité de la Hesse
« que les troupes prussiennes ont rétrogradé sur
« leurs lieux de rassemblement;

« Que, pendant tout le temps que le sort des
« armes a été incertain, la cour de Hesse a con-
« tinué ses armements, toujours en opposition
« aux déclarations de l'Empereur qu'il considé-
« rait tous armements comme un acte d'hostilité;

« Que les armées prussiennes ayant été bat-
« tues et jetées au-delà de l'Oder, il serait aussi
« imprudent qu'insensé de la part du général de
« l'armée française de laisser se former cette ar-
« mée hessoise qui serait prête à tomber sur les
« derrières de l'armée française, si elle éprou-
« vait un revers. »

La conclusion de la note était qu'il restait à l'Électeur à juger « s'il voulait repousser la
« force par la force et rendre son pays le théâtre
« des désastres de la guerre. »

La substance des faits reprochés à ce prince était rigoureusement vraie. Jusqu'à la veille de la bataille d'Iéna, il avait été en son pouvoir de conclure avec le ministre de France une convention de neutralité, mais en mettant ses troupes sur le pied de paix et il ne l'avait pas voulu. Ce n'était qu'après la nouvelle de cette bataille qu'il avait consenti à désarmer, c'est-à-dire qu'il désarmait parce que le vainqueur n'était pas celui en faveur duquel il s'était tenu prêt à combattre.

Lorsque, le 25 octobre, l'Empereur dictait à Potsdam la note qui annonçait à l'électeur l'occupation militaire de son pays, il n'avait pas encore pris, sur la dépossession de ce prince, une résolution définitive. Deux plénipotentiaires de l'électeur, le baron de Malsbourg et le général Lepel, accoururent au quartier-général français pour réclamer la conservation de la souveraineté de la Hesse dans sa famille. Arrivés à Berlin, ces agents s'adressèrent à M. de Talleyrand qui les renvoya vers le prince de Neuchâtel, attendu que l'affaire de la Hesse était devenue toute militaire. Le prince de Neuchâtel les renvoyait vers M. de Talleyrand en alléguant que, pour lui, il ne se mêlait pas de politique. Le général Duroc, informé de la présence de ces plénipotentiaires à Berlin et des démarches qu'ils avaient faites pour être admis, en donna connaissance[1] à l'Empereur, qui parut

---

[1] Ce fut moi qui instruisis de ces faits le général Duroc, et il en parla à l'Empereur pendant son déjeuner. Je fus appelé aussitôt. L'Empereur me questionna sur les propositions qu'apportaient les Envoyés de l'électeur. Je les lui exposai. L'électeur

un moment n'être pas éloigné de se laisser fléchir ; mais ce mouvement d'indulgence ne se soutint pas, et le sort des princes de Brunswick, d'Orange-Fuld et de Hesse-Cassel fut décidé. L'arrêt en fut prononcé par le 27ᵉ bulletin en date du 6 novembre.

Les plénipotentiaires prussiens, qui se trouvaient au quartier-général français, MM. de Lucchesini et de Zastrow, élevèrent quelques réclamations en faveur du prince d'Orange-Fuld, beau-frère du roi. Il leur fut répondu que ce

demandait à rentrer dans ses États, mais ses places, Rinteln, Hanau, Marbourg, resteraient aux Français; il joindrait douze mille hommes à l'armée française et consentait à payer une contribution extraordinaire. Ces offres ne furent point brusquement rejetées; l'Empereur s'y arrêta, l'idée d'un corps de douze mille hommes de bonnes troupes qui pouvait être mis de suite à sa disposition le frappa particulièrement; il me fit diverses questions sur les troupes hessoises, sur certaines qualités de l'électeur (son esprit d'ordre et sa fermeté) qui ne lui déplaisaient pas, et mes réponses, conformes d'ailleurs à la vérité, semblèrent fixer son attention d'une manière favorable. Il parla pendant quelques minutes de façon à me donner l'espoir qu'il allait accepter les propositions de l'électeur, lorsque, s'interrompant tout à coup et changeant brusquement de ton, il me dit : « Bah!.... Brunswick, Nassau, Cassel, tous ces « princes-là sont essentiellement anglais, ils ne seront jamais de « nos amis; » et en achevant ces mots il partit pour aller passer une revue. Deux jours après parut le 27ᵉ bulletin.

n'était qu'un châtiment trop mérité par les instigateurs et les complices de la présente guerre, par les perturbateurs du repos général de l'Europe.

A l'égard du Mecklembourg, l'occupation ne devait être qu'une mesure temporaire. Pour justifier cette rigueur, l'Empereur rappelait que, l'année précédente, ce pays avait été ouvert par un traité aux troupes russes qui se rendaient dans la Poméranie suédoise sous les ordres du comte Tolstoy. Cet acte de rigueur fut borné au duché de Mecklembourg-Schwérin. Lorsque l'Empereur fut consulté pour savoir si ses ordres s'étendaient aussi au duché de Mecklembourg-Strélitz, il fit une réponse négative. Plus généreux en actions qu'en paroles, sévère envers la reine [1] de Prusse jusqu'à l'injustice, il avait du moins l'attention de respecter la famille de cette princesse.

On aurait pu croire que la position de l'électeur de Hesse, qui n'avait point porté les armes, était plus favorable que celle de l'électeur de Saxe dont les troupes marchaient dans les rangs des Prussiens à Iéna. Au fond, la conduite de l'Empereur envers ces deux princes fut conforme aux lois de la plus stricte équité. En com-

---

[1] La reine était fille du duc de Mecklembourg-Strélitz.

battant, l'électeur de Saxe n'avait cédé qu'à la violence. L'électeur de Hesse, en retardant le combat, n'attendait qu'un revers de Napoléon pour se déclarer contre lui. Cette différence des sentiments de ces deux princes explique la conduite tenue envers l'un et envers l'autre.

Il est encore une autre cause qui pouvait n'avoir pas été sans influence sur la détermination de l'Empereur. Sorti du sein de la nation pour monter sur le trône, il y avait conservé le souvenir des jugements que les peuples portent sur les princes, et ces jugements, sa raison comme son intérêt lui commandaient de les respecter.

Dans l'électeur de Hesse, l'opinion voyait un prince avare, enrichi par le trafic du sang de ses peuples avec l'Angleterre, et par les impôts levés sur la population pauvre de ses États; un prince qui, au lieu de rendre au peuple en institutions utiles ou même en dépenses de luxe le produit annuel des contributions, s'était fait le banquier usuraire de tous les princes ou grands seigneurs allemands, et accumulait, en outre d'énormes capitaux dans les banques étrangères. Dans l'électeur de Saxe, l'Europe et les Saxons surtout bénissaient un prince sage, économe sans avarice, généreux sans prodigalité, qui, dès sa plus tendre jeunesse occupé du bien-être d'un pays qu'il avait trouvé dans la misère, avait cicatrisé toutes les plaies et fait renaître l'abondance et la prospérité.

Le soin de l'Empereur à se mettre d'accord avec ces opinions populaires pouvait être un calcul personnel. Ici ce calcul se trouvait de plus en harmonie avec l'ancienne politique de la France. A Dresde, Napoléon détruisait, comme à Rosbach, l'ouvrage de Frédéric II, et la Saxe, province prussienne depuis 1756, recouvrait en 1806 son indépendance, du moins à l'égard de la Prusse. En un sens, il est vrai, elle ne faisait que changer de dépendance; mais, hors des cas extraordinaires, il est avantageux pour un État faible d'avoir pour allié principal un monarque dont les États sont placés à une grande distance des siens. Un allié puissant, trop voisin, est presque toujours un oppresseur. Dès le 23 octobre, la cour de Saxe avait déclaré qu'elle n'était pas en guerre avec la France. Aussitôt que l'Empereur Napoléon était arrivé à Berlin, l'électeur avait envoyé auprès de lui son grand-chambellan, le comte de Bose, pour y compléter la réconciliation par un traité de paix. Impatient de consommer cet important ouvrage dont la conclusion mettrait un terme aux charges qui pesaient sur son pays, l'électeur partit lui-même pour Berlin, où il était rendu le 28 septembre. Des intérêts graves avaient porté l'Empereur à quitter¹ deux jours auparavant cette capitale. Ce fut à Posen que se suivit la négociation pour la paix de la Saxe. Le traité fut signé, le 11 décembre, par le comte de Bose et le grand-maréchal du palais, le général Duroc.

Par l'article 2, l'électeur accédait à la confédération du Rhin; il entrait, par cette accession, dans tous les droits et toutes les obligations de l'alliance.

L'article 3 stipulait que ce prince prendrait le titre de roi.

L'ascendant de Napoléon est tel que le droit qu'il s'attribue de faire des rois semble n'être plus de sa part que l'usage d'une incontestable prérogative.

Les articles 5 et 6 déterminaient un léger échange de territoire.

Le contingent futur du royaume de Saxe devait être, d'après l'article 8, fixé à vingt mille hommes; mais, pour la présente campagne, il était réduit, par l'article 9, à 4,200 hommes d'in-

---

¹ Le marquis de Lucchesini reproche à l'Empereur ce départ comme un acte d'incivilité. Nous verrons plus tard que cet Envoyé prussien avait signé un armistice qu'il prévoyait ne devoir pas être ratifié, mais dans le but de faire perdre du temps à l'Empereur. L'incivilité de l'Empereur est de n'avoir pas voulu donner dans le piège.

fanterie, quinze cents de cavalerie et trois cents d'artillerie.

De tous les articles du traité, le plus remarquable était le cinquième. Berceau de la réformation, la Saxe appartenait au Luthéranisme pur. Depuis 1624, les luthériens seuls y jouissaient de droits politiques et du libre exercice de leur culte. La conversion de Frédéric-Auguste en 1697, dans le but de se frayer un chemin au trône de Pologne, n'avait rien changé à cette législation. Ce prince n'avait pu, d'après les principes de la paix de Westphalie, accorder aux catholiques que la simple tolérance civile. Telles étaient les lois encore existantes en 1806. En cette circonstance, la force devint, chose trop rare, l'auxiliaire de la raison. Il fut convenu par l'article 5 « que l'exercice du culte « catholique serait, dans la totalité du royaume « de Saxe, pleinement assimilé à l'exercice du « culte luthérien, et que les sujets des deux re- « ligions jouiraient, sans restriction, des mêmes « droits civils et politiques, *S. M. l'Empereur et* « *Roi faisant une condition particulière de cet* « *objet.* » Le cœur du respectable souverain de la Saxe n'avait pas besoin de contrainte pour admettre une condition que son esprit judicieux eût désiré, lors même qu'il eût appartenu au culte dominant; mais en raison de son respect pour d'anciennes lois qu'il conservait, tout en les condamnant, dans la crainte de blesser l'opinion de ses sujets, il fallait constater que le changement qu'elles subissaient était une exigence du vainqueur.

Telle a été l'animosité de certains écrivains contre Napoléon qu'ils l'ont blâmé d'avoir protégé en Saxe la liberté de conscience, comme on l'avait blâmé antérieurement d'avoir mis un terme aux proscriptions par un traité avec le roi de Naples.

Le même jour, 11 décembre, il fut pareillement conclu à Posen un traité par lequel furent admis dans la confédération du Rhin tous les princes de la maison de Saxe, les ducs de Saxe-Weimar, Saxe-Gotha, Saxe-Meiningen, Saxe-Hildburghausen et Saxe-Cobourg. Il y eut plus tard une exception pour ce dernier. Comme le duc de Saxe-Cobourg combattait dans les rangs ennemis, un décret du 11 janvier ordonna qu'il fût pris possession de son pays pour l'administrer au nom de l'Empereur.

D'après le refus de l'Empereur Napoléon sur la demande d'armistice que lui avait adressée le roi de Prusse, immédiatement après la bataille d'Iéna, S. M. prussienne avait envoyé vers lui un plénipotentiaire pour entamer des négociations de paix. Le marquis de Lucchesini s'était, le 20 octobre, présenté aux avant-postes à Wittemberg, avec une lettre du roi pour l'Empereur. Ce dernier, suivant l'expression même de M. de Lucchesini, ne se montra point du tout éloigné d'un prompt arrangement. Le général Duroc fut chargé de conférer avec le plénipotentiaire prussien. Les conférences ne sont pas longues, lorsque l'une des parties est dans une position telle qu'il est en son pouvoir de dicter les conditions.

L'Empereur Napoléon demandait « que la « Prusse renonçât à toutes les provinces qu'elle « avait jusqu'alors possédées entre le Rhin et « l'Elbe. » Il exigeait « une contribution de cent « millions de francs pour indemnité des frais qu'a- « vait causés à la France une guerre entreprise « sans aucun juste motif. » Enfin il voulait « que le « monarque prussien cessât de se mêler, sous « aucun prétexte, des affaires d'Allemagne, et » (comme il avait le projet de réunir tous les princes allemands dans une même confédération), « que « S. M. prussienne s'engageât à reconnaître dans « ces princes les titres et le rang qu'il lui con- « viendrait de leur donner. » Ces conditions étaient dures sans doute, mais aussi dans quel état se trouvait la Prusse! Par ce traité, s'il eût été conclu, le roi conservait Magdebourg et la Vieille-Marche. Il n'était pas encore question alors de la Prusse méridionale (la Pologne prussienne). Quelle différence entre ces conditions et celles qu'il faudra subir à Tilsitt!

Il est en politique des moments qu'il faut saisir, surtout quand les résolutions des monarques peuvent être liées à la marche d'une guerre qui ne s'arrête pas. Le plénipotentiaire prussien n'eut pas, dit-il, le courage[1] de souscrire à des conditions si exorbitantes sans en avoir référé au ministère du roi. Le manque de courage en cette occasion était un manque de prévoyance. Courir le risque d'être désavoué eût été un acte de dévouement qui, dans tous les cas, aurait eu un effet salutaire, au lieu que refuser de consentir sur-le-champ aux demandes de l'Empereur était lui laisser le droit d'exiger ultérieurement des conditions plus onéreuses encore pour S. M. prussienne. Ce danger était trop réel.

Lorsque, le 27 octobre, le général de Zastrow apporta une lettre du roi renfermant l'acquiescement de ce prince aux propositions faites à son Envoyé à Wittemberg, l'état des choses était changé et changeait à chaque instant. La négociation devint froide et languissante. « L'Empe-« reur paraissait[2] n'avoir pas encore déterminé le

---

[1] Tome II, page 166.

[2] Langage des plénipotentiaires français rapporté par le marquis de Lucchesini.

« moment où il devait accorder la paix à la
« Prusse; il était las de montrer aux vaincus une
« générosité qui ne portait pour lui que des
« fruits amers d'ingratitude et de perfidie. Tout
« bien examiné, il était reconnu que c'étaient
« les intrigues anglaises qui avaient armé les
« cours du Nord contre la France; qui avaient
« produit le refus fait par l'empereur Alexandre
« de ratifier le traité de Paris et poussé la Prusse
« sur le champ de bataille, en sorte qu'au pre-
« mier retentissement du bruit des armes sur
« les bords de la Sprée le négociateur britan-
« nique en France, lord Lauderdale, n'avait
« plus dissimulé la volonté de rompre une né-
« gociation qui, sans ce soulèvement de la
« Prusse, aurait pu, d'après ses premiers pro-
« grès, amener la pacification complète de l'Eu-
« rope. C'était donc l'Angleterre qu'il importait
« d'atteindre dans la Prusse, et ce serait sur la
« conduite du cabinet de Londres, relativement
« à la restitution de ses conquêtes, que l'Empe-
« reur mesurerait l'état futur de la monarchie
« prussienne. »

Dans leurs déclarations aux plénipotentiaires
prussiens, les négociateurs français, M. le prince
de Bénévent et le général Duroc, avaient dit que
c'étaient les guerres du continent, ces guerres
sans cesse rallumées par l'Angleterre, qui avaient

contribué à la destruction de la marine de la France, de l'Espagne et de la Hollande. Rien de plus simple, de plus vrai que le fond de cette pensée. On s'étonne que l'un des plénipotentiaires prussiens ait pu y trouver matière à une interprétation ridicule. « Voilà bien, s'écrie le « marquis de Lucchesini, le langage des pas- « sions! Quoi! la destruction des flottes de la « Hollande, de l'Espagne et de la France serait le « crime de la Prusse qui n'a que la Havel et la « Sprée pour océan; pour vaisseaux, que des « barques de pêcheurs! » Travestir ainsi une assertion raisonnable serait un trait de mauvais goût échappé à un homme d'esprit, si, ce qui est plus grave, ce n'était pas un acte de peu de bonne foi de la part d'un historien.

Parmi les causes qui auraient fait naître de nouveaux obstacles à la paix, les plénipotentiaires prussiens regardèrent comme la plus influente les démarches faites auprès de Napoléon par *des sujets déloyaux* de la Prusse méridionale, c'est-à-dire, par des Polonais qui étaient venus lui demander l'affranchissement de leur patrie. Cette considération devait être grave sans doute auprès de l'Empereur. N'eût-il pas eu le désir de contribuer à la résurrection de la Pologne, sa politique, en aucun cas, n'eût dû refuser un secours aussi précieux tant contre la

Prusse que contre la Russie, mais ce désir en lui était sincère et nous en aurons la preuve. Enfin les plénipotentiaires prussiens, ce sont eux-mêmes qui le déclarent, reconnurent que l'Empereur ne voulait point en venir à un accord définitif avec le roi de Prusse, à moins que la victoire d'Iéna et les succès qui en avaient été la suite ne produisissent la paix générale. Un tel aveu renferme-t-il un sujet de blâme pour Napoléon? Pouvait-il avoir une autre pensée? et en effet qu'aurait signifié une paix partielle avec la Prusse, paix que la Russie même n'aurait pas respectée, tant que l'Angleterre ne se serait point aussi ralliée aux dispositions pacifiques de S. M. prussienne?

Il n'y avait donc pas lieu de conclure avec la Prusse une paix immédiate, dont les stipulations, forcément précaires, auraient été remises en problème par la continuation de la lutte entre les autres puissances; mais le même inconvénient n'existait pas à l'égard d'une trêve qui aurait permis d'ouvrir des négociations avec les cabinets de Pétersbourg et de Londres. Une trêve offrait aux trois puissances continentales des chances diversement favorables; à l'Empereur Napoléon, l'avantage de laisser reposer ses troupes dans de bons cantonnements et d'éviter les opérations d'hiver; à l'empereur Alexandre, la facilité et le loisir de faire arriver sur la frontière prussienne des forces plus considérables; au roi de Prusse, l'adoucissement qui lui était offert dans les mesures rigoureuses adoptées à l'égard des provinces de ses États occupées par l'armée française. Dans l'intérêt bien entendu des trois princes, cette trêve était tellement une nécessité qu'après de nombreux combats, restés indécis, nous verrons s'en établir une d'elle-même, par la force des choses, et sans convention préalable. Les plénipotentiaires prussiens, MM. de Zastrow et de Lucchesini, se prêtèrent à la négociation qui leur fut proposée, et le 16 novembre une suspension d'armes fut signée à Charlottenbourg.

D'après cette convention, les troupes prussiennes devaient se retirer à Königsberg et dans la Prusse royale depuis la rive droite de la Vistule. Les Français devaient occuper, comme places de sûreté, Colberg, Danzig, Graudenz, Thorn, Glogau, Breslau, Hameln et Nienbourg. Une partie de la Prusse orientale ou nouvelle Prusse ne devait être occupée ni par les Français, ni par les Prussiens, ni par les Russes. Pendant la durée de la trêve, le roi ne devait recevoir sur son territoire aucunes troupes étrangères et s'engageait à faire rétrograder les troupes russes, si déja elles y étaient entrées.

En signant cette suspension d'armes, les plénipotentiaires prussiens ne pensaient pas que le roi dût la ratifier, mais l'espoir [1] qu'ils avaient de l'arrivée prochaine des Russes à Varsovie leur faisait attacher beaucoup d'importance à retarder de quelques jours le départ de Napoléon pour Posen, où l'appelait la Prusse méridionale impatiente [2] de se révolter. Sous ce rapport, ils ne firent pas un faux calcul. En effet, tandis que le général Duroc, porteur de la ratification impériale, se rendait auprès du roi de Prusse à Osterode pour obtenir la sienne, Napoléon attendait à Custrin la réponse de S. M. prussienne, et ce ne fut qu'après avoir reçu une réponse négative qu'il continua son voyage vers Posen. Cette explication de la conduite des plénipotentiaires prussiens, donnée par eux-mêmes, confirme la justesse des reproches faits au marquis de Lucchesini de n'avoir pas, le 21 octobre, souscrit la convention qui lui avait été proposée à Wittemberg. Sa faute, en cette première occasion, avait été d'autant plus grave que, par ce dernier exemple, on voit qu'il ne se faisait pas scrupule de signer un acte qu'il prévoyait bien ne devoir pas être ratifié. Le motif du refus du

---

[1] Marquis de Lucchesini, tome II, page 182.
[2] Impazienté di ribellare, *id.*

roi était « qu'une partie des provinces encore « en sa puissance était déja occupée par les « Russes; qu'il se trouvait entièrement dans leur « dépendance, et qu'ainsi il ne pourrait exécuter « les conditions de l'armistice conclu. »

La fausse réserve du ministre, inopportunément timide, qui avait craint d'adhérer aux propositions de paix faites à Vittemberg, avait réduit le roi à ne pouvoir plus obtenir qu'une suspension d'armes. Le refus de ratifier cette suspension d'armes va décider du sort de la Prusse méridionale.

Pour l'hypothèse de ce refus et pour celle d'une occupation prolongée du territoire prussien, l'Empereur, pendant son séjour à Berlin, avait organisé une administration française des provinces conquises. Les autorités prussiennes étaient maintenues dans leurs fonctions, dans la jouissance de leurs traitements; mais il y avait auprès de chacune d'elles un agent français, chargé de surveiller leurs opérations et de faire verser les revenus du pays dans la caisse du receveur-général de l'armée. Ces commissaires et intendants français étaient pris en général dans la classe des auditeurs au Conseil d'État et des sous-inspecteurs aux revues. Après un apprentissage fait en pays ennemi, il était bien difficile, à ceux de ces auditeurs qui devenaient préfets en France, de ne pas conserver quelques-unes des habitudes de leur noviciat. Tous ces agents étaient sous les ordres d'un administrateur-général des domaines et des finances qui correspondait avec l'intendant-général des pays conquis, M. le conseiller d'état Daru. Celui-ci, qui était en même temps intendant-général de l'armée, placé près de l'Empereur, recevait ses ordres directs.

Une obligation fort dure fut imposée aux autorités prussiennes, obligation que l'Empereur avait épargnée à l'Autriche en 1805, qu'il lui épargnera encore en 1809. A Vienne il avait craint, disait-il, de distraire la fidélité due au légitime souverain. A Berlin, il exigea un serment qui rompait tout rapport entre le monarque et ses sujets. Ce serment rendait presque problématique[1] le rétablissement de la maison régnante. La formule en était ainsi conçue : « Je jure « d'exercer loyalement l'autorité qui m'est con- « fiée par S. M. l'Empereur des Français, roi d'I-

---

[1] Dans les premiers jours qui suivirent l'entrée de l'Empereur Napoléon à Berlin, il me dit: « Il y a ici beaucoup de « républicains, n'est-ce pas ? » Je répondis qu'il y avait des imaginations exaltées, peut-être même quelques jacobins. Il reprit : « Eh bien ! je ne le dissimule pas, je ferais volontiers ici une « république. » Comme j'exprimai fortement le doute qu'on voulût s'aventurer..... il m'interrompit : « Ah, oui, la crainte « du retour !.... » et il n'en fut plus question.

« talie, et de ne m'en servir que pour le main-
« tien de l'ordre et de la tranquillité publique;
« de concourir de tout mon pouvoir à l'exécu-
« tion de toutes les mesures qui seront ordon-
« nées pour le service de l'armée française et de
« n'entretenir aucune correspondance avec ses
« ennemis. » La prestation [1] de ce serment eut
lieu avec solennité dans une salle du palais, devant un trône décoré des armoiries impériales
de France, à côté duquel se tenait debout le général Clarke, gouverneur de Berlin. Les premières personnes qui le prêtèrent furent cinq
ministres du roi de Prusse, MM.

de Goldbeck, grand-chancelier, chef de la justice;

de Reck, ministre spécial de la justice;

de Thulemeier, ministre d'une partie des cultes;

de Massow, ministre d'une autre partie des cultes avec diverses attributions sur des établissements publics de charité et d'instruction;

de Réden, chef du département des mines.

---

[1] En qualité de commissaire impérial, je dressai le procès-verbal de cette étrange cérémonie. La veille du jour où elle eut lieu, un des ministres du roi, le baron de Réden, chargé du département des mines, m'exprima sa profonde répugnance à se séparer ainsi de son souverain. Je lui représentai que, s'il ne

La docilité empressée qui se soumit à ce serment est, avec les capitulations en rase campagne et la reddition des plus fortes citadelles, un de ces actes qui ne s'expliquent que par le délire de découragement résultant de la dissolution brusque et inattendue d'une grande monarchie. A la vérité, par rapport à l'autorité civile, un sentiment patriotique pouvait dicter cette soumission, parce qu'elle avait l'utile effet de conserver au corps de l'État l'organisation existante; mais cette pensée est de celles qu'il ne faudrait pas analyser, de peur d'y découvrir une distinction entre l'État et la dynastie.

Le décret, qui établissait une contribution extraordinaire sur les pays en guerre avec la France, portait la date du 15 octobre, lendemain de la bataille d'Iéna. Le total de la somme demandée s'élevait à cent cinquante-neuf millions de francs,

continuait pas à diriger ce département, l'administration française ne songerait qu'à verser le plus de produits possibles dans les caisses de l'armée sans s'inquiéter de détruire tous ses beaux établissements; que si, au contraire il en conservait la surveillance, nous nous contenterions de cueillir le fruit sans couper l'arbre par le pied. Il se rendit à ces raisons, mais les larmes aux yeux, se condamnant à paraître infidèle au roi pour lui sauver quelques débris. Ce fut sans contredit le même raisonnement qui détermina en général la conduite des autres autorités prussiennes.

répartis de la manière suivante : cent millions sur les États du roi de Prusse en-deçà de la Vistule ; vingt-cinq millions sur l'électeur de Saxe ; deux millions sur le duc de Saxe-Weimar et neuf millions sur le Hanovre. Le reste était distribué entre l'électorat de Hesse, le duché de Brunswick et quelques autres petits États associés aux mouvements de la monarchie prussienne.

Un fait, qui paraîtra un jour difficile à croire, est que le payeur-général de l'armée française n'avait, pour la campagne de Prusse, emporté d'argent français au-delà du Rhin[1] qu'une somme de vingt-quatre mille francs en or. C'est le pays, théâtre de la guerre, qui désormais va pourvoir à tous les besoins, la solde comprise. A l'époque de l'évacuation du territoire prussien en 1808, après que deux cent mille hommes de nos troupes, sans compter les alliés, auront vécu deux ans sur le territoire conquis, nous donnerons le tableau des recettes que la guerre aura fait entrer dans les caisses françaises.

On a beaucoup blâmé et les contributions extraordinaires de guerre, demandées par l'Empereur Napoléon aux pays occupés par ses armes, et l'organisation d'une autorité française qui sem-

---

[1] Nous avons vu précédemment quelle masse de fonds l'Empereur avait eu soin de faire réunir à Strasbourg et à Mayence.

blait menacer la maison régnante d'une spoliation générale de ses États.

A l'égard des contributions de guerre, Napoléon n'avait fait que suivre un usage pratiqué dans tous les temps et notamment par les princes que l'histoire a traités avec le plus de faveur. Sous Louis XIV, l'intendant de l'armée *Robert* tira un million six cent mille florins de la seule province d'Utrecht. En 1746, Marie-Thérèse exigea vingt-quatre millions de la ville de Gênes. On sait quelles exactions Frédéric II exerça sur toute la Saxe, avec quelle rigueur surtout il traita les négociants de Leipsig. « On les mit en pri-
« son, raconte le royal historien, et ils payè-
« rent. » Peut-être le système de contributions de guerre, imposées par le vainqueur, en l'obligeant à défendre le pays du pillage de ses troupes, épargne-t-il un plus grand mal. Il a du moins le triste avantage de répartir les charges d'une manière égale pour les habitants. Du reste la nation française est celle dont les extorsions en pays conquis sont le moins désastreuses ; et c'est ce que dès long-temps ont reconnu les peuples qui ont eu le plus souvent à subir des invasions étrangères. L'Allemand pille, économise et emporte avec lui son butin. Les Français au contraire sont, dit Machiavel, « affamés du bien
« d'autrui, mais c'est pour le prodiguer avec le

« leur..... Ils mangent volontiers, avec l'homme
« qu'ils ont dépouillé, le produit du pillage dont
« il a été la victime.[1] »

Quant à l'organisation d'une autorité française pour administrer le pays soumis à une occupation militaire, cette méthode, autorisée par de nombreux exemples, était surtout justifiée par celui des puissances coalisées elles-mêmes, dans les premières années de la guerre de la révolution. En 1793, une proclamation du prince de Cobourg, datée du 13 juillet, annonça « qu'il « prenait possession de Condé au nom de S. M. « impériale et royale. » Il fut en outre établi dans la même place de Condé *une junte*[2] *impériale et royale, chargée de par l'Empereur et roi de l'administration des pays conquis.* A peine cette junte était-elle en activité qu'elle abolit et remplaça, par des magistrats provisoires, toutes les autorités, constituées depuis la révolution de 1789. L'Empereur Napoléon au contraire conserva[3] en Prusse tous les pouvoirs existants ; il

---

[1] La natura de' Francesi è appetitosa di quello d'altri, di che insieme col suo e quello altri è poi prodiga, e però il Francese ruberia con lo alito per mangiarselo, e mandarlo male, e goderselo con colui a chi lo a rubato.

[2] Les *Mémoires d'un Homme d'état* disent que ce fut d'après les instructions directes du baron de Thugut.

[3] Nous ne destituâmes personne. Un seul fonctionnaire offrit

se contenta de placer un agent français auprès de l'autorité principale de chaque province.

Dans la première réception du corps diplomatique à Berlin, l'Empereur Napoléon avait dit au ministre turc, Argyropolo, « d'envoyer un « courrier à sa cour pour porter[1] des nouvelles « de ce qui se passait et annoncer que les Russes « ne tenteraient rien contre l'empire ottoman. » Napoléon s'abusait; sa confiance était de la présomption; il croyait trop à la puissance de ses succès ou à la générosité de la Russie. Sans doute le souverain fugitif de la Prusse avait droit de compter sur l'appui de toutes les forces d'Alexan-

---

sa démission et je l'acceptai. Voici à quelle occasion. La paix était faite, mais il subsistait une sorte d'état de guerre. Le baron de Stein, qui était venu à Berlin pour traiter du réglement des contributions extraordinaires, avait organisé dans cette capitale une disette artificielle. Ce fut une crise fâcheuse. On s'attroupait à la porte des boulangers, comme nous l'avons vu en France à une certaine époque de la révolution. Je soupçonnais l'origine du mal. Je parlai très-fermement au président de la ville et de la police, M. Büsching. Il proposa de se retirer. Je le pris au mot. On fit auprès de moi les plus vives instances pour me décider à le laisser en fonction. Je m'y refusai. En vingt-quatre heures nous eûmes découvert dans Berlin des approvisionnements pour plus de trois mois. Le lendemain les attroupements cessèrent.

[1] 21e bulletin, daté du 28 octobre.

dre. Celui-ci y était engagé par son honneur, par ses affections, par le souvenir du serment prêté sur la tombe de Frédéric, par le danger même de voir les Français approcher de sa frontière, mais tout à coup un incident appelle l'attention de la Russie du côté du Danube. « L'a-
« morce prend à Pétersbourg[1] et l'on songe,
« avant tout, à saisir la riche proie qui se pré-
« sente. » Au lieu de porter une puissante armée sur la Vistule, quarante mille hommes sont envoyés sous les ordres du général Michelson pour s'emparer de la Moldavie. Ainsi, quelque sensibles que fussent personnellement pour l'empereur Alexandre les malheurs de Frédéric-Guillaume, la ruine de la monarchie prussienne ne suffisait pas pour détourner le cabinet de Pétersbourg des voies invariables de sa politique. C'était toujours vers Constantinople que ce cabinet plaçait ses intérêts les plus essentiels et portait ses premières pensées. Du reste la guerre, que la Russie va commencer contre les Turcs et

---

[1] The bait took at St.-Petersburgh. A flame was raised in the russian cabinet. From the barren glory of protecting the minor states and asserting the liberties of Europe, all eyes and hearts were turned to the richer prize wich seemed now to be placed within reach.
Edinburgh Review de 1813. (Mémoire attribué à M. Adair.)

sans déclaration préalable, guerre dont nous exposerons plus tard l'origine, formera une diversion qui ne sera pas sans utilité pour la France.

CHAPITRE XLVI.

AFFAIRES EXTÉRIEURES ET INTÉRIEURES.

Décret du blocus continental. — Initiative en Angleterre, représailles en France. — Texte du décret sur le blocus. — Message de l'Empereur au Sénat. — Satisfaction en France de la défaite des Prussiens. — Réponse et députation du Sénat à l'Empereur. — Soins donnés à la littérature. — Accueil distingué fait par Napoléon aux hommes de lettres et aux savants. — Proclamation à l'armée française, datée de Posen. — Décret pour l'élévation d'un monument en l'honneur de l'armée. — Projet d'un édifice monumental pour la bourse de Paris. — Question polonaise. — Réserve de Napoléon sur la question du rétablissement de la Pologne. — Interprétations fausses des sentiments de Napoléon. — Gravité des obstacles qui s'opposent au rétablissement de la Pologne — État des rapports de la France et de l'Autriche. — — Convention entre la France et l'Autriche pour la reprise des Bouches du Cattaro. — Proposition d'alliance entre la France et l'Autriche. — Neutralité équivoque de la cour de Vienne. — Langage du général Andréossy à l'Empereur d'Autriche. — Plaintes de l'Autriche sur les proclamations polonaises. — Projet d'échange de la Silésie prussienne contre la Gallicie. — Indifférence de l'Autriche pour l'empire ottoman. — Conduite prudente de l'Empereur Napoléon à l'égard de la Pologne. — Établissement d'un gouvernement provisoire à Varsovie. — Ménagements de Napoléon pour les Polonais. — Déclaration de Napoléon sur les pays entre le Rhin et l'Elbe. — Organisation de régiments dans la Westphalie. — Abaissement des anciennes grandeurs devant la grandeur nouvelle. — Injustices réparées. — Arrangements avec Leipsig et Hambourg. — Soins de Napoléon pour l'armée. — Participation des alliés à tous les avantages de la conquête. — Soins donnés à la littérature. — Instructions sur les questions à soumettre au grand-sanhédrin.

S'IL était une vérité démontrée pour Napoléon et pour l'Europe, c'était qu'il ne pouvait exister de paix sur le continent que par la paix de la France avec l'Angleterre. C'était donc l'Angleterre qu'il devait partout s'efforcer d'atteindre. C'était à dompter l'Angleterre ou à se réconcilier avec elle qu'il devait faire servir tous les avantages obtenus par ses armes. Au commencement de cette année, nous avons vu [1] que l'excès des violences commises par la marine anglaise contre les neutres, souffertes en Europe par les nations commerçantes trop faibles pour s'y soustraire, avaient trouvé une légitime résistance

---

[1] Chapitre 57, pages 213 et suivantes.

dans le Nouveau-Monde. Les mesures qu'on se plaît à condamner, comme un crime personnel, dans Napoléon, le gouvernement américain avait aussi été réduit à les adopter, poussé à bout par la *presse* de ses marins, par les blocus arbitraires du cabinet de Londres et les injustes confiscations de ses bâtiments de commerce. Il avait même fait plus que Napoléon, car il avait déclaré piraterie des actes autorisés par le cabinet britannique, et ordonné de punir, de la peine due aux pirates, des Anglais qui n'auraient fait qu'obéir à leur gouvernement. A la vérité, dans le moment même où l'Empereur Napoléon va prendre à Berlin une résolution non moins énergique contre l'Angleterre, des plénipotentiaires américains négocient à Londres un traité qu'ils finiront par souscrire, mais ce traité ne sera pas ratifié par leur gouvernement.

Dès le 20 octobre, un bulletin de Napoléon, le 13e., avait annoncé qu'il ne regardait ses succès nouveaux que comme un moyen de plus de frapper les implacables ennemis de la France. « Puisque les oppresseurs des mers, « portait ce bulletin, ne respectent aucun pa- « villon, l'intention de l'Empereur est de saisir « partout leurs marchandises et de les bloquer « véritablement dans leur île. » Cette intention fut réalisée à Berlin par le décret, devenu si fameux, du 21 novembre. La grande question du blocus continental, discutée dans des milliers d'ouvrages, l'a déjà été aussi, implicitement du moins, dans cette histoire. Comme c'est un fait reconnu vrai par toutes les nations, hors l'Angleterre, que son code maritime est la violation la plus formelle du droit des gens, le décret de Berlin, contraire aussi au droit des gens et franchement proclamé comme tel, n'est ni plus ni moins qu'un grand acte de représailles. C'est l'application faite à l'Angleterre sur tous les rivages européens des principes qu'elle applique sur toutes les mers. C'est en réalité un retour au temps de barbarie, mais c'est l'Angleterre qui en a ouvert la route à la France, comme au gouvernement américain. Les preuves déjà acquises de ces faits seront confirmées par tous les événements des années qui vont suivre.

Il y aurait ici une autre question à examiner, celle de savoir si, juste ou non, la mesure était politique; si son exécution, par le froissement de nombreux intérêts, ne devait pas être plus nuisible qu'utile. Cette question est très-délicate assurément; mais on doit aussi convenir qu'il est des événements qui trompent toutes les prévoyances; que l'opiniâtreté de l'Angleterre n'avait pas dû être calculée dans une telle étendue, et il n'est nullement démontré encore que cette

opiniâtreté ne lui ait pas fait à elle-même une plaie plus profonde et plus durable qu'à la France. De l'aveu des Anglais eux-mêmes, et de leurs hommes d'État les plus distingués, le *blocus continental* a été « la plus profonde et la plus perni-
« cieuse machination [1] qui ait jamais été inven-
« tée pour l'extinction graduelle de la puissance
« anglaise. » Nous nous abstiendrons de donner ici les rapports de M. le prince de Bénévent, à la suite desquels fut adopté le décret du 21 novembre ; mais ce décret offrant lui-même un résumé des motifs exposés dans ces rapports, nous nous faisons un devoir d'en présenter le texte complet :

Napoléon, Empereur, etc.

Considérant

1° Que l'Angleterre n'admet point le droit des gens, suivi universellement par les peuples policés ;

2° Qu'elle répute ennemi tout individu appartenant à l'État ennemi, et fait en conséquence prisonniers de guerre, non-seulement les équipages des vaisseaux armés en guerre, mais encore les équipages des vaisseaux de commerce

---

[1] It is indeed the deepest and most mischievous contrivance ever yet devised for the gradual extinction of England.
Edimburgh Review, 1813.

et des navires marchands, et même les facteurs de commerce et les négociants qui voyagent pour les affaires de leur négoce;

3º Qu'elle étend aux bâtiments et marchandises de commerce et aux propriétés des particuliers le droit de conquête qui ne peut s'appliquer qu'à ce qui appartient à l'État ennemi;

4º Qu'elle étend aux villes et ports de commerce non fortifiés, aux havres et aux embouchures des rivières, le droit de blocus qui, d'après la raison et l'usage de tous les peuples policés, n'est applicable qu'aux places fortes;

Qu'elle déclare bloquées des places devant lesquelles elle n'a pas même un seul bâtiment de guerre, quoique une place ne soit bloquée que quand elle est tellement investie qu'on ne puisse tenter de s'en approcher sans un danger imminent;

Qu'elle déclare même en état de blocus des lieux que toutes ses forces réunies seraient incapables de bloquer, des côtes entières et tout un empire;

5º Que cet abus monstrueux du droit de blocus n'a d'autre but que d'empêcher les communications entre les peuples et d'élever le commerce et l'industrie de l'Angleterre sur la ruine de l'industrie et du commerce du continent;

6º Que, tel étant le but évident de l'Angleterre, quiconque fait sur le continent le commerce des marchandises anglaises favorise par là ses desseins, et s'en rend le complice;

7° Que cette conduite de l'Angleterre, digne en tout des premiers âges de la barbarie, a profité à cette puissance au détriment de toutes les autres;

8° Qu'il est naturel d'opposer à l'ennemi les armes dont il se sert et de le combattre de la manière qu'il combat, lorsqu'il méconnaît toutes les idées de justice et tous les sentiments libéraux, résultat de la civilisation parmi les hommes;

Nous avons résolu d'appliquer à l'Angleterre les usages qu'elle a consacrés dans sa législation maritime.

Les dispositions du présent décret seront constamment considérées comme *principe fondamental de l'empire*, jusqu'à ce que l'Angleterre ait reconnu *que le droit de la guerre est un et le même sur terre et sur mer; qu'il ne peut s'étendre ni aux propriétés privées, quelles qu'elles soient, ni à la personne des individus étrangers à la profession des armes, et que le droit de blocus doit être restreint aux places fortes réellement investies par des forces suffisantes.*

Nous avons en conséquence décrété et décrétons ce qui suit:

Article 1er. Les Iles Britanniques sont déclarées en état de blocus.

2. Tout commerce et toute correspondance avec les Iles Britanniques sont interdits.

3. Tout individu sujet de l'Angleterre, de quelque état ou condition qu'il soit, qui sera trouvé dans les pays occupés par nos troupes ou par celles de nos alliés, sera fait prisonnier de guerre.

4. Tout magasin, toute marchandise, toute propriété, de quelque nature qu'elle puisse être, sera déclarée de bonne prise.

5. Le commerce de marchandises anglaises est défendu; et toute marchandise appartenant à l'Angleterre ou provenant de ses fabriques est déclarée de bonne prise.

6. La moitié du produit de la confiscation des marchandises et propriétés déclarées de bonne prise par les articles précédents sera employée à indemniser les négocians des pertes qu'ils ont éprouvées par la prise des bâtimens de commerce qui ont été enlevés par les croisières anglaises.

7. Aucun bâtiment venant directement de l'Angleterre ou des colonies anglaises, ou y ayant été depuis la publication du présent décret, ne sera reçu dans aucun port.

8. Tout bâtiment qui, au moyen d'une fausse

déclaration, contreviendra à la disposition ci-dessus, sera saisi et le navire et la cargaison confisqués comme s'ils étaient propriétés anglaises.

9. Notre tribunal des prises, de Paris, est chargé du jugement définitif de toutes les contestations qui pourront survenir dans notre empire et dans les pays occupés par l'armée française, relativement à l'exécution du présent décret. Notre tribunal des prises à Milan sera chargé du jugement définitif desdites contestations qui pourront survenir dans l'étendue de notre royaume d'Italie.

10. Communication du présent décret sera donnée par notre ministre des relations extérieures aux rois d'Espagne, de Naples, de Hollande et d'Étrurie et à nos autres alliés dont les sujets sont victimes, comme les nôtres, de l'injustice et de la barbarie de la législation maritime anglaise.

Un message, daté du même jour, et auquel étaient joints les deux rapports du ministre des affaires étrangères, fit connaître au Sénat l'adoption de cette grande mesure. L'Empereur, en outre, instruisit ce corps des sacrifices auxquels il s'était résolu, pour déterminer le cabinet de Londres à la paix. « L'île de Malte, disait-il, à
« laquelle s'attachait, pour ainsi dire, l'honneur
« de cette guerre, et qui, retenue au mépris des

« traités, en était la première cause, nous l'avions
« cédée; nous avions consenti à ce qu'à la pos-
« session de Ceylan et de l'empire de Myssoure,
« l'Angleterre joignît celle du cap de Bonne-Es-
« pérance. » Comme le cabinet britannique n'a-
vait répondu à cette condescendance de sa part,
qu'en formant contre la France une quatrième
coalition, il ajoutait : « Dans cette nouvelle posi-
« tion, nous avons pris pour principe invariable
« de notre conduite, de ne point évacuer ni
« Berlin, ni Varsovie, ni les provinces que la
« force des armes a fait tomber en nos mains,
« avant que la paix générale ne soit conclue; que
« les colonies espagnoles, hollandaises et fran-
« çaises ne soient rendues; que les fondements
« de la puissance ottomane ne soient raffermis,
« et l'indépendance absolue de ce vaste empire,
« premier intérêt de notre peuple, irrévocable-
« ment consacrée.

« Nous avons mis *les Iles Britanniques en état
« de blocus,* et nous avons ordonné contre elles
« des dispositions qui répugnaient à notre cœur.
« Il nous a coûté de faire dépendre les intérêts
« des particuliers de la querelle des rois, et de
« revenir, après tant d'années de civilisation, aux
« principes qui caractérisent la barbarie des pre-
« miers âges des nations; mais nous avons été
« contraints, pour le bien de nos peuples et de

« nos alliés, à opposer à l'ennemi commun les
« mêmes armes dont il se servait contre nous.
« Ces déterminations, commandées par un juste
« sentiment de réciprocité, n'ont été inspirées
« ni par la passion, ni par la haine. Ce que nous
« avons offert après avoir dissipé les trois coali-
« tions qui avaient tant contribué à la gloire de
« nos peuples, nous l'offrons encore aujourd'hui
« que nos armes ont obtenu de nouveaux triom-
« phes. » L'Empereur terminait ce message en
demandant qu'un sénatus-consulte mît à sa disposition, dans les premiers jours de l'année, la
conscription de 1807 qui, dans les circonstances
ordinaires, n'aurait dû être levée qu'au mois de
septembre. « Dans quel plus beau moment, disait-
« il, pourrions-nous appeler aux armes les jeunes
« Français? Ils auront à traverser, pour se rendre
« à leurs drapeaux, les capitales de nos ennemis
« et les champs de bataille, illustrés par les vic-
« toires de leurs aînés. » Nous avons déjà fait, et
nous ferons encore la part du blâme qui appartient au Sénat; mais quel est le corps français
délibérant, quelle autre assemblée, à la place du
Sénat, lorsque le chef du gouvernement est,
avec son armée, emporté sur les ailes de la victoire, à cinq cents lieues de sa capitale, n'aurait
pas cru trahir la patrie en se refusant au dernier
effort nécessaire pour sauver cette armée et con-

quérir la paix? Le mal n'est pas dans le vote du moment: il est, d'une part, dans le statut antérieur qui a enlevé au Corps Législatif le droit de voter les levées d'hommes, pour en investir le Sénat; il est, d'un autre côté, dans l'inexécution des lois constitutionnelles qui eussent dû interdire au chef de l'État le pouvoir de commander des armées en personne, du moins au-delà des frontières. L'erreur des hommes, le crime des hommes, si ces mots doivent s'appliquer à la conduite des Sénateurs, étaient la conséquence forcée des institutions. Quand un peuple, d'ailleurs, est sous le charme de l'admiration, quand il est enivré de sa propre gloire, est-il quelque sacrifice qui lui coûte pour se soutenir à la hauteur où il se trouve placé? Ce n'était point par une passion aveugle que l'Empereur, dans ses proclamations, avait rappelé et le manifeste du duc de Brunswick, et l'entrée des Prussiens en Champagne. Ces retours sur le passé, dont certains historiens font gravement la critique, trouvaient de la sympathie dans toutes les ames encore empreintes des premiers souvenirs de la révolution. La bataille d'Iéna fit peut-être en France une impression plus vive que celle d'Austerlitz. Tant de fois déjà nous avions, en Italie, en Suisse, en Allemagne et en Hollande, battu les Autrichiens et les Russes, séparés ou réunis! Il restait à vaincre avec éclat ces Prussiens, que leur tactique tant vantée faisait regarder comme plus redoutables que tous nos autres ennemis. Il y avait tout-à-la-fois à laver la vieille France des humiliations que lui avait fait subir Frédéric II, la France nouvelle de menaces insolentes qu'elle n'avait pas oubliées et de l'envahissement de son territoire, opéré à la faveur de ses discordes civiles. La masse de la nation française savait gré à l'empire de se montrer l'heureux vengeur des injures faites à l'ancienne monarchie et à la république. Le sénatus-consulte, par lequel fut remise à l'Empereur, au commencement de 1807, la conscription qui n'eût dû être levée que neuf mois plus tard, est donc bien moins condamnable en lui-même que comme premier pas dans une voie funeste, comme source première des anticipations plus étendues, auxquelles plus tard il n'aura pas le courage de se refuser.

L'adresse du Sénat à l'Empereur exprimait deux sentiments, sincères alors ; l'admiration pour les prodiges opérés par l'armée et par son chef, la haine pour le gouvernement anglais. « Ce « gouvernement, disait le Sénat, a appelé la bar- « barie ; qu'il en éprouve les malheurs ! Qu'un « mur d'airain le repousse loin du continent... « Que l'Europe, dont il a voulu faire rétrograder « la civilisation, soit pour lui une terre inhospita-

« liere ! » L'adresse annonçait ensuite que quatre-vingt mille braves de plus allaient marcher pour partager la gloire de leurs aînés ; « et cependant, « Sire, le Sénat, dévoué comme le peuple à « votre personne sacrée, glorieux de vous trans- « mettre les sentiments de la nation, fait taire « cette voix secrète qui réclame la présence de « votre majesté. » Ce vœu du Sénat, malgré la timidité des termes dans lesquels il s'enveloppe, était un appel à la réflexion de l'Empereur sur le danger de porter plus loin le théâtre de la guerre. La députation de douze membres, envoyée auprès de lui à Berlin, avait ordre de donner verbalement plus de force à l'expression de ce désir du Sénat, et elle ne manqua point à sa mission. Ce genre de remontrances était nouveau pour l'Empereur; aussi en éprouva-t-il d'abord une impression peu agréable. Après avoir répondu qu'il ne dépendait pas de lui seul de terminer la guerre; qu'il avait fait en vain tout ce qui était en son pouvoir pour hâter la conclusion de la paix, il témoigna quelque surprise qu'on eût choisi le moment où les armées russes arrivaient au secours des Prussiens, pour se porter à une démarche propre à faire supposer de la mésintelligence entre le premier corps de l'État et le chef du gouvernement. La conduite du Sénat, en cette occasion, est certainement digne d'éloges; mais l'Empereur, qui savait trop bien comment se prenaient les résolutions de ce corps, ne vit, dans des représentations très-sages en elles-mêmes, qu'un acte semi-hostile de quelques hommes, dans lesquels il ne mettait pas une entière confiance. Les complaisances volontaires, forcées ou politiques, auxquelles le Sénat s'était prêté jusqu'alors, avaient peu préparé Napoléon à recevoir ses conseils sur les questions de la guerre et de la paix.

Au milieu des intérêts divers et si importants, qui occupaient l'Empereur à Berlin, tels que son décret contre l'Angleterre, ses négociations avec la Prusse, et ses opérations militaires, il lui restait du loisir, même le jour où il proclamait le *blocus* des Iles Britanniques, pour se plaindre au ministre de l'intérieur qu'on eût chanté de mauvais vers à l'Opéra. « Prend-on donc à tâche « en France, disait-il,[1] de dégrader les lettres?... « Témoignez mon mécontentement, et défendez « qu'il soit rien chanté à l'Opéra, qui ne soit « digne d'un grand spectacle. » Peu de temps après, son intention fut remplie. L'Opéra entendit des chants dus à une muse d'un autre ordre. « Exprimez ma satisfaction à l'auteur, écri-« vit-il [2] aussitôt à son ministre: j'avais ordonné

---

[1] Lettre du 21 novembre.
[2] Lettre de Varsovie, le 12 janvier.

« qu'on lui fît un cadeau pour sa pièce de *Jo-
« seph*[1]. Rendez-moi compte de cela; toutefois,
« donnez-lui une gratification. *En général, la meil-
« leure manière de me louer, est de faire des
« choses qui inspirent des sentiments héroïques à
« la nation, à la jeunesse, à l'armée.* » Ces pensées de l'Empereur appartiennent à sa correspondance secrète. La raison doit lui savoir gré de son désir d'ennoblir le caractère national, comme le bon goût, de ses efforts pour épurer la littérature. S'il est permis aux Alexandre d'ambitionner les louanges des Athéniens, il était d'un tact délicat pour Napoléon de ne pas vouloir de louanges exprimées en vers vulgaires, qui pussent blesser les imaginations ou les oreilles françaises.

En même temps que l'honneur de notre littérature occupait l'Empereur Napoléon jusque dans le palais des rois de Prusse, il ne se montrait pas non plus indifférent pour les hommes de mérite qui se trouvaient alors dans cette capitale. M. de Humboldt, l'abbé Denina[2], furent admis par lui en audience particulière et accueillis avec de grands égards; mais l'homme qu'il dis-

---

[1] Tragédie de M. Baour-Lormian.

[2] L'abbé Denina vint en France et l'Empereur le nomma son bibliothécaire particulier.

tingua le plus, avec lequel il prolongea le plus ses entretiens, fut l'historien de la Suisse, Jean Muller. Plus tard, il le fera appeler aux fonctions de ministre secrétaire d'État du royaume de Westphalie.

L'historien du Danemark et de la Hesse, M. Mallet de Genève, recevait une pension de l'électeur de Hesse et une du duc de Brunswick. Dès que l'Empereur en eut été informé, il ordonna que ces pensions continuassent à être payées sur les revenus de ces pays.

L'anniversaire du 2 décembre n'était pas de ceux que pût oublier l'Empereur. C'était le 2 décembre que son décret sur le blocus continental avait été en France communiqué au Sénat. Le 2 décembre, il parla ainsi à son armée : « Sol-
« dats, il y a aujourd'hui un an, à cette heure
« même, que vous étiez sur le champ mémora-
« ble d'Austerlitz. Les bataillons russes épou-
« vantés fuyaient en déroute, ou, enveloppés,
« rendaient les armes à leurs vainqueurs. Le
« lendemain ils firent entendre des paroles de
« paix, mais elles étaient trompeuses. À peine
« échappés, par l'effet d'une générosité peut-
« être condamnable, aux désastres de la troi-
« sième coalition, ils en ont ourdi une qua-
« trième ; mais l'allié, sur la tactique duquel ils
« fondaient leur principale espérance, n'est déjà

« plus. Ses places fortes, ses capitales, ses ma-
« gasins, ses arsenaux, deux cent quatre-vingts
« drapeaux, sept cents pièces de bataille, cinq
« grandes places de guerre, sont en notre pou-
« voir. L'Oder, la Wartha, les déserts de la Po-
« logne, les mauvais temps de la saison n'ont pu
« vous arrêter un moment. Vous avez tout bravé,
« tout surmonté; tout a fui à votre approche.

« C'est en vain que les Russes ont voulu dé-
« fendre la capitale de cette ancienne et illustre
« Pologne; l'aigle française plane sur la Vistule.
« Le brave et infortuné Polonais, en vous voyant,
« croit revoir les légions de Sobieski de retour
« de leur mémorable expédition.

« Soldats, nous ne déposerons point les armes
« que la paix générale n'ait affermi et assuré la
« puissance de nos alliés, n'ait restitué à notre
« commerce sa liberté et ses colonies. Nous
« avons conquis, sur l'Elbe et l'Oder, Pondi-
« chéry, nos établissements des Indes, le cap de
« Bonne-Espérance et les colonies espagnoles.
« Qui donnerait le droit de faire espérer aux
« Russes de balancer les destins? Qui leur don-
« nerait le droit de renverser de si justes des-
« seins? Eux et nous, ne sommes-nous pas les
« soldats d'Austerlitz? »

Cette proclamation chaleureuse et fière m'a
paru devoir être conservée comme remarquable

même dans quelques-unes des promesses qu'elle renferme, et que le temps ne confirmera pas. Peut-être l'Empereur n'a-t-il pas une foi absolue à ce qu'il annonce; peut-être n'est-il pas bien certain d'avoir reconquis nos établissements des Indes sur l'Elbe et sur l'Oder; mais l'assurance qu'il en donne a toujours l'effet qu'il désire sur l'ame des soldats. Au milieu de cette exagération, on voit dominer son idée principale; c'est que la monarchie prussienne doit être la rançon des colonies de la France et de ses alliés. C'était faire trop d'honneur au gouvernement anglais. « A Londres, dit M. Lombard, on n'eût pas sa« crifié une hutte de nègre pour nous sauver des « couronnes. »

A la proclamation de l'Empereur était joint un décret du même jour dont les événements ont entravé l'exécution, mais dont le projet seul était fait pour flatter des ames guerrières. Ce décret portait qu'il serait élevé, sur l'emplacement de la Madeleine à Paris, un monument avec l'inscription : « L'Empereur Napoléon, aux soldats « de la grande armée. » Dans l'intérieur devaient être inscrits, sur des tables de marbre, les noms de tous les hommes qui avaient assisté aux batailles d'Ulm, d'Austerlitz et d'Iéna; sur des tables d'or massif, les noms de tous ceux qui étaient morts sur le champ de bataille. Là devaient être déposés les armures, statues, monuments de toute espèce, étendards, drapeaux, enlevés par la grande armée dans ces deux campagnes. Tous les ans une grande solennité aurait rappelé la gloire de ces journées mémorables. Par une disposition d'une modestie, orgueilleuse peut-être, mais du moins louable dans son orgueil, il était défendu que, dans les discours, odes, etc., il fût fait aucune mention de l'Empereur.

L'Empereur s'occupa de la réalisation de ce projet; il demanda des plans pour la construction de l'ouvrage et chargea le ministre de l'intérieur d'acheter les chantiers environnants, « afin de faire une place circulaire autour de « laquelle on bâtirait des maisons d'un plan uni-« forme. »

Comme un décret antérieur avait ordonné que la *Bourse* de Paris serait établie sur ce même emplacement de la Madeleine, il rapporta ce décret et chargea le ministre de l'intérieur de lui proposer pour cette autre destination un emplacement vaste et isolé. « Mon intention, « écrivait-il[1], est de faire construire une *Bourse* « qui réponde à la grandeur de la capitale et au « grand nombre d'affaires qui doivent s'y faire « un jour. » De là ce magnifique palais de la

---

[1] Lettre du 7 mars 1807.

Bourse achevé après lui, mais dont il avait jeté les fondements.

L'arrivée de l'Empereur Napoléon à Posen était un grave épisode de la guerre de Prusse et soulevait une question que nulle puissance n'était en état de résoudre par sa seule volonté. Des historiens et des auteurs de mémoires posent, comme un fait constant, que jamais Napoléon n'a voulu de bonne foi le rétablissement de la Pologne. Cette assertion vient, chez les uns, de ce qu'ils n'ont vu qu'un côté des choses; chez les autres, de l'intérêt qu'ils ont à faire prévaloir telle ou telle opinion. A peine l'Empereur était entré à Berlin qu'il arriva auprès de lui des députés de la Prusse méridionale, pour le prier de prendre sous sa protection cette partie de la Pologne. Déja dans la campagne de 1805, les habitants de cette contrée lui avaient proposé de joindre leurs armes aux siennes. La paix de Presbourg avait empêché ce projet d'avoir son exécution. En 1806, les circonstances étaient plus favorables. La proposition fut acceptée. Dès les premiers jours de novembre, une proclamation signée par le général Dombrowski[1] et par Wi-

---

[1] Dombrowski était employé à l'armée d'Italie; mais en commençant la guerre de Prusse, la prévoyance de Napoléon l'avait fait venir à son quartier-général pour agir, au besoin, en Pologne.

bicki, l'un des loyaux défenseurs de la constitution du 3 mai 1791, avait appelé au secours de la patrie la jeunesse du duché de Posen, et plusieurs bataillons s'étaient formés en peu de jours. Les Français étaient reçus comme des amis ; l'arrivée de Napoléon surtout excita le plus vif enthousiasme. Dans ses plus simples paroles, on aimait à trouver des motifs d'espérance. Cependant l'Empereur s'abstint de prendre avec ce pays des engagements prématurés et téméraires. Un bulletin[1] du 1er décembre renfermait les deux paragraphes suivants : « L'amour de la pa-
« trie et le sentiment national est non-seulement
« conservé en entier dans le cœur du peuple,
« mais il a été retrempé par le malheur. Sa pre-
« mière passion, son premier désir est de rede-
« venir nation. Les plus riches sortent de leurs
« châteaux pour venir demander à grands cris le
« rétablissement de la nation et offrir leurs en-
« fants, leur fortune, leur influence. Ce specta-
« cle est vraiment touchant. Déjà ils ont partout
« repris leur ancien costume, leurs anciennes
« habitudes. »

« Le trône de Pologne se rétablira-t-il, et
« cette nation reprendra-t-elle son existence et
« son indépendance ? Du fond du tombeau renaî-

[1] Le 36e.

« tra-t-elle à la vie? Dieu seul, qui tient dans ses
« mains les combinaisons de tous les événements,
« est l'arbitre de ce grand problème politique;
« mais certes il n'y eut jamais d'événement plus
« mémorable, plus digne d'intérêt. » La réserve
de ce langage était un acte de loyauté et de
droiture.

Un Polonais qui, par goût ou par position,
a mieux aimé attendre l'émancipation de son
pays de la Russie que de la France, rapporte
que, parmi les interprétations auxquelles ce bulletin donna lieu en Pologne, « les amis [1] de la
« liberté se demandaient si l'on pouvait espérer
« la restauration de la république de Pologne
« d'un homme qui avait détruit la liberté de son
« propre pays. » Il y a peu de bonne foi, à ce
qu'il nous semble, à établir ainsi une sorte de
confusion entre les mots liberté et indépendance,
et à vouloir, du peu de respect que Napoléon
aurait montré en France pour la liberté, faire
sortir la conséquence nécessaire que, comme
politique et homme d'État, il ne voulait pas
l'indépendance de la nation polonaise. Ce genre
d'argumentation est surtout étrange de la part
d'un homme qui, à une autre époque, était allé,

[1] Mémoires du comte Oginski, publiés en 1826, Tome 1er, page 339.

avec raison, implorer pour la Pologne les secours du cabinet très-peu libéral de Constantinople. Ce même écrivain, habile comme tant d'autres à saisir un événement pour s'attribuer une prophétie, assure que pour lui il pensait et disait que « si même Napoléon parvenait à occuper [1] « la Wolhynie et la Lithuanie, il en ferait des « duchés séparés, de même qu'il en ferait un « des provinces polonaises reprises à la Prusse, « en le nommant duché de Varsovie ou de Ma- « zovie, mais jamais duché ou royaume de Po- « logne. » Cette prévoyance de sa part s'appuyait, dit-il, sur des considérations qui avaient frappé les personnes les plus réfléchies, et l'une de ces considérations était « que Napoléon ne pouvait « avoir l'idée de rétablir la Pologne puissante et « indépendante, comme elle avait existé autre- « fois, car cela ne s'accordait point avec ses vues « et le système qu'il avait toujours suivi jusqu'a- « lors. » On doit s'étonner qu'un ancien agent diplomatique, d'un côté, parle du rétablissement de la Pologne comme d'un acte tout simple pour lequel eût pu suffire le bon plaisir seul de Napoléon, et qu'ensuite il prétende que si l'Empereur eût pu rendre indépendantes toutes les provinces polonaises, il en eût, par son propre choix,

---

[1] *Ibid.* page 343.

fait des gouvernements isolés et sans consistance. Que Napoléon désire n'avoir, dans son voisinage et en contact avec lui, que des États faibles plus faciles à dominer, ce calcul s'explique ; mais lorsque son intérêt voudrait qu'il se créât, à une grande distance de son empire, sur le sol de l'ancienne Pologne, un point d'appui formidable contre la Russie et même contre l'Autriche, n'est-il pas insensé d'admettre qu'au lieu de s'assurer un allié puissant, de fonder un État destiné à lui être utile en raison de sa force, il préférât former plusieurs États faibles, qui lui échapperaient le lendemain pour tomber dans la dépendance de leurs voisins immédiats? La fausseté d'une telle supposition saute aux yeux de tout homme de sens. C'est évidemment une mauvaise justification imaginée par l'auteur des Mémoires que nous avons cités pour excuser le système qu'il a suivi. En réponse à de tels arguments, il suffit de laisser parler les faits.

L'une des inadvertances les plus singulières des hommes qui reprochent à Napoléon de n'avoir pas rétabli le royaume de Pologne est l'espèce d'oubli où ils laissent, non par ignorance sans doute, mais par distraction, les difficultés existantes à cet égard du côté de la monarchie autrichienne. Ils paraissent avoir perdu de vue que plusieurs millions de Polonais sont sujets de cette monarchie; que l'idée d'affranchir un seul hameau de la Pologne suffit pour donner de l'inquiétude à la cour de Vienne; que les actes de Napoléon seraient une agression contre elle, s'ils étaient réputés s'étendre au-delà du territoire appartenant aux puissances avec lesquelles il est en guerre, et qu'il ne convient pas à l'armée française, placée sur la Vistule, de provoquer un ennemi de plus et un aussi redoutable ennemi. Par l'état des rapports de Napoléon avec l'Autriche, on va juger si la plus grande circonspection n'était pas pour lui un devoir.

Depuis que cette puissance, cédant au souffle de prospérité qui servait si bien la France, avait, par l'abdication de la dignité d'empereur d'Allemagne, couronné l'œuvre de la confédération du Rhin, les relations des deux cabinets avaient paru très-amicales, quoique le ministère autrichien, en apprenant, avec une joie mal dissimulée, le désaveu du traité de Paris par l'empereur Alexandre, ne fût pas sans quelque regret d'un acte de complaisance qui, de sa part et contre toutes ses habitudes, avait été à la fois précipité et gratuit. On serait même, s'il eût été possible, revenu volontiers sur des concessions faites un peu légèrement à la fortune. L'un des points auxquels on avait consenti était la reconnaissance d'un frère de Napoléon pour roi de Naples, à la vérité sous la condition qu'auparavant une autre grande cour en aurait donné l'exemple. La Prusse qui, déja résolue ou prête à se résoudre à la guerre contre la France, continuait d'affecter l'apparence d'une grande intimité avec elle, ayant nommé un ministre, M. de Humboldt, pour résider à Naples auprès du nouveau roi, le gouvernement français fit réclamer à Vienne l'exécution d'une promesse attachée à une condition qui venait d'être remplie. Là commencèrent les tergiversations. Ce n'était plus seulement par une grande cour que l'on désirait être précédé dans cette démarche, mais par une cour qui eût des liens de famille avec le roi Ferdinand, notamment par l'Espagne. La France n'insista point; elle avait alors d'autres intérêts à ménager.

La question des places du Cattaro, momentanément tranchée par le traité de paix avec la Russie, revivait par la non-ratification de ce traité. La négociation de Paris n'avait pas empêché les tentatives faites pour recouvrer ces places en conséquence des ordres sincères ou mensongers, envoyés aux commandants russes par l'ambassadeur Rasumowski, mais en définitive les commissaires autrichiens avaient été méconnus, et il avait été répondu au général comte de Bellegarde que l'on coulerait bas tout bâtiment, quel qu'il fût, qui tenterait un débarquement. Alors aussi se débattait entre les cabinets des Tuileries et de Vienne la fixation des limites de l'Autriche et du royaume d'Italie; mais l'affaire importante du moment était pour eux celle des Bouches du Cattaro, et elle devint le sujet d'une convention qui fut signée, dans les premiers jours d'octobre, entre le comte de Stadion et l'ambassadeur de France, M. de La Rochefoucauld. L'objet de cette convention était de régler l'action combinée du général autrichien comte de Bellegarde, auquel on envoya des renforts, et celle des généraux français pour la reprise des postes contestés.

De part et d'autre, et surtout du côté de l'ambassadeur français, il avait été jeté quelques mots pour un rapprochement plus étroit entre les deux puissances. Une lettre de l'Empereur Napoléon, datée de Vürzbourg, témoignait qu'il ne voulait plus de rapports particuliers avec la cour de Berlin, dont la duplicité avait passé toute mesure. Le penchant de la France vers l'Autriche avait ainsi suivi, en quelque sorte, la progression du relâchement de ses liens avec la Prusse, et elle faisait prononcer le mot d'alliance à Vienne, au moment où l'alliance française et prussienne, encore nominalement subsistante, allait s'anéantir dans les champs d'Iéna. Si le cabinet autrichien ne se prêtait pas franchement aux insinuations françaises, il déclinait; d'un autre côté, les demandes formelles des cours de Prusse et de Russie; et, dès le 4 octobre, il avait expédié à Pétersbourg, à Berlin et à Londres, des courriers pour y faire connaître la résolution de l'Empereur d'observer la plus stricte neutralité. Après la nouvelle des éclatants succès de Napoléon, le ministère autrichien se montra disposé à entrer en pourparler sur les bases de l'alliance.

Cependant les faits ne semblaient pas répondre aux paroles. Des mouvements de troupes, dirigées en Bohême, rendaient même sa neutralité plus que suspecte. Cette situation équivoque de la cour de Vienne décida l'Empereur Napoléon à y envoyer, comme ambassadeur, un militaire instruit et clairvoyant, capable de saisir, à leur première expression, les dispositions militaires que pourrait ordonner ce cabinet. Ce caractère de général-ambassadeur autorisait d'ailleurs une franchise de langage et une certaine nature d'observations, qu'un agent diplomatique, non militaire, n'aurait pas pu se permettre. Dès la première audience que lui donna l'Empereur d'Autriche, cet ambassadeur, le général Andréossy, sut profiter de l'avantage de sa position. Après les assurances usitées sur le désir de Napoléon de vivre en paix avec S. M. impériale, il ajouta, sans

envelopper sa pensée dans de vaines circonlocu-
tions : « L'Empereur Napoléon ne craint ni ses
« ennemis publics, ni ses ennemis secrets. Ju-
« geant des intentions par les faits, il est trop
« habile pour ne point démêler ces derniers, et
« à cet égard, Sire, il regretterait infiniment
« d'avoir à penser que les armements considé-
« rables, que V. M. a sur pied, depuis le com-
« mencement des hostilités, fussent préparés et
« disposés contre lui, suivant les chances de la
« fortune. L'Empereur désire, je le répète, de
« vivre en paix avec V. M., mais dans une paix
« véritable, et peut-il considérer, comme une
« situation de paix, celle où il peut se croire
« menacé? V. M. paraît avoir réuni sur les flancs
« de l'armée française tout ce qu'elle a de forces
« raisonnablement disponibles, avec des magasins
« hors de toutes proportions. Tranquille sur tous
« les points de la circonférence de son vaste em-
« pire, un seul semble l'occuper, et c'est celui
« où l'armée française, aux prises d'abord avec
« l'armée prussienne, qui a été dissipée comme
« par un coup de vent, ne tardera pas à se trou-
« ver engagée avec les troupes de la Russie.

« L'Empereur se demande ce que fait dans
« cette situation une armée qui se dit conserva-
« trice d'une neutralité qui n'est point menacée,
« bien mieux qui ne peut pas l'être, qu'on n'a

« pas l'intention et qu'il n'est d'aucun intérêt de
« violer. Heureusement, Sire, le caractère hono-
« rable de V. M., sa probité reconnue modifient
« de pareilles appréhensions..... » Lorsque deux
monarques en sont venus au point que l'ambassadeur de l'un des deux entre avec l'autre souverain dans des explications aussi délicates, il
est sensible que le lien de paix qui les unit est
bien faible, et qu'il ne faudrait pas un grand
effort pour le rompre. Quels que pussent être
les désirs de Napoléon relativement à la Pologne, il était donc obligé de mettre les plus
grands ménagements dans ses actions et dans ses
paroles. Quoique les proclamations du général
Dombrowski ne s'adressassent qu'à la Pologne
prussienne, le cabinet autrichien en avait pris
de l'ombrage; et les premiers mots adressés à
l'ambassadeur français furent des plaintes sur
le danger de ces proclamations, pour la tranquillité des provinces polonaises soumises à S. M.
impériale.

Une chance s'offrait à Napoléon pour parvenir
au rétablissement de la Pologne, ou du moins
d'une grande partie de la Pologne, en levant
toute difficulté avec l'Autriche; c'était l'échange
de la Pologne autrichienne, ou Gallicie, contre
la Silésie prussienne. On devait supposer que
l'Autriche pourrait être séduite par l'idée de

recouvrer une province, ancienne possession qui lui avait appartenu pendant des siècles, et l'objet de si longs regrets, contre la cession de sujets nouveaux, dont la fidélité, toujours suspecte, n'avait de garanties que celles de la force et de la crainte. Tant que durait la négociation avec la Prusse pour une suspension d'armes, le général Andréossy n'avait été autorisé [1] qu'à laisser entrevoir la possibilité de cet échange. Après que cette négociation eut été rompue, il fut chargé [2] de le proposer formellement. La proposition fut éludée par une allégation de scrupules fort respectables sans doute, mais assez nouveaux pour la cour de Vienne. Suivant le comte de Stadion, la moralité de son souverain ne permettait pas d'accepter une possession dont la garantie ne lui serait pas assurée par un traité avec la Prusse.

Sur quelque question que la France s'adressât au cabinet autrichien, elle y rencontrait toujours le même éloignement pour tout ce qu'elle pouvait désirer. Aussitôt que l'Empereur Napoléon eut connaissance de l'irruption des Russes dans la Moldavie et la Valachie, il fit engager la cour de Vienne à faire cause commune avec

---

[1] 25 novembre.

[2] Vers le milieu de décembre.

lui pour maintenir l'intégrité de l'empire ottoman. Cette cour ne voulait, pour aucun motif, s'entendre avec la France, et l'intégralité de l'empire ottoman lui devenait fort indifférente, du moment que, pour la conserver, il lui eût fallu s'unir à l'Empereur Napoléon. En définitive, le rôle du cabinet de Vienne était celui d'un ennemi caché qui se tient en mesure d'agir pour l'hypothèse d'une occasion favorable, et qui, sous toutes les formes, même sous le nom de médiateur, n'aura d'autre objet que de nuire à la France. C'est uniquement dans ce but que ce cabinet va envoyer le général Vincent auprès de l'Empereur Napoléon à Varsovie.

D'après ces dispositions de la cour de Vienne, la conduite de Napoléon, à l'égard de la Pologne, était tracée, à moins qu'il ne se fît un jeu de mettre cette cour dans le cas de se joindre à la Prusse et à la Russie. Mieux inspiré, il détourna ce danger par sa prudence. Ainsi, à l'entrée des Français à Varsovie, en approuvant qu'on y formât une administration composée de Polonais, il recommanda de n'y admettre que des Polonais appartenant à cette province, pour ne point donner à cette administration la forme d'un gouvernement de Pologne.

Bientôt il fera un pas de plus, il établira un *gouvernement provisoire* à Varsovie, mais sans tromper la nation polonaise par des promesses qu'il pourrait n'être pas maître de remplir, et l'article 1er du décret d'organisation [1] portera que ce gouvernement est établi jusqu'à ce que le sort de la *Pologne prussienne* ait été fixé par la paix définitive. Il n'avait droit effectivement de parler ainsi que de la partie de cet ancien royaume qui était occupée par ses troupes. Les Polonais, choisis par l'Empereur pour composer le gouvernement provisoire, étaient de grands citoyens justement chers à leurs compatriotes, et dont la France même doit aimer à conserver le souvenir. C'étaient le maréchal Malachowski, Gutakowski, Stanislas Potocki, Wibicki, Dzialinski, Bilinski et Sobolewski. En dépit de toutes les accusations ou d'historiens peu soucieux de la vérité, ou de Polonais partisans de la Russie, Napoléon fit pour la Pologne tout ce que la sagesse permettait de faire, à moins qu'il n'eût voulu compromettre légèrement sa parole, son armée et les intérêts les plus chers de la France.

Mais en même temps que l'Empereur était avare de promesses pour l'avenir, il montrait au pays une extrême bienveillance, et la prouvait par des actes conformes à son langage. Pour épargner aux habitants une partie des charges

---

[1] En date du 14 janvier 1807.

qui accompagnent la guerre, il fit des sacrifices pécuniaires[1] très-considérables. Ce qui pèse le plus sur les pays occupés, c'est bien moins le soldat que l'on nourrit à l'aide de magasins, ou qui partage le pain de la chaumière, que les états-majors et les officiers de tous les grades. Afin d'assurer la nourriture du soldat, l'Empereur fit établir des magasins spéciaux pour chaque corps d'armée. Quant aux officiers, depuis le sous-lieutenant jusqu'au maréchal de l'Empire, il fut assigné à chacun d'eux un supplément de solde assez large pour leur ôter tout prétexte de rien exiger des habitants, et légitimer la sévère répression des moindres excès.

Quoique pays conquis comme province prussienne, la Prusse méridionale fut traitée comme un ami, comme un allié. Point de contributions extraordinaires, et en principe point de réquisitions. Pour l'approvisionnement des magasins de l'armée, les habitants furent autorisés à payer en nature les quatre cinquièmes des impôts. Un seul cinquième était perçu en argent, et il était à la disposition du gouvernement provisoire pour l'employer à l'armement et à l'équipement des troupes polonaises. Afin de subvenir aux premiers besoins du gouvernement provi-

---

[1] Décret du 4 janvier.

soire, l'Empereur lui fit prêter un million par la caisse de l'armée. Ce que faisait Napoléon prouve ce qu'il aurait voulu pouvoir faire. Les devoirs d'une politique réglée, comme elle devait l'être, sur l'intérêt de la France mettent seuls des bornes à l'action de ses sentiments personnels en faveur de la nation polonaise.

Si l'Empereur Napoléon laisse encore indécise la destinée de la Prusse méridionale, ses intentions sont fixées relativement aux provinces que le roi possédait entre le Rhin et l'Elbe. La cession, proposée à Wittemberg, en a d'ailleurs été consentie par ce prince. Soit que l'Empereur ait déja conçu le projet de former dans ces pays un royaume pour l'un de ses frères, soit qu'il ajourne encore l'emploi qu'il doit faire de ces possessions, il songe dès à présent à en tirer parti pour renforcer son armée et en même temps pour associer les intérêts de la population de ces pays à ceux de la France. Par un décret du 11 décembre, il ordonna de former un régiment de quatre bataillons [1] en Westphalie, appuyant ce décret sur la considération remarquable « que ces pays ne devaient plus retourner « à la Prusse. » Les maisons princières d'Alle-

---

[1] 1 pour Munster, 1 pour Brunswick, 1 pour Minden, 1 pour Fuld.

magne lui fournissaient des chefs pour ces corps de nouvelle formation. Le colonel qu'il nomma pour commander le régiment de Westphalie était un prince de Hohenzollern-Sigmaringen.

Ses résolutions sur le sort de la Hesse étant les mêmes, l'Empereur prit à l'égard de ce pays les mêmes mesures. Il y fit organiser [1] deux régiments, chacun de trois bataillons. Sa politique ne négligea pas d'introduire dans ces nouveaux corps les principes d'égalité si encourageants pour les armées, si propres à flatter des peuples gouvernés jusqu'alors par d'autres maximes. Un article du décret d'organisation portait que les sous-officiers seraient habiles à devenir officiers et à monter à tous les grades.

Le même jour, une décision de l'Empereur destina l'Oost-Frise pour être réunie à la Hollande.

Aucune autre guerre ne montra, autant que celle-ci, l'abaissement inouï de grandeurs consacrées par le temps et que les peuples croyaient pour toujours à l'abri des revers de la fortune. Jusqu'à ce jour les rois, les princes régnants ne s'étaient humiliés devant Napoléon que pour obtenir de lui des provinces et entrer en partage de ses conquêtes. La grande catastrophe

---

[1] Décret du 13 décembre.

de la Prusse réduisit les membres de plusieurs maisons souveraines à implorer sa bienveillance pour conserver leur fortune privée et même pour recevoir de lui les moyens d'existence que leur enlevait la chute des États auxquels ils appartenaient. C'était par l'intermédiaire des autorités françaises et d'après leur autorisation qu'étaient payées à la veuve du prince Henri, au prince et à la princesse Ferdinand de Prusse, des pensions affectées sur diverses caisses de cette monarchie. C'était par un payeur français qu'étaient fournis des fonds pour l'entretien de la maison de la princesse Auguste, sœur du roi. Une princesse de Brunswick, sœur du duc blessé à mort à Iéna, était, par ordre de l'Empereur, remise en possession des revenus de l'abbaye de Gundersheim. Une autre sœur du duc de Brunswick, la princesse Élisabeth, veuve divorcée du roi Frédéric-Guillaume II, réclamait et obtenait de l'Empereur le paiement d'une pension établie sur la chambre des finances de Stettin. L'électrice de Hesse-Cassel, princesse de Danemarck, invoquait [1] de même l'autorité française pour le paiement d'une pension qu'elle avait à prétendre sur les caisses de la Hesse.

---

[1] J'ai encore une lettre de cette princesse qui me priait d'appuyer ses réclamations.

Spectacle étrange et que depuis long-temps avaient cessé d'offrir les guerres de l'Europe moderne!

Aux irrégularités et à la confusion qui suivent de grandes batailles, on vit succéder quelques mesures d'ordre et de justice. Les duchés de Saxe-Meinungen et de Saxe-Hildburghausen [1] avaient été compris à tort dans le décret qui établissait des contributions extraordinaires.

---

[1] La manière dont s'opéra cet acte de justice mérite d'être rapportée pour faire connaître comment s'expédiaient les affaires au quartier-général impérial. Napoléon était au moment de partir de Posen pour Varsovie et, selon son usage, il mettait son bureau en ordre, non à la façon du cardinal Dubois, mais en faisant classer ses papiers pour les revoir ailleurs. En cet instant arrive un chambellan du duc d'Hildburghausen, apportant une lettre du duc qui se plaint d'avoir été rangé, à tort, parmi les ennemis de la France. L'officier de service dans l'antichambre impériale, soit consigne antérieure, soit de son propre mouvement, s'abstient d'annoncer à l'Empereur l'arrivée de ce messager. Celui-ci, après deux heures d'une attente inutile, pria un huissier de remettre la lettre de son maître à un secrétaire de l'Empereur. La lettre fut remise. L'Empereur la lut, dicta une apostille, et le renvoi en fut fait à l'intendant-général de l'armée, M. Daru, pour l'exécution. Cependant l'Envoyé d'Hildburghausen, qui avait aussi une lettre pour l'intendant-général de l'armée, était sorti pour la lui porter. Arrivé chez M. Daru, il lui présente la lettre du duc. En échange, M. Daru lui en donne une autre et lui dit : « En voici la réponse. » Le chambellan croit qu'il y a un malentendu : « Ouvrez la lettre,

L'Empereur annula les contributions et réquisitions demandées à ces princes. Il leur fit restituer les sommes qui avaient été indûment perçues, ne voulant pas étendre sur eux les charges d'une guerre à laquelle ils n'avaient point pris part. Par le même motif, il ordonnait à son administration de n'inquiéter, en aucune manière, les États de Saxe-Gotha, Waldeck, la Lippe, Reuss et Anhalt.

Une contribution extraordinaire avait été imposée sur la ville de Leipsig. Des députés de cette ville qui se rendirent auprès de l'Empereur en obtinrent la remise. Quant aux marchandises anglaises qui avaient été saisies et qu'il avait menacé d'envoyer en France, il consentit à un arrangement avec le commerce de Leipsig et finit par les lui laisser pour une somme de neuf à dix millions, somme infiniment éloignée de la valeur réelle. L'Empereur aura la même condescendance pour les marchandises anglaises saisies à Hambourg. On avait d'abord estimé celles-ci à quarante ou cinquante millions, ce qui pouvait être exagéré, mais elles seront

« lui réplique l'intendant-général, et vous en jugerez vous-
« même. » Il l'ouvre; c'était un ordre qui satisfaisait aux réclamations du duc en conséquence de la décision impériale. Sûrement, à la cour d'Hildburghausen, ce chambellan aura dû passer pour un grand négociateur.

rendues moyennant un paiement de quinze ou seize millions.

Pour soulager l'électorat de Hesse, pays pauvre, du poids de sa contribution extraordinaire, l'Empereur la mit à la charge des personnes auxquelles l'électeur avait prêté des fonds et qui étaient encore les débiteurs de ce prince. Les chambres administratives du pays étaient chargées de faire rentrer ces capitaux à mesure qu'ils devenaient exigibles.

Les détails nombreux dans lesquels entrait l'Empereur pour la nourriture du soldat, pour l'habillement, pour les hôpitaux, enfin pour tous les besoins de chaque jour, seraient impossibles à reproduire ou même à indiquer. C'est au bien-être de l'armée qu'il consacre tout ce que lui a livré le sort des armes. Il existe à Stettin des approvisionnements de vin très-considérables. L'Empereur les fait requérir en paiement des contributions extraordinaires. « Il faut tout « prendre, porte sa lettre, y en eût-il pour « vingt millions, mais le prendre en règle et en « donner des reçus. C'est le vin qui, dans l'hi-« ver, me donnera la victoire. »

Ce n'est pas seulement aux besoins physiques que l'Empereur tâche de pourvoir. Là où il voit un besoin moral, il cherche à le satisfaire. Parmi les dispositions ordonnées pour les hôpitaux, il recommande à l'intendant-général de faire attacher un chapelain à l'hôpital de Stettin, à celui de Posen et à quelques autres. En Prusse, on le sait, l'indifférence religieuse est portée au plus haut point. Il n'y a donc rien d'apprêté, d'artificiel dans l'ordre qu'il donne. Il pense que, pour le soldat souffrant, la présence d'un ecclésiastique, qui le console, peut être un adoucissement à ses maux et il ne veut pas que ce secours puisse lui manquer.

Les soins de toute espèce que l'Empereur donne aux troupes françaises, il les étend à celles des princes de la confédération du Rhin. Tous les avantages obtenus sont une propriété commune pour les unes et les autres. D'après un décret du 4 janvier, l'habillement, l'équipement et l'armement des Bavarois, Virtembergeois et autres alliés sont, comme pour les troupes françaises, renouvelés ou entretenus aux frais des pays conquis. Déja, dès le 28 octobre, il avait exprimé cette même disposition. Le prince de Neuchâtel avait, par son ordre, écrit à un agent français en Saxe : « L'Empereur a vu avec
« peine qu'on faisait sentir aux alliés qu'ils n'a-
« vaient combattu ni à Austerlitz ni dans cette
« campagne; l'intention de S. M. est tout-à-fait
« opposée; elle cherche au contraire à les allier
« à tous ses succès et à leur en faire partager la

« gloire. C'est par là qu'elle acquiert leur amitié
« et surtout leur confiance. Autrefois on n'avait
« point d'alliés parce qu'on suivait un système
« différent. S. M. est très-fâchée que vous n'ayez
« point donné de souliers aux Bavarois ; faites-
« leur-en distribuer en gratification. *En général*
« *l'Empereur veut que les Bavarois et les autres*
« *alliés soient traités comme les Français.* »

Les troupes virtembergeoises ayant puissamment contribué à la capitulation de Glogau, l'Empereur leur accorda dix croix de la Légion-d'Honneur, et fit envoyer au roi de Virtemberg une partie des drapeaux pris au siége de cette place.

Plus tard il fit payer la solde des troupes bavaroises et accorda aux officiers la même indemnité qu'aux officiers français.

Si les princes de la confédération et leurs troupes furent long-temps fidèles à l'Empereur, il avait droit à cette fidélité.

L'attention que réclamaient de Napoléon les soins urgents de la politique extérieure et de la guerre n'absorbait pas tellement ses journées qu'il ne lui restât des heures pour les affaires domestiques de la France. A Berlin, il s'est déja occupé de littérature; il s'en occupe encore à Posen. « La littérature, écrit-il au ministre[1] de

---

[1] Le 12 décembre.

« l'intérieur, a besoin d'encouragement, vous
« en êtes le ministre. Proposez-moi quelques
« moyens pour donner une secousse à toutes les
« différentes branches des belles-lettres qui ont
« de tout temps illustré la nation. » Au milieu
de ses succès militaires, c'est une heureuse pensée de ne pas vouloir que notre gloire littéraire
dégénère entre ses mains.

Une affaire plus grave était aussi le sujet de
ses méditations à Posen. C'est de là qu'il transmit au même ministre[1] des instructions extrêmement remarquables sur les questions que devait
traiter et résoudre le grand Sanhédrin convoqué à Paris pour le 9 février. Afin de faciliter les
travaux de cette assemblée, il faisait sentir la
nécessité pour elle de commencer par déclarer
qu'il y avait dans la loi de Moïse des dispositions *religieuses* qui étaient immuables, et des
dispositions *politiques* susceptibles de modification. Si l'on pouvait s'expliquer que les Juifs
n'eussent pas regardé comme des frères « des
« peuples idolâtres qui avaient juré une haine
« commune aux enfants d'Israël, » il devait en
être autrement quand cette situation avait changé,
et ce changement doit aujourd'hui les amener
à considérer tous les hommes comme frères, quel-

---

[1] Le 29 novembre.

que religion qu'ils professent, « si les Israélites « jouissent au milieu d'eux des mêmes droits « qu'eux-mêmes. » Il établissait ainsi sept propositions qu'il désirait voir approuvées par le grand Sanhédrin, et dont l'adoption formera en effet le principal résultat des délibérations de cette assemblée. C'est à tort, selon lui, qu'on prétend que les Juifs ne sont avilis que parce qu'ils sont opprimés, et, à l'appui de cette assertion, qui toutefois est digne d'examen, il citait la situation des Juifs de Pologne qu'il trouvait vils, malpropres et portés (ce sont ses termes) aux actes de la plus basse improbité, quoiqu'ils soient dans ce pays puissants, favorisés et nécessaires pour tenir lieu de la classe intermédiaire de la société qui n'y existe pas. Le plan de réformation une fois adopté, il ne « restera, continuait-il, aux Juifs, comme Juifs, « que des dogmes, et ils sortiront de cet état « où la religion est la seule loi civile, ainsi que « cela existe chez les Musulmans, et que cela a « toujours été dans l'enfance des nations. »

Un double motif avait porté l'Empereur à tenter cette grande entreprise, et, à aucune autre époque, on n'aurait pu le faire avec autant d'espoir de succès, puisqu'il était en son pouvoir de rassembler, pour y concourir, les hommes les plus distingués de la religion juive, qui

se trouvassent en France, en Hollande, en Italie et dans une partie de l'Allemagne. Le premier de ces motifs était l'intérêt direct d'un grand nombre de départements français, où « la suze-
« raineté des Juifs, suivant son expression, s'é-
« tendant sans cesse, au moyen de l'usure et des
« hypothèques, il était devenu indispensable
« d'y mettre des bornes. » Le second objet qu'il avait en vue était, sinon de guérir, du moins d'atténuer la tendance du peuple juif à un grand nombre de pratiques contraires à la civilisation et au bon ordre de la société dans tous les pays du monde. C'était vers ce double résultat qu'é-taient dirigées les mesures soumises au grand Sanhédrin. Si le but n'a pas été complètement atteint, jamais, il faut l'avouer, un aussi grand effort n'a été fait, à cet égard, en aucun pays dans l'intérêt de la nation juive et de l'humanité.

CHAPITRE LXVII.

POLITIQUE EXTÉRIEURE.

Confiance du roi de Prusse dans la Russie. — Refus du gouvernement anglais de cautionner des emprunts russes. — Division de l'armée russe en deux corps sous les ordres de Benigsen et de Buxhofden. — Combats de Nasielsk, Czarnowo, etc. — Affaires plus graves de Pultusk et de Golymin. — Retraite de la cour de Prusse de Königsberg sur Memel. — Ouvrages pour la défense de la Vistule. — Position de l'armée française. — Projet audacieux de Benigsen. — Combat de Mohrungen. — Arrivée de deux divisions russes tirées de la Moldavie. — Mouvements de l'armée française. — Lettre de l'Empereur au prince de Ponte-Corvo interceptée par les Russes. — Instructions diverses données par l'Empereur avant de quitter Varsovie. — Message au Sénat du 29 janvier. — Ordres donnés au général Marmont commandant en Dalmatie. — Combats de Passenheim, Bergfried, Deppen, Waltersdorf, Hof et Heilsberg. — Combat devant Eylau. — Bataille d'Eylau. — Retraite des Russes sur Königsberg. — Observations sur la perte des Français. — Mouvements des Français pour prendre des quartiers d'hiver. — Affaire d'Ostrolenka. — Prise des places de Breslau, Brieg et Schweidnitz. — Combats en Poméranie. — Activité de Napoléon pour l'approvisionnement de son armée. — Raisonnements des ennemis de Napoléon sur son obstination à prendre des quartiers d'hiver. — Motifs de sa conduite. — Différence de valeur entre l'homme civilisé et le barbare.

[1807.]

La guerre de Prusse, à proprement parler, était finie même avant les derniers jours de 1806. Celle qui va suivre sera une guerre avec la Russie, dans laquelle la Prusse ne portera que ses ressentiments, sa mauvaise fortune et un concours de trente ou quarante mille hommes. Pour la cour de Berlin, comme pour la cour de Vienne, la Russie toujours prête à donner des conseils violents, ne se trouve en mesure de prêter son appui à la lutte provoquée par elle qu'après que les grands coups ont été portés. Si le cabinet de Pétersbourg qui, dès le 30 août, avait annoncé, par un manifeste, sa détermination de reprendre les armes « pour remplir ses engagements avec ses « alliés, » eût agi comme il avait parlé, une armée de trois cent mille combattants, promptement réunie sur le moyen Elbe, aurait inévitablement réduit les Français à la défensive de leur frontière du Rhin; et de plus, à l'aspect d'un développement de forces si considérables, l'Autriche aurait pu s'affranchir de l'hypocrisie de sa neutralité. Heureusement pour Napoléon, qui d'ailleurs n'était pas facile à surprendre, tant de célérité ne fut pas donnée aux Russes. Ils étaient plus loin encore d'Iéna, en 1806, que d'Ulm, en 1805. Cependant c'est en eux que Frédéric-Guillaume a placé son dernier espoir. Dans une proclamation, publiée après son refus de ratifier l'armistice que le général Duroc lui avait porté à Osterode, il rappelait à ses sujets que, dans la guerre de *sept ans*, la Prusse, malgré l'invasion de sa capitale et de ses provinces, s'était maintenue seule contre les principales puissances de l'Europe, « tandis qu'au« jourd'hui le puissant et magnanime Alexandre « allait combattre pour elle avec toutes les forces « de son vaste empire. La cause est commune, « disait-il, la Prusse et la Russie triompheront « ou tomberont ensemble. » Trompeuse illusion du malheur qui croit aux vertus dont il a besoin!

Une autre espérance était encore permise au roi de Prusse; c'était une active coopération dans le Nord de la part de l'Angleterre et de la Suède; mais la Suède n'a que la volonté sans les moyens, et l'Angleterre tient beaucoup à n'employer ses moyens que pour s'assurer des avantages directs. Elle ne portera pas même dans cette guerre la prodigalité de subsides qu'elle a montrée dans les guerres précédentes. En excitant la Russie aux combats, elle a fait de magnifiques promesses. Elle devient difficultueuse, quand il s'agit de les réaliser. L'empereur de Russie a désiré faire, sous la garantie du gouvernement anglais, un emprunt de six millions de livres sterling, et il demande une avance d'un million de livres sterling sur cet emprunt. Moins téméraires que M. Pitt, les successeurs de ce ministre commencent à s'inquiéter des exagérations de son système. Dans l'emprunt demandé par l'empereur Alexandre à l'exemple des emprunts autrichiens que l'Angleterre avait garantis, ils ne voient que la demande d'un énorme subside, et « le parlement, disait « lord Howick [1], n'envisagerait pas autrement « cette demande, si elle lui était communiquée. » Cependant le ministère britannique ne refusait pas tout-à-fait d'autoriser un emprunt au compte de la cour de Russie; mais, pour inspirer de la sécurité aux prêteurs, il proposait à cette cour d'abolir en Russie les droits qu'y payaient, à leur entrée, les marchandises anglaises, et de

---

[1] Lettre au marquis Douglas, ministre en Russie, en date du 13 janvier 1807.

faire percevoir, pour le compte des prêteurs, ces mêmes droits sur les marchandises à la sortie des ports anglais. Cette conduite du cabinet de Saint-James qui, occupé d'ailleurs d'opérations lointaines, ne se montrait pas non plus disposé pour le moment à une expédition militaire dans le Nord, aurait pu, si elle avait été prévue, ralentir un peu l'ardeur de celui de Pétersbourg; mais le sort en était jeté, et déja les armées russe et française en étaient venues aux mains dans les champs de la Pologne. Le choc avait commencé le 27 novembre. Ce jour-là le grand-duc de Berg, arrivé la veille à Lowicz, avait rencontré à Blonie un détachement russe, l'avait forcé de se retirer sur la rive droite de la Vistule, et, le 28, il était entré à Varsovie au milieu des témoignages de la joie des habitants qui se plaisaient à saluer, dans les Français, les restaurateurs de leur indépendance.

L'armée russe, que devait commander en chef le général Kamenski, était provisoirement divisée en deux corps, l'un sous les ordres du général Beñigsen qui, après avoir jeté quelques détachements au-delà de Varsovie, s'était retiré devant les Français; l'autre, sous la conduite du général Buxhofden qui, plus retardé dans sa marche, ne pouvait arriver que le 15 décembre sur la Vistule. A ces forces, il fallait joindre le corps prussien commandé par le général Lestocq. Celui-ci, qui occupait Thorn, ayant dû suivre le premier mouvement de retraite de Benigsen, voulut vainement, peu de jours après, rentrer dans cette place déjà tombée au pouvoir du maréchal Ney. Il eut même assez de peine à échapper aux Français, qui maltraitèrent son arrière-garde et le séparèrent des Russes. Dans la tentative qu'il fit ensuite pour se réunir à eux, il fut battu entre Gursnow et Lautenbourg. Le général Benigsen avait son quartier-général à Pultusk; Buxhofden à Ostrolenka. Napoléon, de son côté, était arrivé, le 19 décembre, à Varsovie. Quiconque sait apprécier la douleur d'une nation indignement asservie, quiconque connaît particulièrement l'esprit patriotique des Polonais, se figurera sans peine quel enthousiasme dut éclater parmi eux à l'aspect des aigles françaises chassant devant elles les aigles russes et prussiennes.

Divers combats à Nasielsk, à Czarnowo, à Dzialdow et à Cursomb, toujours heureux pour les Français, furent le prélude d'une affaire plus grave, celle de Pultusk, où le général Benigsen prétendit disputer le passage de la Narew. A Pultusk, le corps de Benigsen s'était établi dans un camp retranché, dont la défense paraissait facile; mais, attaqué par le maréchal Lannes avec l'audacieuse confiance qu'inspirait aux soldats ce vaillant capitaine [1], il fut, après des actes brillants de valeur de part et d'autre, obligé d'évacuer la ville et le camp pour se retirer sur Ostrolenka [2]. Benigsen, dont les rapports étaient destinés à faire chanter des *Te Deum* pour toutes ses défaites, représenta ce combat comme une victoire, accusant fort injustement le général Buxhöfden de ne lui avoir pas prêté main-forte pour écraser une partie de l'armée française. Il prétendait [3] qu'avec quarante-cinq mille hommes, il avait eu à en combattre soixante mille des corps des maréchaux Lannes et Davoust, dirigés par Napoléon en personne, tandis qu'en réalité Napoléon n'assistait point à cette affaire; et que le même jour, le maréchal Davoust, réuni au grand-duc de Berg, avait attaqué Buxhofden à Golymin.

---

[1] Le 26 décembre.

[2] A en croire Walter-Scott, Benigsen serait resté maître de Pultusk. Les écrivains allemands, Saalfeld, Venturini et autres n'ont point de ces hardiesses. Ils disent que la journée coûta cher aux Français, mais ils ne leur contestent point le gain de la bataille.

[3] Ce fut de Lomza que Benigsen envoya ce rapport à sa cour. Le lieu de sa date ne donnait-il pas un démenti au prétendu triomphe qu'il annonçait?

Nota. Ce rapport se trouve dans la *Chronique du XIXe siècle*, par Venturini, tome III, page 586.

Ce dernier combat, auquel avait pris part le maréchal Augereau, n'avait pas été moins vif et moins opiniâtre. Dans la nuit, Buxhofden s'était retiré en désordre, aussi sur Ostrolenka, laissant sur la route beaucoup de bagages et d'artillerie. Le maréchal Soult avait marché sur Makow pour couper la retraite aux corps ennemis; mais les pluies et la difficulté des chemins les préservèrent d'une entière défaite. L'armée russe toutefois avait déja perdu dix à douze mille hommes tués, blessés ou prisonniers, quatre-vingts pièces de canon, beaucoup de caissons et douze cents voitures de bagages. Le général en chef Kamenski, étourdi de ces échecs inattendus, avait quitté son poste sans donner d'ordre pour la réunion de l'armée. La mauvaise saison en fut la seule providence. Il y eut pour les Français nécessité de suspendre leurs opérations et d'attendre le retour d'une température plus favorable. Napoléon leur fit prendre des quartiers d'hiver. Le 3 janvier, il rentrait à Varsovie. Quatre-vingts pièces de canon, prises dans les divers combats qui venaient d'avoir lieu, rangées devant le palais de la République, fortifiaient dans l'ame de la nation polonaise l'espoir de sa prochaine résurrection.

Le même jour, 3 janvier, la cour de Prusse, après quelques moments d'une fausse joie produite par le rapport mensonger de Benigsen, jetée par la connaissance de la réalité des faits dans la plus profonde consternation, abandonnait Königsberg pour chercher un asyle plus sûr à Memel.

Cependant l'Empereur Napoléon, qui n'avait pas voulu s'engager à la poursuite des Russes, n'avait rien négligé pour se mettre en garde contre tout mouvement qu'ils pourraient faire, dans le but de se porter sur la Vistule, et de prendre à revers l'armée française. Des travaux considérables avaient été faits sur tous les points qui pouvaient faciliter le passage de ce fleuve depuis Praga jusqu'à Thorn. Le centre et l'aile droite de l'armée étaient resserrés entre les affluents de la haute Vistule et du Bug, mais son aile gauche s'étendait jusqu'à Elbing, pour couvrir la Vistule inférieure, bloquer Graudenz et Danzig et menacer Königsberg. Cette aile gauche, composée des corps français du prince de Ponte-Corvo et du maréchal Ney, des troupes allemandes de Bade, Hesse-Darmstadt et Nassau, et des troupes polonaises récemment organisées, formant ensemble un total de plus de cinquante mille hommes, était sous les ordres du prince de Ponte-Corvo. Le général Victor fut chargé du blocus de Danzig; le général Rouyère, du blocus de Graudenz.

Si Benigsen était présomptueux et fanfaron, il ne manquait ni d'habileté dans le combat ni surtout d'audace dans ses desseins. Après avoir réuni à Tykoczim, à quinze lieues au-dessus de Nowogrod, les deux corps d'armée dont il avait pris le commandement en chef, encouragé par l'immobilité de l'armée française qu'il attribuait à un sentiment de défiance en elle-même, il conçut le projet de séparer du reste de cette armée les corps du prince de Ponte-Corvo et du maréchal Ney, de passer la Vistule, de débloquer les places de Graudentz, Danzig et Colberg, et d'établir, en s'appuyant sur ces places, le théâtre de la guerre dans la Prusse occidentale, ce qui aurait forcé Napoléon à quitter ses positions sur la rive droite de la Vistule et à repasser sur la gauche de ce fleuve. Le plan était hardi jusqu'à la témérité. Du 15 au 20 janvier, l'armée russe s'étant mise en mouvement avait rallié le corps du général Lestocq, et s'était avancée à dix lieues de Königsberg. Elle avait surpris et fait replier une avant-garde du maréchal Ney qui s'était imprudemment portée jusqu'à Schippenbeil. Au premier avis de cette marche de l'ennemi, le prince de Ponte-Corvo dut se hâter de réunir ses troupes qui s'étendaient depuis Christbourg jusqu'à Braunsberg. Le 23, une colonne russe attaquait un détachement de deux cents hommes qu'il avait fait placer à Liebstatt, et, le 25, il rencontra lui-même à Mohrungen un corps de dix-sept mille hommes, sous les ordres du général Markof, qui déja était aux prises avec le général Pacthod. L'affaire fut extrêmement vive, surtout dans le village de Pfarrers-Feldchen, où un bataillon du 9ᵉ régiment, qui avait perdu son aigle, le reconquit à force de prodiges. Les Français bivouaquèrent sur le champ de bataille, mais pendant la nuit des Cosaques étant entrés dans la ville de Mohrungen, qui avait été mal à-propos dégarnie, y commirent beaucoup de désordres et pillèrent les bagages du quartier-général, jusqu'à ce qu'un bataillon du 8ᵉ régiment, tombant sur eux, les sabra et tua le colonel qui les commandait. Le prince de Ponte-Corvo, après être resté à Mohrungen jusqu'au lendemain à deux heures d'après midi, se retira lentement sur Liebemühl et sur Osterode, avec l'intention de se replier ainsi jusqu'à Thorn afin d'attirer l'ennemi sur la basse Vistule; mais Benigsen, qui avait déja échoué dans une partie de son plan, celui de couper l'aile gauche de l'armée française, fut averti à temps du danger de s'engager plus loin, et arrêta le mouvement qu'il opérait.

Durant les marches que venait de faire l'armée russe, deux divisions, détachées de la Moldavie, sous les ordres du général Essen, étaient venues, indépendamment des renforts arrivés de l'intérieur des États moscovites, se joindre aux troupes que Bénigsen avait destinées à tenir les Français en échec sur la Narew et sur le Bug. L'ensemble des forces avec lesquelles les Russes allaient commencer la nouvelle campagne pouvait ainsi s'évaluer à cent soixante mille combattants.

A la première nouvelle parvenue à Varsovie de la direction qu'avait prise le général Benigsen et des affaires qu'il avait eues avec le corps du prince de Ponte-Corvo, l'Empereur Napoléon avait fait, avec sa promptitude accoutumée, des dispositions propres à tourner contre son adversaire les plans formés contre lui. Le 27 janvier, les Français quittaient leurs quartiers d'hiver.

Le corps du maréchal Lannes, commandé momentanément par le général Savary, pendant la maladie de ce maréchal, prenait position à Brock sur le Bug pour défendre cette ligne contre la division du général Sedmarotski, que Benigsen avait laissée à Goniadz, et les deux divisions, arrivées de la Moldavie sous les ordres du général Essen, établies à Bransk.

A l'exception de ce corps, placé ainsi en arrière par une sage prévoyance, et de celui du prince de Ponte-Corvo qu'un accident imprévu empêchera d'agir dans un concert parfait avec l'armée, toutes les forces de Napoléon étaient, le 31 janvier, concentrées dans un espace de douze à quinze lieues, le grand-duc de Berg et Soult à Villemberg, Davoust à Myscyniec, Ney à Gilgenbourg, Augereau à Neidenbourg. Le but de ces dispositions était de déborder l'aile gauche de Benigsen et de couper sa retraite. Pour seconder ce projet, une lettre de Napoléon avait dû porter au prince de Ponte-Corvo l'ordre de manœuvrer afin d'attirer l'ennemi sur la basse Vistule. C'est à cette lettre, qui ne parvint pas à sa destination, mais qui tomba entre les mains d'un parti de Cosaques, que Benigsen [1] dut l'avantage de s'arrêter à temps et de préserver son armée d'une chance d'autant plus dangereuse pour elle « qu'elle se serait plus enfour- « née. » Cet incident fut immense dans ses résultats. Outre que Benigsen, instruit par là d'un projet qui, sans cette circonstance, ne lui eût été révélé que quelques jours plus tard, put se préparer à une lutte plus égale ou à une retraite plus honorable, le prince de Ponte-Corvo, auquel manquèrent les instructions qui

---

[1] Benigsen en convient lui-même dans une de ses proclamations.

devaient régler ses mouvements, se trouva de trois jours de marche en arrière du reste de l'armée, et resta en dehors des événements graves qui vont avoir lieu. Lorsqu'au commencement de la bataille d'Eylau on s'étonnera de n'avoir aucune nouvelle du corps de ce maréchal, on présumera, ce qui sera reconnu vrai plus tard, que l'ordre de l'Empereur ne lui était point parvenu, mais on apprendra en même temps que le général de cuirassiers d'Hautpoult, qui était avec lui en communication, lui aura fait part de l'ordre qu'il venait de recevoir et de l'intention où était l'Empereur de livrer bataille. D'après un tel avis, et dans le soupçon de la vérité, d'autres que le prince de Ponte-Corvo eussent pu ne pas rester immobiles, mais il est dans la destinée de ce maréchal d'avoir un rôle à part dans toutes les grandes batailles livrées par l'Empereur. Sa conduite a été au moins étrange à Iéna; elle ne le sera pas moins, en 1809, à Wagram. Le corps qu'il commande se distinguera à Friedland; mais lui-même il n'y sera pas. La fortune voudra qu'il soit blessé auparavant.

Napoléon n'avait quitté Varsovie que dans la nuit du 29 au 30 janvier. D'autres soins que ceux de la direction des troupes avaient, dans ces jours d'ailleurs si remplis, occupé encore et le général et l'homme d'État. Pour le général, il y avait à pourvoir aux changements devenus nécessaires au sujet des approvisionnements, des magasins et des hôpitaux. Dans les savantes instructions que l'Empereur donnait alors à un homme digne de les entendre et peut-être capable seul de les exécuter dans toute leur plénitude, l'intendant-général, M. Daru, l'administration militaire peut trouver des modèles, comme la science de la guerre en trouve dans les instructions et les ordres donnés au major-général. L'homme d'État avait les yeux sur la cour de Vienne pour la contenir, sur le cabinet de Constantinople pour l'exciter, sur l'opinion de la France pour la rendre favorable à la continuation de la guerre. La déclaration de guerre, faite à la Russie par les Turcs, le 30 novembre, était pour lui, en cette conjoncture, un événement de la plus grande importance. C'était aussi une occasion d'intéresser l'honneur français au soutien de l'Empire Ottoman. Le salut de cet ancien allié de la France, le besoin même de maintenir l'indépendance de la Perse, commandent de redoubler d'efforts dans la guerre avec la Russie. Ces idées d'une haute politique, à l'usage des cabinets, échappent à beaucoup d'esprits même très-éclairés. Napoléon cherche à les populariser en France par des messages au Sénat et par la publication des rapports de son ministre des affaires étrangères. C'est en donnant au Sénat communication d'actes glorieux, du traité conclu avec la maison de Saxe, par lequel il a transformé pour le chef de cette maison le titre d'électeur en celui de roi, que l'Empereur s'attache à faire ressortir les dangers de la Porte-Ottomane et l'intérêt qu'a la France à lui prêter son appui. Il s'est fait présenter, sur la situation critique de l'empire turc, un rapport [1] spécial par son ministre des affaires étrangères, et ce rapport est bien moins pour lui-même que pour la nation française. La violence et la mauvaise foi de la Russie, dont les troupes ont envahi les provinces turques, tandis que son ambassadeur à Constantinople protestait encore des sentiments pacifiques de son souverain, les intrigues de cette puissance pour encourager les Serviens à la révolte, les envois d'armes qu'elle a faits aux Monténégrins, et jusque dans la Morée, l'occupation prolongée sous de vains prétextes de Corfou et des Iles Ioniennes, tous ces procédés du cabinet de Pétersbourg sont envisagés, dans le rapport ministériel, comme rappelant la conduite de ce cabinet à l'égard de la Pologne, et préparant des résultats pareils à ceux qu'aurait pu empêcher, mais que, dans sa triste

---

[1] En date du 28 janvier.

imprévoyance, n'empêcha pas le cabinet de Versailles. Cette leçon du passé devait éclairer l'avenir. « Eh qui pourrait [1] calculer la durée des
« guerres, le nombre des campagnes qu'il faudrait
« faire un jour pour réparer les malheurs qui
« résulteraient de la perte de l'empire de Cons-
« tantinople..... La tiare grecque relevée et
« triomphante depuis la Baltique jusqu'à la Mé-
« diterranée, on verrait de nos jours nos pro-
« vinces attaquées par des nuées de fanatiques
« et de barbares; et si, dans cette lutte trop
« tardive, l'Europe civilisée venait à périr, notre
« coupable indifférence exciterait justement les
« plaintes de la postérité, et serait un titre d'op-
« probre dans l'histoire.

« L'empereur de Perse tourmenté dans l'inté-
« rieur de ses États, comme le fut pendant
« soixante ans la Pologne, comme l'est depuis
« vingt ans la Turquie, par la politique du cabi-
« net de Pétersbourg, est animé des mêmes sen-
« timents que la Porte; il a pris les mêmes réso-
« lutions et marche en personne sur le Caucase
« pour défendre ses frontières. » Au moment où
nous sommes, il y a vingt-trois ans que Napoléon tenait ce langage. Les événements qui se
sont passés depuis, ont-ils prouvé qu'il se trompât sur les projets de la Russie?

[1] Message au Sénat.

En même temps qu'il provoquait les méditations de la France sur la guerre des Russes et des Turcs, il ne pouvait pas négliger de tirer militairement parti de cette diversion. Avant de quitter Varsovie, il donna des instructions dans ce but au général Marmont, qui commandait le corps d'armée français en Dalmatie. Les nouvelles reçues de ce côté avaient aussi été satisfaisantes. Six mille Russes et dix mille Monténégrins ayant voulu, dans les derniers jours de septembre, couper le général Marmont de sa communication avec Raguse, ce général les avait attaqués à Castelnovo, les avait battus et forcés à quitter leurs positions. Depuis ce moment, l'amiral russe Siniawin s'était borné à croiser sur cette partie des côtes de la Dalmatie et de l'Albanie, sans former aucune entreprise sérieuse.

Les instructions adressées, de Varsovie le 28 janvier, au général Marmont, lui prescrivaient d'aider de tous ses moyens, comme conseils, approvisionnements et munitions, les Pachas de Bosnie et de Scutari; de leur envoyer des officiers d'état-major, les uns pour résider auprès d'eux, d'autres pour parcourir les provinces turques, exalter les têtes en promettant les secours de la France et recueillir des renseignements utiles. Pour le cas où la Turquie demanderait un corps de troupes, l'Empereur disait :

« Je ne suis pas très-éloigné de vous envoyer
« avec vingt-cinq mille hommes sur Widdin et
« alors vous entreriez dans le système de la
« grande armée, puisque vous en formeriez l'ex-
« trême droite. » Il ajoutait encore d'autres dé-
veloppements sur l'importance de cette diversion, quoiqu'avec la réserve : « tout cela n'est
encore qu'hypothétique. » Ainsi l'armée française, dont l'aile gauche occupait les villes anséatiques, dont le centre manœuvrait sur la rive
droite de la Vistule et dont l'aile droite eût ma-
nœuvré sur la rive droite du Danube, aurait lié
ses opérations à celles des armées turques et
même des armées persanes. En effet après avoir
parlé d'inquiétudes données par les Anglais à la
cour d'Ispahan, Napoléon poursuivait : « Nos re-
« lations avec la Perse sont telles que nous nous
« porterions sur l'Indus. Ce qui était chimérique
« autrefois cesse de l'être en ce moment où je
« reçois fréquemment des lettres des sultans,
« non des lettres emphatiques et trompeuses,
« *mais qui manifestent une grande crainte con-*
« *tre la puissance des Russes.* » Ces instructions
se terminaient par l'ordre d'envoyer quelques
officiers choisis à Constantinople, pour concourir à la défense de cette capitale.

Le 31 janvier, Napoléon était à Willenberg.
Aussitôt l'action commence; on se met en mar-

che le 1er février. Les Français vont successivement enlever les postes défendus par l'ennemi; mais non sans avoir besoin de toute leur audace et de toute l'habileté de leurs chefs. Si Benigsen recule pendant quelques jours, il recule sans compromettre ni son honneur ni son armée.

Une avant-garde russe se présente au grand-duc de Berg qui marche dans la direction d'Ortelsbourg. Il la fait charger par plusieurs colonnes de cavalerie et, à la suite de cet engagement, il entre dans la petite ville de Passenheim.

Le 3 février, l'armée russe, établie à Youkowo, appuyant sa droite sur la Passarge et sa gauche sur l'Alle, semble disposée à livrer bataille. Napoléon forme aussitôt sa ligne, Augereau au centre, Ney à la gauche, Soult à la droite, la garde Impériale en réserve. Pour donner à la bataille un caractère décisif, si elle a lieu, Soult reçoit ordre de se porter sur Guttstadt et de s'emparer du pont de Bergfried, de manière à déboucher sur les derrières de l'ennemi. Guttstadt fut emporté et on y prit des magasins considérables. La position de Bergfried était défendue par douze bataillons qui firent une belle résistance, mais le pont fut franchi au pas de charge, les douze bataillons enfoncés se retirèrent en désordre, laissant beaucoup de blessés et quatre pièces de canon. Dans le même moment les Russes étaient vivement pressés à leur centre et sur leur droite. La nuit, qui surprit les deux armées au milieu de ces opérations, permit à Benigsen d'opérer sa retraite sur Liebstadt.

Le lendemain le grand-duc de Berg, après plusieurs charges de cavalerie, se rendit maître du village de Deppen, où se réunit le gros de l'armée française.

Une affaire plus importante signala le 5 février. Le maréchal Ney, ayant atteint, auprès du village de Waltersdorf, l'avant-garde du corps prussien de Lestocq, se précipita sur elle et la mit en déroute. Il fit deux mille prisonniers et prit seize pièces de canon. Lestocq se hâta de changer de direction, sauvant ainsi le reste de son corps par le sacrifice de son avant-garde. Ce même jour, le quartier-général de Napoléon était à Arensdorf; celui de Benigsen, à Heilsberg.

Nouveau mouvement le 6, nouveaux combats, nouveaux avantages pour les Français. Le maréchal Davoust, chargé de marcher sur Heilsberg, ne pénétra dans cette ville qu'après une action assez vive qui lui donna douze cents prisonniers. Un combat plus sérieux était engagé entre Gross-Glandau et Hof, à une lieue en-deçà de Landsberg. Là une force ennemie de douze bataillons et de vingt escadrons, sa droite appuyée à un bois, sa gauche à une hauteur garnie d'artillerie, opposa au grand-duc de Berg une résistance qui ne céda que devant la redoutable charge des cuirassiers du général d'Hautpoult. L'ennemi se retira sur Hof d'où il fut déposté, et qu'il s'efforça vainement de reprendre à l'aide de troupes fraîches envoyées à son secours. Sa perte ne fut pas moindre de deux mille hommes tués ou pris. A l'entrée de la nuit, les deux armées étaient en présence, séparées seulement par la petite rivière de Stein.

Les ténèbres favorisant le mouvement rétrograde des Russes, ils marchèrent sur Preusisch-Eylau que traversa la plus grande partie de leur armée; mais en avant de cette ville, sur un plateau qui défend le débouché de la plaine où elle est située, Benigsen plaça un corps de quinze mille hommes sous les ordres de Bagration avec ordre de s'y maintenir. Le grand-duc de Berg et le maréchal Soult finirent par enlever ce poste difficile, mais l'ennemi ne céda le terrain que pied à pied; refoulé dans la ville, il y continua une défense obstinée. Une église et un cimetière, situés sur un monticule, fournirent à Barklay de Tolly une sorte de camp retranché où il montra une opiniâtreté égale à la vigueur de l'attaque. Ce ne fut qu'à dix heures du soir qu'on parvint à l'en chasser. Pour conserver cette importante position, l'Empereur fit bivouaquer en avant d'Eylau une des divisions du corps du maréchal Soult et le reste de l'armée en-arrière et auprès de la ville. Ce fut ainsi que se passa la nuit qui précéda la bataille.

Quelles étaient à Eylau les forces des deux armées? En Angleterre et en Russie, on prétend que l'armée russe était de vingt mille hommes moins forte que l'armée française. En France, l'écrivain le plus impartial, M. Mathieu Dumas, n'évalue les forces de Napoléon qu'à soixante-huit mille cinq cents hommes, tandis qu'il porte à quatre-vingt mille hommes celles de Benigsen, en y comprenant le corps prussien du général Lestocq. D'après ces estimations contradictoires, il semble qu'on peut admettre des deux côtés une force à peu près égale et la gloire n'en sera pas moins grande pour l'une et l'autre armée. Ce ne sont pas les Français qui contesteront aux Russes le mérite d'avoir vaillamment combattu, puisque c'est l'admirable fermeté de ceux-ci qui compensa l'inégalité de talent des deux généraux en chef.

L'aile droite de l'armée russe était commandée par le général Toutsckof; l'aile gauche par le général Osterman-Tolstoy; le centre par le général Doctorow. Les quatre-vingt mille hommes dont elle se composait étaient rassemblés dans un espace de terrain qui eût semblé n'en devoir contenir que trente mille. Une telle concentration, si elle offrait quelques avantages, avait aussi un grave inconvénient par les ravages que devait faire, dans des masses aussi serrées, l'adroite activité de l'artillerie française. L'armée de Napoléon au contraire couvrait un terrain assez étendu, le centre étant formé par les corps de Soult et d'Augereau, tandis que le maréchal Davoust manœuvrait pour déborder la gauche et Ney pour déborder la droite de l'ennemi. En revanche cette espèce de dispersion des Français avait aussi son danger. Il était douteux que le maréchal Ney, qui poursuivait le corps prussien de Lestocq, arrivât assez tôt pour prendre part à l'action, et le maréchal Davoust ne pourrait le faire qu'au milieu du jour. Tout le poids du commencement de l'affaire devait donc porter sur les corps de Soult et d'Augereau.

Le 8 février, à la pointe du jour, Benigsen engagea le combat par un grand feu d'artillerie dirigé contre la division Saint-Hilaire (du corps de Soult), et contre la ville d'Eylau. Les deux divisions Heudelet et Desjardins, formant le corps du maréchal Augereau, viennent aussitôt prendre place à la gauche de la division Saint-Hilaire, entre celle-ci et le cimetière si opiniâtrément disputé la veille ; et cependant l'artillerie réunie des corps de Soult, d'Augereau et de la garde répondait vivement à l'artillerie russe. Le projet de Benigsen étant d'enlever la ville, il fit un mouvement par sa droite contre les divisions Legrand et Leval, appartenant au corps du maréchal Soult. Napoléon, occupé à la fois et de soutenir la gauche et de tourner celle de l'ennemi, porte la division Saint-Hilaire vers l'extrême gauche des Russes, pour faciliter l'arrivée du maréchal Davoust, qui s'avance sur leur flanc, et en même temps il fait déboucher sur le centre de leur ligne les deux divisions d'Augereau. A mesure que ce mouvement s'exécute, l'armée française prend un ordre oblique par rapport à la position générale de l'ennemi; manœuvre qui peut produire les plus grandes conséquences, si l'attaque du centre réussit, comme on a lieu de l'espérer; mais le hasard se joue des combinaisons les plus habiles, et, dès Eylau, les frimas combattent pour les Russes. Une neige épaisse, poussée par le vent dans les yeux des Français, produisant une obscurité d'une demi-heure, la tête des colonnes d'Augereau perd son point de direction, se porte trop à gauche et se trouve engagée entre les troupes de la droite et les troupes du centre ainsi que de la réserve de l'ennemi. La mêlée est violente; le massacre, horrible; les généraux Desjardins et Heudelet, le maréchal Augereau lui-même sont blessés. A la première éclaircie, Napoléon aperçoit le mal et toute son étendue. Un effort extraordinaire peut seul sauver les deux divisions si fortement compromises; l'Empereur lance contre l'ennemi et le grand-duc de Berg avec les divisions de cavalerie des généraux Klein, Milhaud, Grouchy et d'Hautpoul, et le maréchal Bessières avec les grenadiers à cheval, les dragons et les chasseurs de la garde. Contre une telle puissance d'hommes et de chevaux, quelle résistance eût été possible? Deux lignes d'infanterie russe sont rompues; la troisième ne résiste qu'en s'adossant à un bois; les Russes ont été enfoncés, sabrés, mais ils n'ont pas fui; ils se sont reformés sur-le-champ, et il faut que, pour revenir sur ses pas, la cavalerie française, qui a traversé leurs rangs, s'ouvre une seconde fois le passage, le sabre à la main.

Une colonne russe de quatre à cinq mille hommes, soit emportée par un excès d'audace, soit égarée aussi par le brouillard, était arrivée jusqu'auprès du cimetière d'Eylau où elle s'arrêta tout-à-coup devant un bataillon de la garde qui marcha vers elle l'arme au bras. D'un côté, l'escadron de service auprès de l'Empereur tomba sur cette colonne épouvantée, tandis qu'elle fut chargée en queue par les chasseurs à cheval du général Bruyère. Elle fut en un instant dispersée et presque entièrement détruite.

Cependant le maréchal Davoust, dont la destination était de tourner la gauche de l'armée russe, avait, non sans une lutte meurtrière, rempli cette difficile mission. Les trois divisions des généraux Friant, Morand et Gudin, égales à elles-mêmes, et telles qu'elles s'étaient montrées sur les champs d'Auerstaedt, avaient enlevé les villages de Serpalten et de Klein-Saussgarten. Ce dernier avait été pris, perdu et repris, avec des efforts prodigieux de part et d'autre. L'aile gauche des Russes avait abandonné plus de deux mille toises de terrain entre Serpalten et Kutschnitten, ce qui décidait le sort de la bataille, quoique Benigsen se défendît encore en face d'Eylau, mais il ne pouvait plus combattre que pour sa retraite. Alors survint pour lui un secours long-temps attendu, et qui, quoique tardif, ne lui fut pas d'une médiocre utilité, c'était le corps prussien du général Lestocq. Toujours poursuivi et obligé de prendre des routes éloignées, ce corps avait échappé au maréchal Ney qui n'avait atteint que son arrière-garde. Averti du danger de l'aile gauche des Russes, il passa derrière leurs lignes et arriva sur le champ de bataille assez à temps encore, non pour enlever la victoire à Napoléon, mais pour empêcher la défaite de Benigsen. Le général Lestocq auquel se joignirent des troupes russes ranimées par sa présence soudaine, marcha contre le village de Kutschnitten dont les Français venaient de s'emparer et qui n'était occupé que par le 51ᵉ régiment et quelques compagnies du 108ᵉ. Ces braves régiments se défendirent avec une héroïque obstination, mais ils souffrirent beaucoup et leurs débris eurent une peine infinie à regagner le bois d'où ils avaient débouché. Encouragé par ce succès, Lestocq poussa son avantage, marcha contre le village d'Anklappen, et fit d'abord replier les premières troupes qu'il rencontra, mais le général Gautier, à la tête du 25ᵉ régiment, arrêta l'attaque des Prussiens et des Russes, et se maintint dans cette position. Le maréchal Davoust, resté maître des hauteurs entre Anklappen et Lampasch, continuait d'être ainsi fort en avant sur la gauche de l'armée ennemie.

A l'aile droite, Benigsen n'était pas moins vivement pressé par le maréchal Ney. Ce maréchal, dans sa poursuite du corps prussien, n'avait, comme nous venons de le dire, atteint que l'arrière-garde de ce corps. Il l'avait battue au village d'Althof, s'était emparé de ce village et, tandis que Lestocq défilait derrière l'armée russe pour en secourir l'aile gauche, il avait attaqué et pris le village de Schloditten, sur lequel s'appuyait la droite, commandée par Toutschof. Soutenu à Schloditten par la cavalerie légère du maréchal Soult, Ney s'était porté sur le village de Schmoditten où il s'établit. Vainement Benigsen, pour dégager son aile droite, dirigea contre Schmoditten une colonne de grenadiers. Cette colonne fut reçue à bout portant, repoussée à la baïonnette et mise dans une complète déroute. La fortune avait fait perdre au maréchal Ney la plus grande partie du jour; elle n'avait pas voulu que les derniers moments en fussent sans éclat pour lui. Après cet échec, Benigsen fit cesser le feu à dix heures du soir et donna l'ordre de la retraite. Dès huit heures, Napoléon avait fait allumer les feux de bivouac sur toute sa ligne, comme pour annoncer la victoire à son armée et montrer à l'ennemi qu'il ne craignait pas de lui ouvrir les chemins d'une attaque nouvelle. Celui-ci ne songeait qu'à profiter des ténèbres, pour se retirer dans le meilleur ordre possible. De son côté, l'Empereur Napoléon était aussi dans le doute s'il ne disposerait pas sa retraite pour le lendemain. En terminant ce récit d'une bataille où les Français vainquirent, mais où les Russes ne cédèrent pas, la justice nous commande de rendre hommage à la brillante valeur du corps prussien auquel, de leur propre aveu, les Russes durent leur salut [1].

Les premiers rayons du jour ne montrèrent le lendemain aux Français que quelques Cosaques éclaireurs de l'arrière-garde. Dans sa marche sur Königsberg par Mulhausen, l'armée russe avait passé la rivière *la Frisching*, et était arrivée dans la matinée à Wittenberg. Toujours fidèle à ses habitudes de forfanterie, Benigsen s'était fait précéder à Königsberg du bruit d'une éclatante victoire. A la vue du désordre de ses divisions, l'effroi remplaça cette joie d'un instant; quiconque avait les moyens de fuir, quittait à la hâte une ville où l'on craignait de voir se renouveler les malheurs qui avaient précédé la capitulation de Lubeck. Napoléon, dont l'armée n'avait pas moins besoin de repos, ne pensait nullement à le suivre. Il se contenta d'envoyer après lui le grand-duc de Berg, qui s'avança jusqu'à quelques lieues de Königsberg, et recueillit dans sa route les hommes que l'épuisement avait forcés de s'arrêter en arrière. Le plus grand nombre des prisonniers consistait dans les blessés restés sur le terrain. Il n'y en avait pas moins de six mille. Les Français avaient pris en outre

---

[1] « Les Russes furent assez généreux pour convenir qu'ils leur « avaient dû leur salut. »
Mémoires de M. Lombard.

seize drapeaux et vingt-quatre pièces de canon, trophées bien modestes pour une si longue et si terrible journée! L'issue de cette bataille avait trompé les calculs des deux chefs opposés, ceux de Napoléon qui avait espéré rejeter l'armé russe sur la rive droite de la Prégel, et s'emparer de Königsberg ; ceux de Bènigsen qui s'était flatté de renvoyer l'armée française sur la rive gauche de la Vistule, et de débloquer les places de Dantzig, Graudentz et Colberg.

L'Empereur Napoléon, par ses bulletins, disait que les Russes avaient eu sept mille hommes tués. Il avouait, du côté des Français, dix-neuf cents hommes tués et cinq mille sept cents blessés. Nous devons croire que, de notre côté, le nombre des morts était plus considérable; mais, à l'égard des blessés, l'Empereur n'en avait point déguisé le nombre réel. Ce qu'il annonçait, il était autorisé à le croire vrai. L'état des blessés, entrés aux hôpitaux un mois après, le 8 mars, ne montait qu'à quatre mille six cents. Il s'en étonnait. « J'avais, écrivait-il à l'intendant-général, calculé sur sept à huit mille »; et il lui demandait à cet égard un état positif [1] et dé-

---

[1] Plus tard, le 15 mars, après avoir reçu cet état, il répond à l'intendant-général : « Par les renseignements que vous me « donnez, je vois que nous ne sommes pas loin de compte. Il

taillé. Cette correspondance constate qu'il n'y avait point chez lui autant de disposition qu'on le prétend à déguiser les faits, quand ils n'étaient point à son avantage. Le champ de bataille d'Eylau était une de ces horreurs célèbres que l'imagination seule semble capable de concevoir, mais dont il était réservé à un grand talent [1] de retracer la sanglante et glaciale image dans son épouvantable vérité.

Ce terrain sur lequel l'artillerie avait roulé, où la cavalerie avait combattu, c'était en partie des marais et des lacs, recouverts de plusieurs pieds de neige, qui auraient pu, s'il était survenu un prompt dégel, renouveler cette fois, pour l'une et l'autre armée, les engloutissements d'Austerlitz. Napoléon resta neuf jours dans les positions qu'il avait prises le jour et le lendemain de la bataille. Le 17, il commença le mouvement pour concentrer son armée sur la ligne de la Passarge. Si la bataille d'Eylau n'avait point décidé la grande question de la guerre, elle avait eu pour lui l'important avantage de faire échouer les projets agressifs des Russes, de lui permettre de faire

« y a eu à la bataille d'Eylau quatre ou cinq mille blessés et un millier aux combats de Mohrungen et autres qui ont précédé la bataille. »

[1] M. Gros, l'un de nos peintres les plus distingués.

reposer son armée dans des quartiers d'hiver, ce qui avait été dans son intention dès son arrivée sur la Vistule, de recevoir des renforts et des munitions, enfin de presser, dans cet intervalle, le siége des diverses places qu'il avait fait bloquer, surtout le siége de Dantzig, dont la prise aurait nécessairement une grande influence sur le succès de la nouvelle campagne qu'il aurait à ouvrir plus tard.

Tandis que les différents corps étaient en mouvement pour prendre les cantonnements qui leur étaient assignés, l'Empereur recevait la nouvelle d'un important avantage remporté par le général Savary, qui commandait le 5ᵉ corps en l'absence du maréchal Lannes. La destination de ce corps était, comme on sait, de maintenir sa position sur le Bug et de se borner à couvrir Varsovie. Ce fut le général Essen, commandant le corps russe d'observation, qui prit l'offensive. Ce général, dont le corps était d'à peu près vingt-deux mille hommes, s'était mis en marche sur Ostrolenka, le 16 février, par les deux rives de la Narew. Celle de ses colonnes, qui suivait la rive droite, fut repoussée par la division Gazan. Celle qui marchait par la rive gauche pénétra dans Ostrolenka, mais les généraux Ruffin et Campana l'arrêtèrent dans les rues, la chargèrent trois fois à la baïonnette et la forcèrent de se retirer sur les monticules de sable qui couvrent la ville à la rive gauche. Un renfort puissant était arrivé au général Savary. Le général Oudinot, qui de Varsovie devait se rendre à Willemberg avec sa division de huit à neuf mille grenadiers, avait eu ordre de se tenir, tout en suivant sa route, à portée de prêter secours au 5ᵉ corps, si celui-ci venait à en avoir besoin. Informé de la marche des Russes sur Ostrolenka, Oudinot y était aussitôt accouru. Il forma l'aile gauche du corps commandé par Savary; la division Suchet formait le centre; la brigade du général Campana, la droite; la brigade du général Ruffin, la réserve. Tel fut l'ordre dans lequel on marcha contre l'ennemi. Les grenadiers d'Oudinot eurent bientôt culbuté l'aile droite des Russes; toute la ligne française suivit le même mouvement, gravit les monticules et en chassa l'ennemi qui fut poursuivi jusqu'à plus de deux lieues. Il resta sur le champ de bataille treize cents morts, parmi lesquels se trouvait le fils du fameux général Suwarof. On fit à peu près autant de prisonniers. Le lendemain la cavalerie continua la poursuite des Russes; Suchet se plaça en avant sur la route de Nowogrod; Savary réunit à Ostrolenka le reste de ses troupes; et Oudinot reprit sa marche sur Willemberg où il devait flanquer la droite des cantonnements de l'armée. L'un des plus utiles résultats du succès qui venait d'être obtenu, était de permettre l'établissement d'une communication directe entre Varsovie et le quartier-impérial. Pour mettre ce corps d'observation en état de remplir plus sûrement la tâche qui lui était imposée, l'Empereur le fit renforcer par une division bavaroise sous les ordres du général de Wrede.

Le 25 février, l'armée française occupait les positions où elle va rester pendant plusieurs mois. Sa gauche s'appuyait au Frisch-Haf; la ligne suivait, en le remontant, le cours de la Passarge; le centre couvrait les débouchés sur Osterode; la droite était en avant entre la Passarge et l'Alle. Tous les corps étaient tellement répartis que chacun d'eux eût pu se réunir sur Osterode en deux marches au plus. Du reste l'Empereur avait agi dans l'hypothèse de modifications possibles. Il n'entendait, écrivait-il [1], « oc« cuper la rive droite de la Vistule que comme « manœuvre de guerre. Il ne voulait y avoir au« cune espèce d'embarras qui pût le gêner soit « dans des mouvements offensifs, soit pour éva« cuer ce pays, si telle était son intention. » Le quartier-impérial, placé d'abord à Osterode, fut peu après porté au château de Finkenstein.

[1] Le 24 février.

Au moment où l'Empereur se disposait à prendre ses quartiers d'hiver, il en avait instruit l'armée par une proclamation qui rappelait aux soldats ce qu'ils venaient de faire. « Ayant ainsi « déjoué tous les projets de l'ennemi, ajoutait-il, « nous allons nous rapprocher de la Vistule et « rentrer dans nos cantonnements. Qui osera « en troubler le repos, s'en repentira. » Le repos de l'armée fut peu troublé en effet ou ne le fut pas impunément. Benigsen ne manqua pas de s'avancer sur le terrain que l'armée française laissait libre et se décerna à lui-même les honneurs du triomphe dans une proclamation insensée. Il envoya des partis de Cosaques harceler nos avant-postes et fit quelques tentatives partielles qui n'eurent aucun succès.

La plus importante fut celle que dirigea le général Lestocq, à la tête de sept mille Prussiens et de cinq mille Russes, dans le dessein de gagner Elbing et de se mettre en communication avec Danzig. Le général Dupont, appartenant au corps du prince de Ponte-Corvo, fut chargé de marcher contre l'ennemi avec sa division et la cavalerie du général Lahoussaye et de le rejeter au-delà de la Passarge. L'affaire fut très-honorable pour le général Dupont. Lestocq, chassé des villages de Zagern et de Hakendorf, après avoir vainement renouvelé le combat dans Braunsberg, fut forcé d'abandonner cette ville, laissant quinze cents prisonniers, deux drapeaux et plusieurs pièces de canon. Les autres combats, qui eurent lieu et dans les derniers jours de février et dans le mois de mars, méritent peu que l'histoire en conserve le souvenir.

Dans cet intervalle de repos pour l'armée, les événements militaires les plus glorieux seront ceux qui auront lieu devant Danzig; mais par leur nature même, et à cause de la multiplicité des détails, nous serons à peu près forcés de les passer sous silence. La direction va en être confiée au maréchal Lefèvre, qui vient d'organiser à Thorn le dixième corps avec lequel il doit l'entreprendre, et qui se forme en partie d'alliés de la France, de Badois, de Saxons et de Polonais. Déja deux divisions de Polonais secondent activement l'armée de qui ils attendent leur délivrance. La division destinée à prendre part au siége de Danzig est sous les ordres de Dombrowski. L'autre, commandée par le général Zaionscheck, est entrée en ligne avec la grande armée et a ses cantonnements à Neidenbourg. Six semaines avaient suffi aux Polonais pour mettre sur pied près de trente mille hommes.

Pour assurer le repos de ses quartiers d'hiver, l'Empereur fit fortifier les ponts de Spanden et d'Elditten sur la Passarge. Indépendamment des têtes de pont qu'il avait, avant la bataille d'Eylau, à Praga, à Sierock, à Modlin et à Thorn, il en fit établir deux autres à Marienwerder et à Marienburg.

Tandis que l'armée avait fait la pénible campagne d'Eylau, le corps du prince Jérôme en Silésie et celui du maréchal Mortier en Poméranie n'étaient pas restés inactifs.

En Silésie, Glogau avait ouvert ses portes aux Français le 2 décembre; Breslau, le 6 janvier; Brieg, le 11 du même mois; et Schweidniz, le 7 février. Les autres places tomberont quelques mois plus tard.

Le maréchal Mortier, qui précédemment était entré dans le Mecklenbourg, avait occupé la plupart des points importants des deux Poméranies, Anklam et Wollin dans la Poméranie prussienne; Wolfgast, Greifswald et Grimmen, dans la Poméranie suédoise. Les troupes suédoises s'étaient retirées dans Stralsund. Mortier, dont le corps était peu considérable, se borna d'abord au blocus de cette place, faisant des préparatifs pour en former plus tard le siége. De son côté, le gouverneur de la place, le général d'Armfeld qui, indépendamment de sa garnison de douze mille hommes, avait organisé les habitants en milice auxiliaire, faisait de temps en temps des sorties, afin d'empêcher ces préparatifs. Tous ces combats étaient sans importance. La guerre avec la Suède n'était pas celle que Napoléon avait le plus à cœur. Immédiatement après la bataille d'Iéna, il s'était montré même disposé à oublier tous les écarts de Gustave; des ouvertures avaient été faites à la légation suédoise à Hambourg, et il avait dépendu de ce prince de se réconcilier avec la France. Aussi lorsque, dans le mois d'avril, le général Essen proposera un armistice, le général français ne fera aucune difficulté d'y consentir.

Ces corps d'armée qui agissent séparément, l'Empereur les suit de l'œil, règle leurs mouvements, précipite ou suspend leur action; mais l'un des soins qui l'occupent jour et nuit, c'est l'approvisionnement de l'armée. « Vous ne sau-
« riez [1], écrit-il à l'intendant-général, employer
« trop de moyens pour nous approvisionner; car
« *tout est là...* » « Que les voituriers de Thorn
« à Osterode soient contents et largement payés. »
Il ordonne, il indique lui-même une foule de dispositions; il répète sans cesse que « sa situa-
« tion [2] dépend des vivres; qu'il est victorieux,
« s'il en a; mal, s'il en manque... » Cependant il ne demande pas l'impossible au pays. Ainsi il

---

[1] Le 8 mars.
[2] Le 12 *id.*

écrit au général Duroc : « Il ne faut pas envoyer
« à l'armée des farines sur des voitures venant
« de Breslau, c'est trop exiger des gens. » « Nous
« arrivons, mande-t-il un autre jour [1] à l'in-
« tendant-général, à une saison où il y aura
« des fièvres. Prenez des mesures efficaces pour
« vous procurer une grande quantité de quina.
« N'épargnez pas l'argent pour faire acheter des
« médicaments ; que les hôpitaux ne manquent
« point de vin, achetez-en. » Par diverses lettres,
il demande sans cesse des boulangers, des in-
firmiers, des chirurgiens. Il veut que tous les
hommes de ces professions, attachés à l'armée,
soient sur la droite de la Vistule ; il a raison de
le vouloir, mais son extrême impatience ne laisse
pas à l'expression de sa volonté le temps de
l'exécution. A l'égard des boulangers restés en
arrière, il s'écrie : « Manque-t-il [2] donc de fem-
« mes.... ou bien avez-vous pensé que, comme
« dans les guerres de Perse, les boulangers prus-
« siens pouvaient empoisonner le pain ? » Ces
boutades, injustement placées, ont l'excuse d'un
sentiment très-louable en soi ; mais on aime
mieux retrouver dans ses expressions une teinte
de bonté et d'intérêt pour un dévouement cou-

[1] Le 17 mars.
[2] Lettre du 3 mars.

rageux dont il est témoin. « Pensez-vous, dit-il
« toujours à l'intendant-général, que les com-
« missaires d'Erfurth et autres aient plus de peine
« à trouver des employés ou des femmes que *ce*
« *pauvre M. Lombard* et les commissaires du
« quartier-général ? *M. Percy*[1] a fait continuelle-
« ment *le métier d'infirmier.* » Du reste, par quelques-unes des demandes que l'Empereur faisait
à son intendant-général, on jugera s'il était
facile à satisfaire. « Je vois[2] que vous avez fait
« une disposition de cent mille boisseaux d'avoine
« sur Marienwerder; mais qu'est-ce que cela ?...
« Comment[3] n'ai-je pas 3,000,000 de boisseaux
« d'avoine sur le canal, depuis Custrin jusqu'à
« Bromberg? Comment n'ai-je pas à Bromberg
« 400,000 pintes d'eau-de-vie ? Enfin, comment
« n'y ai-je pas 100,000 quintaux de farine et 50,000
« quintaux de blé ? » J'ai cité sans scrupule ces
passages qui semblent de vifs reproches pour
M. Daru; mais, tout en parlant avec cette apparence de mécontentement, l'Empereur savait
mieux que personne avec quelle ardeur de zèle
il était servi par cet habile administrateur; mieux

---

[1] Lettre du 20 mars. M. Percy était chirurgien en chef de l'armée.

[2] Lettre du 24 avril.

[3] Lettre du 3 mai.

que personne il appréciait une activité qui répondait à la sienne, et il n'était si exigeant envers son intendant-général, que parce qu'il était accoutumé à lui voir faire des choses qui, pour tout autre, eussent été impossibles. Jamais les ordres d'un prince ne reçurent un accomplissement plus fidèle, plus rapide. De l'Elbe et surtout de l'Oder à la Vistule, de Stettin, de Custrin, de Breslau, de Varsovie au quartier-général, les rivières, les canaux, étaient chargés de barques, les routes couvertes de voitures, portant à l'armée française des subsistances et des fourrages. Ce mouvement soutenu, perpétuel, offrait à l'œil du voyageur [1] l'image du commerce le plus animé dans les plus beaux jours de la paix. L'époque du séjour de Napoléon aux quartiers-généraux d'Osterode et de Finkenstein est peut-être celle de sa vie où il montra le plus d'empire sur lui-même, le plus de ce courage si rare dans les hommes de son caractère, celui de la résignation et de la patience. Cette circonstance d'une impérieuse nécessité, qui va, pendant quatre mois, le retenir à cinq cents lieues de sa capitale, fit sentir vivement à la nation française l'inconvénient de voir son existence politique reposer sur la tête d'un monarque guerrier et, à Napo-

---

[1] Expression de l'*Annual Register*.

léon lui-même, l'instabilité d'un état de choses où le sort de tout l'empire était lié à celui d'un seul homme. Il ne lui était pas permis d'être vaincu une fois; seulement équivoque, la victoire était pour lui une défaite. L'indécision de la bataille d'Eylau avait jeté dans Paris une consternation incroyable; l'envie se vengeait des fatigues de l'admiration; le parti ennemi de l'empire déguisait, sous une feinte douleur, la joie que lui causait un désastre public. Une baisse sensible s'était opérée dans les fonds. L'Empereur ne s'abusait point sur sa situation. Il comprenait que le seul moyen de rassurer la France et de dompter les partis, était de préparer de nouveaux triomphes. L'armée, que laissait reposer un moment son génie militaire, se réorganisait et se vivifiait par sa puissance administrative.

De l'empressement de Napoléon à prendre des quartiers d'hiver aussitôt après la bataille de Pultusk; de son retour à la même résolution après la bataille d'Eylau, les écrivains étrangers s'évertuent à tirer des conséquences plus ou moins vraies. Pour tout motif, il alléguait l'intempérie de la saison et la difficulté des chemins. On ne se contente pas de ces raisons; il n'avait donc, a-t-on dit, vaincu ni dans l'une ni dans l'autre bataille, puisqu'il n'a pas cherché à profiter de la victoire; puisque d'Eylau surtout il n'a pas marché sur la Prégel pour couper l'armée russe et l'écraser dans Königsberg! Sans contredit les deux batailles d'Eylau et de Pultusk n'ont pas été tellement décisives que l'Empereur eût la certitude de pouvoir, d'un seul coup, anéantir l'armée ennemie, et dès qu'il était possible que ce dernier succès fût rudement disputé, la prudence lui défendait de le poursuivre; mais, indépendamment de cette considération, plusieurs autres causes non moins graves lui commandaient la même réserve.

N'était-il pas indispensable, sous le rapport militaire, qu'avant de se porter si loin, il fût maître de quelques-unes des places bloquées par ses troupes et particulièrement de Danzig? D'ailleurs des insurrections avaient éclaté sur quelques points de l'Allemagne; dans la Silésie, sous la conduite d'un prince d'Anhalt-Pless, qui s'était composé, d'un mélange de paysans et de prisonniers évadés, un corps de sept à huit mille hommes; dans la Poméranie, où des partis armés se montraient, aux environs de Colberg, sous les ordres du lieutenant Schill que nous verrons, quelques années plus tard, obtenir par le même moyen une plus grande célébrité; dans l'électorat de Hesse et en Westphalie, où plusieurs milliers de paysans s'étaient soulevés sous la direction de quelques officiers de l'armée hessoise qui avait été dissoute. Sous le rapport politique, peut-on oublier que la position de l'Autriche était au moins incertaine ; ses intentions, au moins malveillantes; ses vœux certainement pour les ennemis de la France? Mais toutes ces causes eussent-elles été insuffisantes, le premier devoir de tout commandant en chef n'est-il pas de calculer le prix que doivent coûter des avantages même infaillibles? C'est dans cette comparaison que la sagesse doit puiser ses règles de conduite. Or il y a une réflexion essentielle que l'Empereur dut faire alors, qu'il eût dû faire sans cesse et que ne doivent pas même perdre de vue aujourd'hui les gouvernements de la vieille Europe dans leurs guerres avec la Russie, c'est la différence de valeur qu'il y a entre l'homme de la civilisation et l'homme de la barbarie. La raison conçoit-elle qu'il y ait égalité entre la perte de dix mille Français et celle de dix mille Moscovites? Il y a parité numérique, mais la parité existe-t-elle moralement, matériellement même? Avec dix mille Français périt une valeur intellectuelle immense, une valeur matérielle même très-considérable, chacun de ces hommes ne fût-il qu'artisan ou laboureur. Dix mille Russes de moins ont-ils beaucoup fait perdre et à la culture de la Russie et au trésor de son autocrate? Cette différence est si vraie, si facile à comprendre, à sentir, que l'ame seule l'apprécie à défaut du raisonnement. Lorsque Napoléon va demander en 1807 quatre-vingt mille conscrits par anticipation sur 1808, l'humanité gémit et s'afflige; une tendre compassion accompagne cette jeunesse arrachée à des parents en deuil. Ce sentiment, que n'étouffe point la perspective de triomphes presque assurés, deviendra un jour de la colère contre Napoléon. Aujourd'hui ce n'est encore que de la douleur, et cette douleur, l'histoire fidèle doit la recueillir; au lieu que l'humanité n'a pas une larme, l'historien pas une parole d'attendrissement pour une levée de six cent douze mille hommes ordonnée [1] par l'Empereur Alexandre. Là se trouve le germe de l'asservissement périodique des nations éclairées par les nations ignorantes et sauvages. Encore si la civilisation donnait du moins à ses enfants la supériorité des armes sur les peuples barbares; mais, par une circonstance fatale pour le genre humain, la Russie est dans la position la plus heureuse pour faire des conquêtes. La civilisation ne lui est point étrangère. Seulement elle y est resserrée dans une classe

---

[1] Ukase du 30 novembre — 11 décembre 1806. Ces six cent douze mille hommes devaient être partagés en sept armées auxquelles le même ukase assigne leurs points de réunion.

peu nombreuse. Elle existe pour les chefs, pour les maîtres. Le reste de la population n'a besoin que d'une vertu qu'elle possède au plus haut degré, l'obéissance; et de plus cette population est animée d'un double fanatisme, le fanatisme du dévouement à un czar qu'elle ne connaît pas, à une patrie où elle est esclave. Les Russes, pour la guerre, sont des Spartiates. Ils ont des Athéniens pour officiers.

CHAPITRE LXVIII.

POLITIQUE EXTÉRIEURE.

Motifs de l'Empereur pour tenter les voies de la négociation. — Lettre de l'Empereur au roi de Prusse. — Traité de paix entre la Prusse et l'Angleterre. — Avance de fonds faite à la Prusse par le gouvernement anglais. — Convention de Bartenstein entre la Prusse et la Russie. — Conformité du principe de la convention de Bartenstein avec le traité d'avril 1805. — Mission de M. de Vincent à Varsovie. — Intrigues de la Russie à Vienne. — Mission du prince Gagarin à Vienne. — Opposition de l'archiduc Charles à la guerre. — Convention qui dispense l'Autriche de concourir à la reprise de Cattaro. — Offre de médiation faite par l'Autriche. — Motifs de cette proposition. — Réponse de la Russie. — Réponse de l'Angleterre. — Réponse de la Prusse. — Réponse de la France. — Bases de négociation proposées par l'Empereur des Français. — Déviation de la politique anglaise et autrichienne à l'égard de l'empire ottoman. — Arrivée à Constantinople du général Sébastiani, ambassadeur de France. — Déposition des hospodars de Moldavie et de Valachie sur la demande de la France. — Note du général Sébastiani. — Déclaration du ministre russe Italinski. — Entrée des Russes en Moldavie. — Déclaration de guerre de la Porte-Ottomane à la Russie. — Intervention de l'ambassadeur de France en faveur de l'Envoyé russe. — Arrestation du consul général de France à Jassy. — Motifs de l'invasion de la Moldavie. — Écarts de la politique anglaise envers la Turquie. — Demandes adressées au divan par l'Envoyé d'Angleterre. — Départ de l'ambassadeur Arbuthnot pour Ténédos. — Causes du départ de cet ambassadeur. — Déclaration de guerre de la Porte-Ottomane à l'Angleterre. — Entrée de la flotte anglaise dans le passage des Dardanelles. — Ultimatum de l'ambassadeur d'Angleterre. — Invitation faite par le sultan Sélim au général Sébastiani de se retirer. — Refus du général Sébastiani. — Résolution de défendre Constantinople adoptée par le sultan Sélim. — Travaux défensifs dirigés par l'ambassadeur de France. — Concours actif de tous les Français et ardeur de la population turque. — Négociations infructueuses des Anglais avec la Porte-Ottomane. — Retraite de la flotte anglaise. — Reconnaissance du sultan Sélim envers l'ambassadeur de France. — Arrivée de nouveaux officiers français à Constantinople. — Influence de l'ambassadeur de France auprès de la Porte-Ottomane. — Principe vrai de la conduite de l'Angleterre.

Après la bataille d'Eylau, Napoléon, à peine rentré dans ses quartiers d'hiver, avait cherché à ouvrir une nouvelle négociation avec la Prusse et même à y faire entrer la Russie. Il veut négocier, disent encore les écrivains que j'ai déja tant de fois cités : nouvelle preuve qu'il n'a pas été vainqueur; nouvelle preuve de sa faiblesse!

En tout état de cause, l'Empereur devait montrer le désir de négocier, soit pour parvenir sérieusement à la conclusion de la paix, soit pour en faire pressentir la possibilité, et à ceux de ses alliés dont la fidélité serait chancelante, et à l'Autriche toujours incertaine, et aux populations des pays conquis disposées à la révolte, et à la France elle-même qui voudrait voir la paix dans les victoires, soit enfin pour désunir les rangs de ses ennemis et jeter parmi eux des semences de jalousie et de mésintelligence. L'apparence seule de la négociation peut lui être utile. Pourquoi aurait-il la maladresse de ne pas en profiter ?

Déja, lors du retour de Napoléon à Varsovie, au commencement de janvier, il y avait eu quelques communications entre lui et le cabinet prussien; essai auquel on s'était d'autant mieux prêté de part et d'autre, que le roi venait de confier le portefeuille des affaires étrangères à un homme connu comme ayant toujours penché pour un système de bons rapports avec la France, monsieur le général de Zastrow. Quoi qu'il en soit de ces communications qui ne peuvent pas avoir été très-précises, le général Bertrand, aide-de-camp de l'Empereur, est expédié d'Osterode, le 26 février, avec une lettre pour S. M. prussienne. A son passage au quartier-général russe, il laisse échapper dans la conversation quelques mots sur l'avantage commun d'un accommodement. Benigsen, si l'on en croit ses apologistes émerveillés, répond fièrement qu'il n'a pas été envoyé par son maître pour négocier, mais pour combattre. De Königsberg, le général Bertrand se rend à Memel, dernier asyle de la monarchie prussienne, et y remplit son message. Un ouvrage suédois semi-officiel, publié en 1810, a fait connaître la dépêche dont le général Bertrand était chargé. C'était une réponse à une lettre du 17 février, qui avait été remise à l'Empereur par l'aide-de-camp du roi, le colonel de Kleist, ce qui constate l'existence d'une correspondance antérieure, renouvelée pendant le second séjour du quartier-général français à Varsovie. Suivant cette pièce, rapportée [1] par M. Schœll et mentionnée en extrait par le marquis de Lucchesini, Napoléon témoigne au roi qu'il désire mettre des bornes au malheur de sa famille et réorganiser la monarchie prussienne, dont la puissance intermédiaire est nécessaire à la tranquillité de toute l'Europe; il déclare qu'il ne ferait point difficulté d'envoyer un ministre à Memel pour prendre part à un congrès entre la France, l'Angleterre, la Russie,

---

[1] Tome 8, page 37.

la Prusse et la Turquie, mais il trouve que les longueurs inévitables d'un Congrès ne conviennent point à la situation actuelle de la Prusse. « Je pense en conséquence, dit-il, que V. M. « me fera bientôt savoir qu'elle a pris le parti le « plus simple et le plus prompt, qui est en même « temps celui qui répond le mieux au bonheur « de votre peuple. » Il répète qu'il souhaite un arrangement avec l'Angleterre et la Russie, si elles le veulent en effet, et il termine par ces mots : « J'aurais horreur de moi-même, si j'étais la « cause de tant de sang répandu, mais que puis-« je faire¹? » Nous ne voyons rien dans cette lettre qui empêche de croire à son authenticité. Le langage en est assorti à la position de l'Empereur. Il désirait une pacification générale, mais il aurait préféré d'abord déterminer le roi de Prusse à une paix séparée. Cette marche de sa part était tout-à-fait naturelle. Le refus du roi ne l'était pas moins. Si l'on juge par l'événement, peut-être pensera-t-on qu'il eût été beaucoup plus avantageux pour ce prince de conclure une paix séparée, comme la proposition lui en était faite, mais il devait compter sur

---

¹ M. Schœll a traduit cette lettre sur un texte allemand, traduit lui-même du suédois. C'est donc la pensée seule qu'il faut voir ici et non le style.

d'autres résultats; il devait espérer qu'une paix faite de concert avec la Russie, et même avec la Russie vaincue, lui serait moins défavorable que celle qu'il eût acceptée isolément de Napoléon vainqueur. D'ailleurs il avait droit aussi d'attendre un appui vigoureux de la part du gouvernement anglais, avec lequel il avait conclu, le 28 janvier, un traité de paix qu'avait accompagné un premier secours pécuniaire. Le traité, signé par M. Hutchinson et le ministre prussien de Zastrow, stipulait l'oubli mutuel des anciens démêlés, le rétablissement de la liberté de navigation et de commerce, et la renonciation de S. M. prussienne au pays d'Hanovre. Il avait fallu que la puissance prussienne fût toute entière resserrée dans Mémel pour la déterminer à cette renonciation. Aussi M. Hutchinson insista-t-il pour faire insérer dans le traité un article [1] portant que l'Empereur de Russie serait invité à prendre sur lui la garantie de la renonciation, de la part de la Prusse, à ses droits et prétentions sur le Hanovre; précaution injurieuse qui, en attestant l'extrême défiance de l'Angleterre, semble constater que, pour la Prusse, l'excès même du malheur ne suffit pas seul à garantir sa bonne foi.

[1] L'article 7.

Le 29 juillet, M. Canning apprendra au parlement que M. Hutchinson avait avancé au roi Frédéric-Guillaume une somme de cent mille livres sterling, non compris une valeur de deux cent mille livres sterl. en fournitures d'armes et de munitions pendant le cours de la campagne. Ce n'est que le 27 juin qu'il sera conclu entre les deux puissances un traité formel de subsides, mais la paix de Tilsitt en empêchera l'exécution. Il était difficile qu'un mois après s'être réconcilié avec la cour de Londres, et d'ailleurs fondant toujours un grand espoir sur l'énergique assistance de l'empereur Alexandre, S. M. Prussienne accueillît la proposition qui lui avait été portée par le général Bertrand. Cette tentative de négociation particulière n'eut donc point de suite réelle, mais elle remplissait toujours une partie des intentions de l'Empereur en occupant les esprits et en leur présentant les chances possibles d'une paix prochaine. La correspondance entre les quartiers-généraux des parties belligérantes ne fut pas tout-à-fait interrompue, et on cite encore une lettre de Napoléon au roi, lettre datée du 29 avril, et conçue à peu près dans le même sens que la première; mais le moment n'était pas favorable à des ouvertures de conciliation. Trois jours auparavant, le 26 avril, il avait été signé, à Bartenstein, entre le général baron de Budberg, ministre des affaires étrangères de Russie, et le baron de Hardenberg, redevenu ministre des affaires étrangères du roi de Prusse, un acte qui, si les parties contractantes en avaient poursuivi l'exécution, aurait pour long-temps fait ajourner la paix, acte remarquable par l'étendue et l'orgueil des projets qu'osaient former deux puissances dont l'une était presque anéantie et dont l'autre avait déjà souffert de grands dommages; remarquable encore parce qu'il reproduisait les principes de la célèbre note anglaise de 1805, et parce qu'il renfermait le germe d'arrangements qui recevront en partie leur application en 1815.

Les articles 1, 2 et 3 de cette convention, espèce de lieu commun où sont entassés les mots d'équité, de modération et de désintéressement, annoncent les généreuses intentions des parties contractantes, dont le seul but est de rendre à l'humanité les bienfaits d'une paix générale et solide, d'arrêter l'agrandissement progressif de la France et de la faire rentrer dans de justes bornes.

L'objet de l'article 4 est d'assurer le rétablissement de S. M. prussienne dans la possession de ses provinces envahies ou de lui en faire obtenir l'équivalent. « La Prusse ayant besoin d'un
« arrondissement qui lui vaille l'avantage d'une

« meilleure frontière militaire tant pour sa dé-
« fense que pour celle de l'Allemagne et de ses
« voisins, l'empereur de Russie s'engage à s'em-
« ployer de son mieux pour le lui procurer à la
« paix. »

Nous croyons devoir citer textuellement une partie de l'article 5, non-seulement à cause des dispositions qu'il exprime, mais aussi à cause de celles qu'il laisse sous-entendre. « Une des bases
« les plus essentielles de l'indépendance de l'Eu-
« rope étant l'indépendance de l'Allemagne, il
« est de la plus haute importance de la bien as-
« surer et d'aviser d'autant plus soigneusement
« aux moyens d'y parvenir, qu'ils sont infini-
« ment difficiles depuis que la France est maî-
« tresse du Rhin et des points offensifs sur ce
« fleuve. L'on ne peut laisser subsister la ligne du
« Rhin sous l'influence ou plutôt sous la souve-
« raineté de la France, ni permettre que des trou-
« pes françaises continuent d'occuper l'Allema-
« gne. » Il est assez évident que, dans les mots :
« laisser subsister la ligne du Rhin sous la sou-
« veraineté de la France, » il y a une idée que l'on a laissée à dessein vague et indéfinie, en remettant à la fortune le soin d'en élargir, s'il est possible, l'interprétation. On ne convient point, comme dans la note anglaise de 1805, d'enlever à la France la Belgique et ses départements du

Rhin. On en réfère à la décision de la guerre. La fin de cet article est curieuse en ce qu'elle établit le principe d'une fédération allemande, dont la direction pour la défense commune appartiendrait aux deux puissances prépondérantes dans des limites dont on tomberait d'accord, disposition prophétique qui aura son effet en 1815.

Afin de décider l'accession de la cour de Vienne, on s'engageait, article 6, à lui faire restituer et acquérir diverses possessions, notamment le Tyrol, les provinces vénitiennes, le cours du Mincio et la place de Mantoue[1].

En échange de la coopération de l'Angleterre par voie de subsides et d'armements, l'article 7 promettait une augmentation de force et de puissance aux possessions de S. M. britannique en Allemagne.

On devait aussi, article 8, demander l'accession du roi de Suède, et on se réservait, article 9, à s'entendre ultérieurement « pour faire accé- « der le Danemark à la même convention. »

Par les articles 10 et 11, on se proposait de rétablir, s'il était possible, le stathoudérat, ou du moins de faire rendre au prince d'Orange ce

---

[1] M. Schœll laisse une lacune dans sa citation. Le marquis de Lucchesini nomme Mantoue.

qu'il avait perdu en Allemagne; et, relativement aux rois de Naples et de Sardaigne, on posait en principe d'obtenir pour eux tout ce que permettraient les circonstances. Dans tous les cas, on insisterait pour la séparation des couronnes de France et d'Italie.

Malgré les protestations de modération et d'équité, multipliées dans les premiers et les derniers articles de cette convention, on ne laissait pas, comme on voit, de tenter les puissances qu'on voulait y attirer par l'appât de quelque agrandissement. Outre que la Prusse voulait pour elle-même un arrondissement qui lui formât une meilleure frontière, on promettait une augmentation de puissance continentale au roi d'Angleterre, une considérable extension de territoire à l'empereur François II. La part de la Russie seule n'était pas indiquée, mais elle s'était ménagé une ressource suffisante dans l'article 13 qui portait : « ce ne sera qu'à la paix « qu'on s'entendra sur l'emploi des conquêtes « qu'on aura pu faire sur l'ennemi et ses alliés. » La Porte-Ottomane étant devenue l'alliée de la France, un premier dédommagement aurait été assuré au cabinet de Pétersbourg dans la conservation de la Moldavie et de la Valachie. D'ailleurs comme la Prusse devait ou recouvrer toutes ses provinces envahies, ou recevoir un équivalent pour celles qu'elle ne recouvrerait pas, il n'eût pas été bien difficile à la Russie de s'assurer un lot convenable, par exemple, dans la cession de la Pologne prussienne ou Prusse méridionale. Au fait, le prétendu désintéressement des parties contractantes consistait, selon les termes mêmes de l'article 13, « à ne faire, pen-« dant la durée de la guerre, aucune conquête « pour leur propre compte. » Le partage des dépouilles était ajourné à la paix.

Il est une autre remarque sur laquelle nous ne pouvons nous empêcher de nous arrêter encore, c'est qu'en 1807 comme en 1805, dans tous les projets formés contre la France, on n'a nul égard aux traités précédents, nul souci des transactions les plus solennelles; on n'admet aucune question pour résolue et on entend remanier l'Europe à neuf, comme si tous les États étaient sans limites, toutes les existences sans garantie. Ce caractère particulier est le trait distinctif des coalitions dirigées contre la France républicaine ou impériale. En lui refusant un point fixe, quel qu'il fût, on l'avait obligée et on l'obligeait à n'apercevoir de sécurité que dans une puissance et des envahissements sans bornes.

Ce n'était pas sans de justes causes que l'Empereur Napoléon nourrissait une défiance soutenue à l'égard de la cour de Vienne. La persévérance de cette cour dans sa neutralité pouvait ne tenir qu'à un échec de l'armée française. Depuis le 23 janvier, le baron de Vincent était arrivé à Varsovie pour y donner des explications sur le rassemblement des troupes autrichiennes en Bohême. Déja plusieurs fois cet agent a été et il sera ultérieurement chargé de commissions semblables. C'est l'ambassadeur en titre *des explications*. Sa mission réelle à Varsovie n'était pas moins celle d'un observateur militaire que celle d'un agent diplomatique. Les succès de la France, quoique dénaturés par ses ennemis, étaient toujours trop grands pour ne pas irriter l'envie et affliger l'orgueil. Indépendamment de la jalousie de gloire militaire naturelle aux ames même les plus généreuses, il existait à Vienne contre la France, dans deux classes nombreuses et actives, des sentiments de haine ayant un principe moins honorable. L'une de ces classes se composait de cette noblesse immédiate, reste oppressif de la vieille féodalité, tyrannie subalterne, furieuse de la perte de ses priviléges, dont Napoléon avait tenté en 1803 et consommé en 1805 la destruction. L'autre se formait de tout ce qui, par penchant ou par intérêt, secondait les vues des cours de Pétersbourg et de Londres. Ces deux classes se ralliaient à l'ambassadeur russe Rasumowski, excitateur et appui de toutes leurs intrigues. Toutefois ce n'était point ce personnage officiel qui en était le principal acteur. Dans un rang moins élevé et sans aucun caractère public, un adversaire implacable de Napoléon, né comme lui sur le sol de la Corse et d'un parti différent dans les troubles de cette île, s'efforçait d'allumer sur le continent toutes les passions dont il était animé lui-même contre son compatriote. On eût dit qu'il y avait encore une rivalité personnelle entre eux, quand l'un, entouré du cortége de quarante victoires, régnait sur une grande partie de l'Europe, et que l'autre, du sein d'une condition obscure, le menaçait sur son trône et l'y poursuivait de ses imprécations. Il fallait un tremblement de terre pour faire disparaître la distance qui les séparait. La face du monde changera, afin que M. Pozzo di Borgo devienne un jour ambassadeur de Russie en France et fasse pendant quelques années sentir son influence dans ce château des Tuileries où Napoléon ne sera plus.

Outre son ambassadeur en titre et ses émissaires secrets à Vienne, l'empereur Alexandre y avait envoyé, dans le mois de janvier, un agent extraordinaire. Le prince Gagarin y était venu réclamer le *casus fœderis* du traité de 1794, en vertu duquel les trois puissances co-partageantes de la Pologne s'étaient réciproquement garanti la portion qui leur était échue. Le ministère autrichien, quoiqu'on ne pût avoir aucun doute sur sa partialité pour les ennemis de la France, s'abstenait de prendre avec eux des engagements indiscrets, mais il n'était pas impossible que le cabinet lui-même ne fût entraîné par une opinion de cour plus puissante que lui. Dans certains salons on parlait hautement de la nécessité d'agir et de profiter du moment *pour prendre l'armée française à revers*. La prudence de l'archiduc Charles formait à la vérité une sorte de contre-poids à la malveillance exaltée du parti russe et anglais; mais ce prince lui-même était ami de la France, en ce sens seulement qu'il était l'ennemi des Russes qui l'avaient précédemment humilié et qu'il s'embarrassait peu de courir de nouveaux hasards qui pussent compromettre sa réputation militaire. Il voyait avec plaisir des journées comme celles de Pultusk et d'Eylau épuiser les deux parties belligérantes sans donner à aucune des deux un ascendant décisif sur l'autre. L'Autriche, à ses yeux, s'accroissait de tout ce que perdaient les deux puissances. Dans les réunions du Conseil d'État où la question de la guerre fut plus d'une fois agitée, toujours l'archiduc se prononça pour la négative, déclarant que l'armée n'était pas prête, que le moment n'était pas propice; mais toujours aussi il concluait à continuer les armements. On voulait se mettre en mesure pour une alternative probable : ou la France aurait de grands succès contre les Russes et elle voudrait faire marcher l'Autriche avec elle, ou les Russes repousseraient l'armée française et ils prétendraient entraîner l'Autriche à leur suite. Pour l'une ou l'autre chance, on avait besoin d'être préparé, de manière à ne pouvoir être forcé de prendre aux événements une autre part que celle qui conviendrait au véritable intérêt de la monarchie. Telle était la politique qui prévalait à Vienne. Dans un pareil état de choses, il importait à Napoléon de se montrer peu exigeant envers cette cour. Par la convention signée dans les premiers jours d'octobre, elle s'était engagée à joindre un corps de ses troupes aux troupes françaises pour reprendre les Bouches de Cattaro. Après quelques notes échangées de part et d'autre, elle fut dispensée de remplir cette obligation et put rappeler le corps commandé par M. de Bellegarde qui s'était joint au général Marmont en Dalmatie. Pour dissimuler l'inquiétude que pouvait lui donner l'Autriche, Napoléon, comme plein de confiance dans sa bonne foi, avait appelé Masséna d'Italie et lui avait donné un commandement à la grande armée.

Cependant l'orgueil du cabinet autrichien ne

lui permettait pas de rester inactif au milieu du grand conflit qui avait lieu, et, s'il ne voulait pas s'associer à ses risques, il n'eût pas demandé mieux que de prendre, entre les parties belligérantes, un rôle sans danger qui lui promît quelques avantages, et il lui importait de le faire, avant que quelque grand événement ne vînt décider, sans son concours, les destinées du continent. De là, une offre de médiation, en date du 3 avril, faite par les légations autrichiennes au roi d'Angleterre, à l'empereur Alexandre, au roi de Prusse et à Napoléon.

Cette démarche avait été précédée de communications avec les empereurs de France et de Russie. Dès le mois de février, une première ouverture en avait été faite à M. le prince de Bénévent à Varsovie. La réponse du ministère français n'avait pas été très-satisfaisante. Il exprimait à la vérité le désir d'une paix générale, mais il insistait sur une négociation séparée. Dans le mois de mars, après avoir trouvé dans l'empereur Alexandre la démonstration de sentiments plus favorables, le cabinet de Vienne pressa de nouveau le ministère français de s'expliquer sur ses intentions, et en même temps lui fit connaître les principes et les formes, d'après lesquels on désirerait travailler à la pacification du continent. La substance de ces propositions se réduisait aux termes suivants :

1° Les affaires de l'Allemagne seront l'objet d'un arrangement entièrement nouveau.

2° L'état de l'Italie sera pareillement soumis à une nouvelle révision.

3° Les affaires de la Turquie seront ajustées sur le pied des traités précédents.

4° La Pologne restera dans l'état où elle se trouvait avant la guerre.

5° L'Angleterre sera admise comme partie dans la négociation.

Il est aisé de reconnaître ici que, dès 1807, la cour de Vienne suivait la politique qu'elle suivra plus heureusement en 1813. En proposant un Congrès pour une négociation qui aurait à régler les intérêts respectifs de toutes les puissances, cette cour, jusqu'à présent neutre de fait, mais non d'intention et de vœux, avait l'arrière-pensée de mettre à profit, pour compléter ses moyens de guerre, les lenteurs que ferait naître l'adoption de cette mesure, de manière à pouvoir, selon ses intérêts ou ses passions, dominer les délibérations du Congrès et, par l'adjonction soudaine de ses forces à celles de l'une des parties, jeter un poids décisif dans la balance. Ce calcul était facile à saisir. Napoléon, qu'il menaçait le plus, affecta de ne pas le déviner. Il laissa le tort du refus à la Russie, refus en effet d'autant plus étrange qu'une négociation établie sur de tels principes, et soutenue par les armements de l'Autriche, devait assurer aux coalisés la coopération de cette dernière puissance ; mais cette coopération [1] si vivement sollicitée, la Russie semble y être devenue indifférente, depuis qu'il faut l'acheter par un prix qu'elle ne veut pas y mettre, le maintien de l'intégralité de l'empire ottoman. S'il faut en croire les accusations anglaises, le cabinet russe aurait déja vu [2], dans un temps plus ou moins éloigné, la possibilité d'obtenir, de la France qu'il combattait, ce que lui refusait l'Autriche, ce que lui eût peut-être aussi contesté l'Angleterre, l'acquisition de la Moldavie et de la Valachie, maintenant occupées par ses armes. Lorsque l'offre de médiation lui fut officiellement communiquée, ce cabinet n'y fit qu'une réponse [3] évasive. Le traité de Bartenstein, qui se débattait alors,

[1] There was a price to be paid for this cooperation, which did not suit that speculating and ambitious cabinet.
Mémoire de M. Adair.

[2] She had gotten possession of almost the whole of Moldavia and Walachia, and was already looking forward to secure that acquisition by an understanding with France.
Ibid.

[3] Le 16 avril.

remplissait beaucoup mieux ses vues, puisqu'il renvoyait à la paix la fixation du sort des conquêtes faites sur la France et *sur ses alliés*.

De son côté, le gouvernement anglais répondit [1] à l'offre de médiation de l'Autriche qu'il prendrait volontiers part à un Congrès de pacification, mais après qu'il aurait la certitude du consentement des autres parties intéressées. Il ne pouvait d'abord que communiquer la proposition autrichienne aux alliés de S. M. britannique.

La puissance, à laquelle la réunion actuelle d'un Congrès convenait le moins, était la Prusse, puisqu'elle aurait eu, pendant sa durée ou une partie du moins de sa durée, à soutenir le fardeau d'une occupation militaire, et que pour elle, la négociation partirait du point de misère où était tombé la monarchie, tandis qu'un renouvellement de combats pourrait apporter d'utiles changements à sa situation. Pour disposer le cabinet de Vienne à quitter le rôle de médiateur qu'il venait de prendre, on s'occupa de lui offrir, dans la convention de Bartenstein, des avantages propres à le tenter. En conséquence, aussitôt après la signature de cette convention, le roi s'empressa d'en donner connaissance à l'empereur François II.

[1] Le 25 avril.

« S. M. I. et R. A. se persuadera sans peine,
« portait cette communication, que le noble but
« qu'elle s'est proposé en offrant sa médiation
« aux puissances belligérantes sera indubitable-
« ment atteint plus tôt et mieux rempli par son
« accession à ladite convention, que par l'emploi
« de ses bons offices... Si S. M. consulte ses
« véritables intérêts, elle trouvera de plus dans
« cette accession la garantie des avantages qui
« doivent résulter pour l'Autriche des communs
« efforts de l'union... L'importance de la crise
« actuelle exige que les déterminations de la cour
« de Vienne soient enfin connues, et S. M. le roi
« de Prusse s'attend en conséquence à une dé-
« claration péremptoire du parti que S. M. I. et
« R. A. jugera convenable de prendre. »

Du côté de la France seule il ne fut opposé à l'offre de médiation ni condition ni réserve. Seulement l'Empereur Napoléon montrait une crainte, c'était que la puissance, qui avait pour système de fonder son élévation et sa grandeur sur les divisions du continent, ne cherchât à faire sortir, même du Congrès qui serait formé, de nouveaux sujets d'irritation et de nouvelles causes d'embarras. Il saisissait toutefois avec empressement cette occasion « d'exprimer toute
« la confiance que lui inspirait S. M. l'empereur
« d'Autriche et le désir qu'il avait de voir réta-

« blir entre les deux nations les liens qui, en
« d'autres temps, avaient produit leur prospé-
« rité mutuelle, et qui, à l'époque présente,
« pouvaient mieux que toute autre chose conso-
« lider leur tranquillité et leur bonheur. » Cette
proposition officielle d'alliance était, dans le
moment, provoquée par l'Autriche elle-même.
Lorsqu'au commencement de la guerre des insinuations de cette nature avaient été faites par
l'ambassadeur de France, M. de La Rochefoucauld, le cabinet autrichien les avait éludées.
Depuis qu'on se taisait, il aurait voulu qu'on
parlât. « La France ne nous dit rien, ne commu-
« nique rien, ne propose rien. » S'explique-t-on
sérieusement, ce cabinet recule, et il devait en
être ainsi. Au fond on désire la ruine de Napoléon : qu'il soit malheureux un seul jour, et on
se joindra aussitôt à ses ennemis.

Au reste l'offre de la médiation autrichienne
n'eut aucun effet, sinon qu'elle ne fut peut-être
pas sans utilité pour la France. La cour de Vienne
fut blessée du rejet de la proposition et de la
forme de ce rejet. D'un autre côté, les puissances qu'irritait son refus de s'associer à elles,
auraient préféré, dans l'hypothèse de la formation d'un Congrès, le voir établi partout ailleurs
que sur le territoire et sous l'influence de cette
cour. En effet, dans les communications échan-

gées entre les quartiers-généraux français, prussien et russe pour l'ouverture d'un Congrès, la désignation de lieu se portait sur Copenhague.

Rien n'était plus vague que ces communications, et il était malaisé qu'il en fût autrement. L'Empereur Napoléon avait insisté pour que la Turquie fût admise à faire cause commune avec la France dans la négociation, de même qu'on y admettrait l'Angleterre avec la Russie. Après quelques hésitations, on avait fini par y consentir, et il avait été convenu que toutes les puissances en guerre, sans exception, enverraient à Copenhague leurs plénipotentiaires; mais, avant tout, les alliés, sans vouloir eux-mêmes faire aucune proposition, exigeaient que Napoléon fît connaître sur quelles bases on pourrait négocier. Une énonciation de bases précises avait de grandes difficultés, et peut-être était-ce en raison de ces difficultés même qu'on appuyait sur cette demande. Quoi qu'il en soit, pour qu'on ne pût lui reprocher d'avoir, par son refus d'y satisfaire, empêché la réunion du Congrès, il déclara que, suivant son avis, la base de la négociation devait être *égalité et réciprocité* entre les masses belligérantes, et, pareillement entre elles, l'établissement d'un système commun de compensation. Cette proposition était toute naturelle. Son but était d'amener l'Angleterre à entrer en compte avec toutes les acquisitions que la guerre lui avait procurées, et cette prétention était juste, puisque dans ce compte général, la France aussi devait mettre en commun toutes les siennes. Outre que la Prusse, comme nous l'avons fait remarquer, ne pourrait qu'avoir à souffrir d'arrangements qui se feraient dans l'état où elle se trouvait, il était à peu près certain que jamais le gouvernement anglais ne donnerait son assentiment à la base proposée par Napoléon. La négociation s'évaporait ainsi sans résultat.

Si, à cet égard, l'Angleterre était excusable, il est un autre point de vue sous lequel sa politique paraissait alors insensée, et le même reproche peut jusqu'à un certain point s'adresser à la cour de Vienne. Le tort le plus inexplicable de ces deux puissances est leur conduite, passive de la part de l'une, active de la part de l'autre, envers l'empire ottoman, c'est le sacrifice fait par elles de leurs intérêts les plus chers, de leurs intérêts fixes et permanents, à des passions temporaires et de circonstance. En 1807, le cabinet anglais, même le cabinet encore dirigé par les amis de M. Fox, afin de laisser aux Russes la liberté de porter toutes leurs forces contre l'armée française dans le Nord, se charge de combattre pour eux dans la Propontide. L'Autriche le voit; l'Autriche s'oublie elle-même;

elle ne reconnaît plus dans la puissance ottomane l'un de ses plus importants auxiliaires contre la Russie; elle n'aperçoit que l'allié de Napoléon, et elle laisserait sans scrupule anéantir aujourd'hui un État dont le lendemain elle serait réduite à déplorer la perte comme l'une des plus grandes calamités qui pût l'atteindre. Non seulement la chute de l'empire ottoman n'est pas à Vienne un sujet d'inquiétude, on y fait des vœux contre cet empire; on ne songe qu'à des idées de partage, et l'apparence d'un démembrement prochain, loin d'être une cause de discorde, semble devoir être un point de contact, un nouveau lien avec le cabinet de Pétersbourg. La fortune, en trompant ces calculs insensés, servait mieux l'Angleterre et l'Autriche qu'elles ne voulaient être servies.

Depuis que la France avait triomphé des Autrichiens et des Russes à Austerlitz, le cabinet ottoman était revenu envers elle aux dispositions amicales qu'il réserve toujours pour la puissance et pour la force. Le trône des Osmanlis était occupé alors par un prince éclairé, animé des intentions les plus généreuses, jaloux d'arracher ses sujets à leurs préjugés et à leur ignorance, et d'introduire parmi eux les arts, les sciences de l'Europe; prince d'un esprit assez étendu, mais d'un caractère trop faible pour le rôle qu'il ambitionnait, celui de réformateur d'un grand empire. L'éclat que jetait Napoléon, la suite et la grandeur de ses succès, avaient fait une vive impression sur l'ame de Sélim III. Un accueil bienveillant était ainsi destiné, du moins par ce prince, à l'ambassadeur français, le général Sébastiani, qui d'ailleurs, par ses qualités personnelles, ne pouvait manquer d'obtenir auprès de lui tout le crédit que comporteraient les circonstances, et les circonstances, il faut l'avouer, devinrent telles que ce général pouvait lui-même les désirer pour la gloire de son ambassade. Au moment de son arrivée, les apparences étaient loin de lui être favorables. Le reiss-effendi, ministre des affaires étrangères, homme d'un esprit pénétrant et ferme, était partisan décidé de l'alliance russe et anglaise. La vieille diplomatie qui, acclimatée à Constantinople et accoutumée aux détours du sérail, avait fait échouer l'ambassade du général Brune, conçut peu d'inquiétude en voyant dans son successeur un autre militaire, un guerrier jeune, brillant, justement fier de blessures à peine cicatrisées reçues à Austerlitz, plein de la grandeur de la nation et du monarque qu'il représente, mais par ces raisons mêmes présumé moins habile à lutter contre une longue expérience, qui avait pour elle la science des hommes, des choses et des lieux. Rien de plus naturel que cette confiance. Elle va cependant être singulièrement trompée.

Les instructions que le général Sébastiani avait reçues à son départ étaient d'une date antérieure à la conclusion du traité de paix signé le 20 juillet, par M. d'Oubril, entre la Russie et la France; mais, eussent-elles été d'une date plus récente, elles auraient dû être les mêmes, tant que le traité ne serait pas ratifié, et il ne le fut pas. Le gouvernement français suivait donc la politique la plus légitime en cherchant à relever son influence à Constantinople et à soustraire le Divan à celle du cabinet de Pétersbourg. L'un des premiers moyens pour arriver à ce but était de faire retirer l'administration des provinces de Moldavie et de Valachie aux princes Ypsilanti et Morusi notoirement dévoués à ce dernier cabinet, et d'obtenir leur remplacement par des princes des familles Suzzo et Callimachi, plus fidèles à la Porte comme moins opposés aux intérêts de la France.

Les deux hospodars en fonction avaient, par leurs rapports avec la Russie, donné à la Sublime-Porte de justes sujets de mécontentement. A l'égard du prince Ypsilanti surtout, il existait des preuves authentiques de son infidélité. Le Divan était donc autorisé à prononcer le rappel d'agents dont il avait à se plaindre, mais un obstacle se présentait. D'après le traité d'Yassy, les Vaivodes régnants des deux principautés ne pouvaient être déplacés qu'avec le consentement de la Russie, à moins qu'ils n'eussent atteint, dans l'exercice de leurs fonctions, le terme de sept années. Comme telle n'était point la position des deux princes, leur rappel devait être le sujet d'un concert préalable entre les deux puissances. Là était la difficulté, et les ministres turcs avaient quelque peine à la résoudre. Quoique le général Sébastiani n'eût pas encore eu son audience solennelle de réception, il demanda au sultan Sélim une entrevue particulière. Dans cette conférence secrète, la question fut décidée. L'ambassadeur sut persuader au sultan que, si l'intervention de la Russie était nécessaire pour un déplacement motivé sur des fautes administratives, elle ne pouvait pas l'être quand il s'agissait d'assurer le repos de l'empire en punissant la trahison. L'affaire fut conduite et consommée avec une célérité rare de la part du cabinet ottoman. Un katti-schérif impérial du 30 août remplaça les deux Vaivodes régnants par les princes Suzzo et Callimachi. Il n'y avait pas un mois que le général Sébastiani était à Constantinople et il avait obtenu ce premier succès, sans que les ministres de Russie et d'Angleterre eussent eu le temps de rien faire pour s'y opposer.

Vers le milieu de septembre, la légation russe à Constantinople informa le Divan du refus qu'avait fait l'empereur Alexandre de ratifier le traité de paix avec la France, signé à Paris le 20 juillet. Par cette circonstance nouvelle, l'ambassadeur français se trouvait bien plus libre encore de tout ménagement à l'égard de la Russie, il en profita; il saisit l'occasion même de ce refus pour faire entendre [1] que les véritables motifs, qui l'avaient occasionné, étaient les garanties voulues par la France et portées par le traité de paix en faveur de l'empire ottoman. Le traité en effet stipulait l'indépendance des Sept Iles, ce qui ôtait aux Russes le moyen d'attaquer la Turquie de ce côté, et en même temps, il rétablissait l'indépendance de Raguse sous la protection de la Sublime Porte. « La Russie voit
« avec peine, disait le général Sébastiani, qu'elle
« ne pourra plus envahir les provinces turques
« de force, comme la Crimée, ou les lui arracher
« en temps de paix, comme elle lui a arraché
« la Géorgie et le passage des Dardanelles. » Il demandait, au nom de l'Empereur, que le Bosphore fût fermé à tout bâtiment russe de ligne

---

[1] Note du 16 septembre. *Annual Register.*

ou de transport, chargé soit de troupes, soit de munitions de guerre, déclarant que, laisser ce passage ouvert aux Russes, serait violer la neutralité et donner aux Français le droit de passer sur le territoire ottoman, pour les attaquer sur les bords du Dniester. Tout renouvellement ou même toute continuation d'alliance avec l'Angleterre ou la Russie serait considéré comme une accession à la guerre contre la France. Il ajoutait que l'armée française en Dalmatie n'avait d'autre but que de maintenir l'intégralité de l'empire ottoman, mais que si la S. P. s'unissait aux ennemis de la France, l'Empereur serait contraint de donner à cette armée une destination tout opposée à celle qu'elle avait eue jusqu'alors. La demande de l'ambassadeur français fut accueillie, et peu de temps après, un brick russe s'étant présenté pour entrer dans le Bosphore, le passage lui en fut interdit.

Ces mesures produites par l'influence française irritèrent d'autant plus les ministres de Russie et d'Angleterre, MM. Italinski et Arbuthnot, que leur orgueil fut plus humilié de la promptitude et du secret de leur adoption. Aussitôt qu'ils eurent connaissance de la destitution des princes Ypsilanti et Morusi, le ministre russe déclara que son maître ne pourrait tolérer impunément une infraction si manifeste des traités, et, dans le cas où l'on ne ferait pas immédiatement droit à sa juste réclamation, il demandait ses passe-ports pour quitter Constantinople. Les représentations de ce ministre furent vivement appuyées par M. Arbuthnot. Pour le moment, la colère du ministre russe faisait peu d'impression. Les plaintes du ministre d'Angleterre inquiétaient davantage, attendu que la note remise par ce dernier renfermait aussi une menace explicite de guerre. Cependant depuis trois jours M. d'Italinski était embarqué sur le vaisseau anglais, *le Canopus*, et menaçait de s'éloigner à l'instant même, sans que cette circonstance eût fait fléchir le Divan; lorsqu'un incident, d'une forme très-peu diplomatique, et surtout extraordinaire pour le pays, vint changer les résolutions du ministère impérial. M. Arbuthnot, retenu par une fièvre violente à Bujuckdéré, envoya un de ses secrétaires d'ambassade demander une réponse catégorique à la note qu'il avait remise. Ce jeune messager, dont le nom doit être retenu, parce que la singularité hardie de sa conduite fut un trait d'une profonde intelligence, M. William Wellesley Pole, se rend à Constantinople à franc étrier; il se présente dans le Conseil, en habit de cavalier et le fouet à la main, comme Louis XIV au parlement de Paris; il réclame la réponse qu'attend l'ambassadeur, et annonce hautement qu'une flotte anglaise viendra dans peu de jours passer les Dardanelles et dicter la loi au grand-seigneur, si les Vaivodes destitués ne sont immédiatement rétablis. La fermeté de ce langage, l'assurance de celui qui le tient, jettent l'effroi dans l'ame des conseillers de S. H. Ceux de ces conseillers qui sont peu favorables à la France, profitent du moment pour faire partager au sultan Sélim l'opinion que la peur vient de dicter à ses ministres. Cependant, avant d'agir, Sélim vit secrètement le général Sébastiani. Il lui fit sentir que, près d'être attaqué à l'improviste, il se croyait obligé de conjurer l'orage par une condescendance qui coûtait à sa raison et révoltait sa fierté; mais que, malgré d'apparentes concessions, il nourrissait la résolution invariable de s'unir à la politique de l'Empereur Napoléon, et de former avec lui des liens plus étroits que ceux qui, pendant des siècles, avaient déja existé entre la France et la Turquie. L'opposition eût été inopportune. Le général Sébastiani se garda bien de combattre une résolution qui ne pouvait plus être changée. Il assura le sultan Sélim que l'Empereur Napoléon comprendrait les nécessités auxquelles il cédait, et que son amitié sincère, généreuse, n'en serait point altérée. Sélim ordonna la réintégration des princes Ypsilanti et Morusi.

Il semblait que cette satisfaction donnée à la Russie eût dû arrêter, de la part de cette puissance, tout mouvement agressif contre les Turcs; et, d'un autre côté, les événements de la guerre de Prusse étaient de nature à occuper assez l'empereur Alexandre, pour qu'il évitât de s'engager dans deux guerres à la fois; mais pour le cabinet russe, la pensée dominante étant toujours de s'étendre en Orient, lors même qu'il avait un allié à défendre en Allemagne, il alléguait, pour couvrir ses motifs réels, que les deux guerres n'en formaient qu'une; que, combattre la Porte-Ottomane, c'était encore combattre les Français. Telle était l'explication qu'il donnait de sa conduite dans les instructions adressées à son ministre à Constantinople, M. Italinski. Ce ministre, auquel les instructions et les ordres de son maître ne parvinrent pas, se trouva dans une position très-difficile. Il avait demandé la réintégration des Vaivodes, et il l'avait obtenue. A cette condition, le maintien de la paix avait été promis, et, au mépris de cette promesse, la Moldavie était occupée par une armée russe. Cette agression inattendue et la proclamation qui en exposait les prétextes, proclamation où éclatait la volonté de dicter la loi à la Porte sur des questions d'ordre intérieur et administratif, avaient irrité au plus haut point le cabinet ottoman. M. Italinski, pressé de répondre sur les procédés de sa cour, ne pouvait que protester [1] de sa bonne foi personnelle et tâcher d'atténuer ce qu'il y avait de gratuitement hostile dans l'invasion. Le ministre anglais, M. Arbuthnot, ne faisait lui-même aucune difficulté de reconnaître que, les choses étant telles qu'on les représentait, la Porte avait juste droit d'en être offensée; mais comme il se trouvait dans la plus complète ignorance sur les causes de la marche des troupes russes, il se bornait à déplorer [2] sincèrement tout ce qui pouvait troubler la bonne intelligence entre la S. P. et ses alliés.

Cependant à la première nouvelle des opérations des Russes en Moldavie, le général Sébastiani, conformément aux ordres de l'Empereur Napoléon, avait fait tous ses efforts pour décider le cabinet ottoman à déclarer la guerre à la Russie. Les dispositions personnelles du Grand Seigneur étaient favorables à ce dessein. Il se rappelait les malheurs de son père, les pertes de son empire dans la Crimée, et prévoyait que

---

[1] Lettre du 13 décembre.
[2] *Ibid.*

tôt ou tard, entre les Turcs et les Russes, la guerre deviendrait une guerre à mort. L'ambassadeur de France mit ses soins à le convaincre qu'au lieu d'attendre du hasard la fixation de l'heure du combat, le moment le plus avantageux pour la Porte-Ottomane était celui où les forces de la Russie étaient au moins partagées par sa lutte avec l'Empereur Napoléon. Après plusieurs conférences du général Sébastiani avec le Sultan, le grand-visir et le ministre de l'intérieur, la guerre fut résolue, malgré la vive résistance du ministre des affaires étrangères. La déclaration [1] de guerre fut accompagnée de toutes les cérémonies religieuses, en usage chez les Musulmans, pour ces circonstances. Comme dans ce même moment on appprit que le général Michelson s'était emparé de Choczim et de Bender, qu'il avait occupé Jassy et Bucharest, chassant devant lui Moustapha Baïractar qui avait fait de vains efforts pour l'arrêter à Focsany, les vieilles haines contre les Russes se réveillèrent, et la sûreté de M. d'Italinski parut un moment menacée. Pour le soustraire à la fureur du peuple, le sultan Sélim, sous prétexte de s'assurer de la personne de cet Envoyé, fit garder le palais de Russie par un Oda de janissaires; mais les réclamations de M. Arbuthnot

---

[1] Le 30 décembre.

seul n'auraient pas empêché que le ministre russe ne fût mis aux sept tours, comme l'avait été le chargé d'affaires de France, M. Ruffin, pendant la guerre d'Égypte. Plus généreux que les ministres d'Angleterre et de Russie, qui résidaient à Constantinople à l'époque de la captivité [1] de M. Ruffin, le général Sébastiani joignit sa médiation à celle de M. Arbuthnot; il attaqua le sultan Sélim par le sentiment qui avait en lui le plus de force, le désir qu'avait ce prince d'élever les Osmanlis au rang des nations civilisées; il lui représenta qu'il ne pouvait atteindre ce noble but qu'en renonçant lui-même aux coutumes des peuples barbares, et en se conformant aux règles du droit des gens observées par les puissances européennes. La voix de l'ambassadeur de France fut entendue. On permit au ministre russe de s'embarquer [2] sur un bâtiment anglais qui le conduisit à Ténédos, d'où il se rendit en Italie. Ce changement dans les procédés du cabinet ottoman se maintiendra désormais, et la France peut justement réclamer l'honneur

[1] Les légations de Russie et d'Angleterre avaient persécuté, dans leurs personnes et dans leurs biens, tous les Français répandus sur le territoire de l'empire ottoman. Spencer-Smith, ministre de la Grande-Bretagne, avait eu l'indiscrétion de s'emparer du palais de France et de s'y établir.

[2] Dans les derniers jours de décembre.

d'avoir puissamment contribué à faire entrer ainsi cette puissance dans la voie de la civilisation.

Tandis que les Turcs, par ce respect tout nouveau pour le caractère d'agent public, faisaient un pas en avant dans la carrière sociale, les Russes y faisaient un pas rétrograde. Après avoir donné au consul-général de France à Yassy, M. Reinhart, des passe-ports pour se rendre en Autriche, le prince Dolgoruki le faisait enlever par un détachement de Cosaques et l'envoyait en Russie. Moustapha-Baïractar, averti à temps, se saisit de M. Chirico, consul de Russie à Bucharest, et l'emmena prisonnier par représailles pour la sûreté du consul de France.

Quelle avait été la cause de l'invasion précipitée de la Moldavie, en pleine paix et sans égard pour la satisfaction donnée aux plaintes de M. Italinski? Les dépêches adressées à ce ministre par le baron de Budberg, dépêches qui furent interceptées, en donnent une explication franche et naturelle. Aussitôt que le cabinet de Pétersbourg avait, par la soudaine destitution des deux Vaïvodes qui lui étaient dévoués, reconnu l'accroissement rapide de l'influence française à Constantinople, il avait jugé qu'il n'y avait pour lui qu'un parti à prendre, celui de porter la terreur dans cette capitale, et de retenir, par la force, dans son alliance le Divan trop disposé à s'en affranchir. L'expédition de Moldavie avait donc été arrêtée sans hésitation. La nouvelle reçue peu de jours après de la condescendance du cabinet ottoman aurait dû faire révoquer des ordres dont l'exécution commençait à peine. Rien n'y fut changé, et, tandis que l'armée était en marche, on se hâtait au contraire de demander au gouvernement anglais toute l'activité de son concours. De son côté, ce gouvernement avait aussi les yeux ouverts sur les fluctuations de la Turquie, et tenait dans l'Archipel, sous les ordres du contre-amiral Thomas Louis, une petite escadre d'un vaisseau et de trois frégates, pour appuyer au besoin et seconder son ambassadeur. Un vaisseau de cette escadre, *le Canopus*, et une frégate, *l'Endymion*, avaient seuls passé les Dardanelles et mouillé dans le port de Constantinople. C'est sur le vaisseau que s'était, comme nous l'avons vu, embarqué M. Italinski, et la frégate servira plus tard pour la retraite de M. Arbuthnot. La surveillance du gouvernement britannique n'avait rien que de raisonnable.

Qu'il tâchât de conserver auprès du Divan les positions dont il était maître, et d'empêcher la Sublime-Porte de se joindre à ses ennemis, c'était une politique de raison et de devoir; mais de là au renversement de l'empire turc il y a loin, et, pour plaire à la Russie, on va se prêter à des mesures qui ne tendent à rien moins qu'à préparer la ruine de cet empire. Le cabinet britannique n'avait voulu ni se porter caution des emprunts que l'empereur Alexandre avait demandé à faire en Angleterre, ni envoyer d'expédition militaire dans le Nord. Pour faire oublier ces refus, il fallait bien donner quelque part preuve de dévouement à la Russie, et cette preuve, la Russie l'attend devant Constantinople. C'est à ce prix seul qu'elle portera toutes ses masses contre Napoléon. Dès-lors, pour le cabinet de Londres, périssent les Turcs, pourvu que Napoléon soit atteint en même temps!

La flotte, commandée par l'amiral Duckworth, qui croise sur les côtes d'Espagne, flotte composée de sept vaisseaux et de plusieurs frégates, reçoit ordre de faire voile pour la Méditerranée. Vers le commencement de février elle sera rendue à Ténédos. De nouvelles instructions ont aussi été adressées à M. Arbuthnot. Le 25 janvier, dans une conférence avec les ministres ottomans, il leur fait connaître les volontés réunies des cours de Pétersbourg et de Londres. Après de vives plaintes sur la partialité du Divan pour le gouvernement français, sur les égards qu'on avait eus pour les exigences de l'ambassadeur de ce gouvernement, sur l'interdiction du passage par le Bosphore faite aux bâtiments russes, sur la destitution des deux Vaïvodes et sur la lenteur de leur réintégration, M. Arbuthnot demande que la Sublime-Porte renouvelle son alliance avec l'Angleterre et la Russie, et qu'elle renvoie l'ambassadeur de France. En cas de refus, la rupture avec le gouvernement anglais est inévitable. Le ministère turc était honteux encore d'avoir cédé naguère, avec un empressement peu honorable, aux menaces d'un jeune secrétaire d'ambassade. Les circonstances d'ailleurs étaient changées. On venait d'apprendre les triomphes des armées françaises en Prusse, la chute de plusieurs places de l'Oder, et les premiers succès de Napoléon en Pologne. Ces nouvelles, arrivées à l'ambassadeur de France, avaient été sur-le-champ communiquées par lui au cabinet ottoman, et avaient fortifié les bonnes dispositions de la partie du cabinet qui penchait pour le système français. On répondit négativement aux demandes de l'Envoyé britannique.

C'était un usage établi que l'ambassadeur de France reçût, le dimanche, tous les Français en résidence à Constantinople. Après avoir parlé des victoires de la grande armée, le général Sébastiani fit aussi connaître à cette réunion de Français le décret de Berlin, relatif au blocus continental, en appuyant sur l'article qui ordonnait l'arrestation de tous les sujets de la Grande-Bretagne, tant dans les pays occupés par les troupes françaises, que *dans les États alliés de la France*, et en y ajoutant la simple réflexion : *la Porte est notre alliée.* Le but de ce mot significatif était d'inquiéter le ministre d'Angleterre et de le jeter peut-être dans quelque fausse démarche. On peut croire qu'il contribua effectivement à une résolution brusquement prise et exécutée par cet ambassadeur.

D'un autre côté, M. Arbuthnot venait d'apprendre que l'escadre de l'amiral Duckworth était arrivée dans l'Archipel. Sur-le-champ il se décide à le rejoindre avec tous les Anglais qui sont à Constantinople; mais le secret est nécessaire pour l'exécution de cette mesure. La présence du contre-amiral Louis et de la frégate *l'Endymion* qui était à l'ancre à la pointe du sérail, lui en fournit le moyen. Ce contre-amiral adresse à tous les chefs des maisons anglaises une invitation à dîner sur la frégate avec l'ambassadeur. Ceux-ci y accourent comme à une fête. A six heures du soir, M. Arbuthnot s'y rend avec sa légation tout entière. A onze heures, les câbles sont coupés, on s'éloigne et bientôt la frégate est réunie à l'escadre en station à Ténédos. En séparant ainsi les sujets britanniques de leurs familles et de leurs biens, M. Arbuthnot n'a point laissé sans protection leurs intérêts d'affection ni de fortune. Par une lettre qui ne sera remise qu'après son départ, il les a placés sous la sauvegarde du général Sébastiani, confiance honorable qui ne sera point trompée et à laquelle M. Arbuthnot avait droit de croire, parce qu'en une position semblable il en eût été digne.

Les écrivains anglais ont attribué à une autre cause le départ de leur ambassadeur. Suivant eux, il aurait pris ce parti, dans la persuasion que, placé à bord [1] de la flotte, il serait mieux écouté du Divan qu'en négociant sur le rivage. Dans cette hypothèse, il aurait enlevé avec lui les négociants de sa nation par la crainte que, s'il fallait en venir à l'attaque de Constantinople, ils n'eussent été exposés aux fureurs populaires. Au reste, même en admettant l'interprétation anglaise sur la cause première du départ de M. Arbuthnot, il est très-probable que la possibilité de l'application du décret de Berlin dans

---

[1] It came to enforce the demands of the british ambassador, who, calculating that he would have a better chance of success by negociating on board the fleet than by negociating on shore, with the fleet to support him, had quitted the port to search for sir Thomas Duckworth and had returned with the squadron to propose his terms.

Edimburgh Review de 1812.

l'Empire ottoman eût aussi sa part d'influence sur la détermination de cet ambassadeur.

Après avoir fait déclarer la guerre à la Russie, il restait au général Sébastiani à obtenir une semblable déclaration contre l'Angleterre. L'Empereur Napoléon, très-satisfait du premier succès de son ambassadeur, lui avait prescrit de ne rien négliger pour compléter ainsi son ouvrage. La retraite de M. Arbuthnot fut, sous ce rapport, une circonstance dont le général Sébastiani s'empressa de profiter. Elle lui donna plus de facilités pour vaincre les incertitudes de la Porte-Ottomane. La guerre fut aussi déclarée à la Grande-Bretagne.

C'était un grand pas. En même temps il eût fallu pourvoir aux moyens de se défendre contre cette dernière puissance. Sur ce point, l'ambassadeur de France fut moins heureux. Ses conseils furent froidement écoutés. Quoique M. Arbuthnot eût renouvelé ses demandes, le jour même de son départ, il l'avait fait dans des termes ménagés, de manière à tromper le ministère ottoman et à le distraire de toute précaution défensive. En vain le général Sébastiani prédit une attaque infaillible, prochaine; en vain il insiste pour faire armer promptement les châteaux des Dardanelles. S'il parvient à faire donner la direction de ces travaux à son aide-de-camp, M. de Lascours [1], celui-ci est entravé dans tous ses efforts par Fezi Effendi qui se trouve alors aux châteaux, et par l'intermédiaire duquel M. Arbuthnot cherche à renouer la négociation avec la Porte. Le Capitan Pacha, dont l'escadre est à l'ancre à la pointe de Nacara, ne songe pas davantage à la mettre en sûreté. Tous deux sont dupes d'un drogman adroit que M. Arbuthnot a mis en rapport avec eux, et ils négocient au lieu de se préparer à combattre. Sous peu de jours, ces deux personnages expieront leur aveugle confiance. L'un, le Capitan Pacha, tombera en disgrâce; l'autre aura la tête tranchée; mais aujourd'hui, dans leur orgueilleuse sécurité, ils repoussent tous les conseils, traitent avec dédain les représentations de M. de Lascours, et refusent encore de croire au projet des Anglais de forcer le passage quand déja le passage s'exécute [2]. Déja les vaisseaux anglais ont dépassé les châteaux extérieurs, sans avoir fait attention au feu des Turcs. Ce n'est qu'au moment où ils arrivent à la hauteur des châteaux d'Europe et d'Asie que, pressés entre les feux croisés des deux châteaux, ils se voient obligés d'y répondre. La position des Anglais eût pu être périlleuse; mais le Capitan

---

[1] Aujourd'hui membre de la chambre des députés.
[2] Le 20 février.

Pacha, qui était à terre, effrayé à la première décharge de l'artillerie anglaise, ayant donné l'exemple d'une honteuse retraite, tous les Turcs quittèrent leur poste, et il ne resta aux batteries que M. de Lascours avec quelques Français indignés de tant de lâcheté jointe à tant d'orgueil. Le vaisseau et les frégates, stationnés dans le canal, que le Capitan Pacha aurait pu sauver, furent pris et brûlés par les Anglais. Un seul bâtiment avait fait une belle défense. La flamme de l'incendie porta la terreur dans le sérail. A quatre heures, l'amiral Duckworth avait pris sa station auprès de l'île des Princes. Les Anglais ont vivement reproché [1] à cet amiral de n'avoir pas jeté l'ancre sous les murs même du sérail.

Une heure après, un parlementaire remit à la Porte un *ultimatum* de l'ambassadeur d'Angleterre. Les principales conditions exigées étaient l'expulsion immédiate du général Sébastiani, la renonciation à l'alliance française, le renouvellement de l'alliance russe et britannique, la liberté de passage par les Dardanelles *pour les vaisseaux de guerre russes*, et la remise de l'es-

---

[1]. To the surprise of every body the English squadron, instead of sailing straight to the seraglio point, bore away for the princes Islands, and took a station three miles from any spot from whence offensive operations could be undertaken. *Edimburgh Review* (Mémoire de M. Adair).

cadre turque comme dépôt jusqu'à la paix. On demandait une réponse prompte et péremptoire avec menace de commencer immédiatement l'attaque et le bombardement de la ville.

On se figurerait difficilement la consternation des Turcs. Malgré les avertissements réitérés de l'ambassadeur Sébastiani, ils étaient pris au dépourvu. Une seule batterie était en état de tirer, celle de Tophana. Les autres n'auraient pu faire aucun service. Si les Anglais avaient su profiter du moment, nul doute que la Porte n'eût accédé à leurs propositions. La première pensée du Divan fut la soumission. A six heures du soir, un drogman vint annoncer au général Sébastiani l'arrivée du grand-écuyer de la couronne qui se rendait au palais de France. L'ambassadeur comprend sans peine l'objet de cette démarche. Il s'entoure aussitôt de tous les membres de son ambassade pour donner à la réception de ce haut personnage une solennité qui puisse produire quelque impression sur l'esprit du Grand-Seigneur. Sur la demande faite par le grand-écuyer de l'entretenir secrètement, il lui témoigne qu'assuré de la discrétion de ses officiers il ne peut entendre qu'en leur présence les propositions qu'on veut lui faire. Le messager impérial lui communique alors la sommation des Anglais; il proteste de l'inaltérable attachement de son

maître pour Napoléon; mais il déclare positivement que Constantinople, surprise sans défense, n'étant pas en état de résister aux forces britanniques, le sultan se voit réduit à la cruelle obligation de céder momentanément aux exigences injurieuses de l'Angleterre. Il termine son discours en disant que la populace accuse l'ambassadeur de France d'être la cause de la guerre, et qu'à peine le gouvernement peut-il répondre de sa vie. Des dangers personnels touchent peu le général Sébastiani. Il répond à l'Envoyé du sultan qu'il est à Constantinople par les ordres de son souverain; qu'il n'en sortira que par des ordres émanés de la même source, à moins qu'on ne l'en arrache de vive force. « Il ne s'agit
« ici, ajoute-t-il, de rien moins que de l'hon-
« neur, de la sûreté et de l'indépendance de
« l'empire ottoman. La flotte de l'amiral Duck-
« worth peut incendier une partie de la ville,
« faire périr un certain nombre d'habitants; mais
« privée de l'appui d'une armée de terre, elle
« ne peut s'emparer de cette capitale, alors
« même que vous voudriez lui en ouvrir les por-
« tes et la lui livrer sans défense. Vous supportez
« tous les ans les pertes occasionnées par de fré-
« quents incendies, les pertes plus cruelles qu'a-
« mène la peste. Montreriez-vous moins de fer-
« meté pour la défense de votre religion et de

« votre patrie? L'empereur Sélim ne voudra pas, « par une faiblesse indigne de lui, descendre du « haut rang où l'ont placé ses glorieux ancêtres. « Vos remparts ne sont pas armés, mais vous « avez du fer, des munitions, des vivres, des « bras; ajoutez-y du courage, et vous triomphe- « rez de vos ennemis. Je vous prie de dire à vo- « tre auguste maître que j'attends avec confiance « une résolution digne de lui et de l'empire qu'il « gouverne. » A l'instant même où le grand-écuyer va rendre compte au Grand-Seigneur de cette réponse, l'ambassadeur français met en action tous ses moyens d'influence auprès du grand-visir, de l'aga des janissaires, des ulémas et des ministres. Messages directs, agents intermédiaires, il emploie tout pour faire révoquer la fatale résolution qui vient de lui être annoncée. A deux heures du matin, Sélim lui fait dire qu'il a l'intention de se défendre, et l'invite à se rendre à trois heures dans le sein du Divan.

Ce grand Conseil était composé de quarante membres, tous anciens ministres ou ministres actuels, le grand-visir, le capitan-pacha et le chef des ulémas. La question de défendre Constantinople ou d'accepter les propositions anglaises, fut discutée avec calme et maturité. Peu d'avis timides se manifestèrent. Le parti de la défense fut généralement embrassé avec ardeur.

Dans le premier moment, on voulait même opposer un refus fier et hautain aux demandes de M. Arbuthnot. Le général Sébastiani fit sentir l'imprudence d'un tel procédé et l'importance de gagner du temps, en laissant tout espérer à l'ennemi, sans prendre toutefois d'engagement formel. Il dicta lui-même une note qui exprimait, au nom de la Porte, le désir du rétablissement de l'alliance avec S. M. britannique, et qui annonçait la nomination d'Alett-Effendi pour travailler à cet heureux ouvrage. Les Anglais, trompés à leur tour par la dissimulation musulmane, tombèrent aussi dans le piége où les Turcs venaient de se laisser prendre.

En se déterminant à défendre sa capitale, Sélim a mis à la disposition du général Sébastiani toutes ses forces de terre et de mer. Le front de Constantinople, menacé par l'escadre anglaise, est divisé en sept quartiers; la défense de chaque quartier est confiée à un ministre. Toutes les directions, les ordres même partent de la tente de l'ambassadeur, que Sélim a fait dresser avec magnificence dans les jardins du sérail.

La crise où l'on se trouvait n'était pas un accident imprévu pour le général Sébastiani. Dès le commencement du débat entre la Russie et la Sublime-Porte, jugeant bien que l'union des Anglais aux Russes ne tarderait pas à faire courir d'autres dangers aux Turcs, il avait demandé à l'Empereur Napoléon de lui envoyer quelques officiers de l'artillerie et du génie. L'empereur ne les lui avait pas fait attendre. Un colonel d'artillerie et un chef de bataillon du génie, l'un et l'autre accompagnés de deux capitaines de leur arme, étaient rendus à Constantinople pour le moment où leur secours allait y être le plus utile. Ces officiers, les aides-de-camp du général Sébastiani, les secrétaires de l'ambassade, les jeunes de langue [1], un voyageur français qui se trouve à Constantinople, M. de Pontécoulant, l'ambassadeur d'Espagne, M. d'Alménara, tous auxiliaires actifs du général Sébastiani, dirigent et pressent l'exécution de ses ordres. L'ambassadeur de France est en même temps le premier ministre et le connétable du Grand-Seigneur. Il préside à tout, détermine les emplacements susceptibles d'être fortifiés, indique, prescrit et surveille les travaux. Un accord admirable règne entre les Français et les Turcs. C'est le triomphe de l'intelligence sur la force matérielle, de l'instruction sur l'ignorance. Celle-ci a reconnu son infériorité. Chaque Français, établi sur un point déterminé, devient un chef d'action que les Ottomans secondent avec un zèle admirable.

---

[1] Dénomination des jeunes gens entretenus à Constantinople pour y apprendre les langues orientales.

Pour ceux-ci, les Français ont cessé d'être des infidèles; ce sont des amis, des frères. Ce sont même des maîtres dont ils écoutent les conseils, dont ils attendent le commandement. Le patriarche grec, respectable vieillard, qui a beaucoup contribué à maintenir sa nation dans le devoir, donne avec son clergé l'exemple du dévouement et de la subordination. Il en est de même du patriarche arménien. Toutes les nuances de religion, de nation, ont momentanément disparu. Tout ce qui est sujet du sultan Sélim déploie une égale ardeur pour repousser l'invasion étrangère. Sélim lui-même visite [1] les postes principaux et encourage les travailleurs par sa présence. Des constructions défensives de diverses espèces sont élevées de toutes parts. Des batteries sont dressées à la fois sur les côtes d'Europe et d'Asie; on en place jusque dans les

---

[1] Dans son inspection, Sélim ayant vu M. de Pontécoulant, qui dirigeait des constructions importantes, demanda qui il était. Le drogman répondit que c'était un ami de l'ambassadeur, sénateur français, un des quatre-vingts qui avaient choisi Napoléon comme Empereur. Le sultan aussitôt fit à M. de Pontécoulant un salut très-gracieux, et, d'après le principe des princes d'Orient dont les présents, quels qu'ils soient, honorent toujours, il lui fit donner une poignée de sequins par un officier du palais. On juge bien que les sequins furent sur-le-champ distribués aux travailleurs.

jardins du sérail; on fait passer de l'artillerie et des troupes dans les îles des Princes. Les ateliers de la marine offrent la même activité. On complette les équipages de l'escadre turque; on dispose de vieux vaisseaux pour former une ligne d'embossage qui protége l'entrée du port; on arme des chaloupes canonnières, au nombre de quarante-cinq, pour inquiéter les Anglais, surtout pendant la nuit. Partout les ouvrages avancent avec une prodigieuse rapidité; les remparts sont hérissés d'une formidable artillerie. Le septième jour, six cents bouches à feu sont prêtes à tirer, et dans ce nombre sont quarante mortiers. Seize grilles à rougir les boulets menacent d'incendier la flotte ennemie. On ne se borne plus à vouloir l'éloigner de la capitale, on songe à lui couper la retraite de la Propontide. Un officier français a été envoyé aux Dardanelles, avec mission d'y armer les châteaux, de manière à rendre aux Anglais, pour peu qu'ils perdent de temps, le retour désastreux et même impossible.

Que font cependant l'ambassadeur d'Angleterre et l'amiral Duckworth? Ils envoient et reçoivent des parlementaires. M. Arbuthnot, déjà malade depuis quelque temps, s'était trouvé hors d'état de suivre la négociation, ce soin reposa sur l'amiral, dont le début ne fut pas heureux. Le 21 février, cet amiral accordait au

Divan une heure pour lui répondre. Il déclarait, le 22, que, comme on abusait de son indulgence pour fortifier la ville, « il était de son de« voir de ne plus perdre de temps ; » le 23, il en perdait toujours en renouvelant la même déclaration ; le 24, il demandait si on négociait de bonne foi, ou si on voulait lui en imposer : « dans ce dernier cas, il prévenait la Sublime « Porte qu'on n'y réussirait pas ; » le 25, on y avait réussi et il commençait à s'en apercevoir. Cependant le 26, il communiquait encore au ministre turc des instructions d'une inconcevable naïveté qu'il avait fait préparer pour le contre-amiral Louis. « L'ambassadeur de France, disait-« il, a été vu sur le rivage dressant des batteries « et assistant le gouvernement dans toutes les « mesures de défense qu'il a jugé à propos de « prendre... » Lorsque le gouvernement anglais avait envoyé les ordres par suite desquels M. Arbuthnot avait fait les demandes dont il était chargé, « on avait été bien loin de soupçonner « à Londres que l'ambassadeur de France aurait « été choisi pour directeur en chef des opérations « militaires des Turcs. » Il eût été difficile de louer plus délicatement le général Sébastiani. Dans ces derniers moments, l'amiral voulait bien ne pas insister pour faire chasser avec éclat cet ambassadeur ; il se bornait à proposer l'adoption d'un article confidentiel et secret qui assurerait son éloignement prochain. L'heure était déjà loin où les propositions anglaises, même adoucies, eussent pu être admises. C'était pour la flotte britannique que déjà existait la nécessité d'un prompt éloignement. Constantinople était en sûreté; le péril n'existait plus que pour l'audace qui oserait l'attaquer. L'illusion était évanouie; seulement l'orgueil de l'amiral Duckworth ne lui permettait point de paraître abandonner en fugitif une mer où il s'était montré avec l'espoir d'un facile triomphe; quelques jours s'écoulèrent en un vain échange de paroles perdues, et, le 1er mars, la flotte disparut. La retraite ne s'effectua pas sans perte. Les châteaux, quoiqu'ils ne fussent encore qu'incomplètement armés, firent sentir aux Anglais l'effet de leur lourde artillerie. Des boulets de granit, d'un poids énorme, atteignirent plusieurs vaisseaux, endommagèrent leur mâture et tuèrent un assez grand nombre d'hommes. Deux corvettes furent coulées et échouées sur la côte d'Europe. Quelques jours de plus, et le retour eût coûté extrêmement cher par ce même passage où, en entrant, on n'avait trouvé aucun obstacle.

Durant quelques jours encore, les travaux des fortifications se continuèrent. Le 4, le sultan Sélim s'étant rendu vers midi à la batterie du

Kiosk vert, envoya chercher le général Sébastiani qui était à la batterie de Tophana. Il lui dit qu'il avait choisi cette heure, parce qu'il savait que c'était celle où l'ambassadeur venait ordinairement aux batteries; il donna les plus grands éloges au zèle, aux talents des Français, et se félicita d'avoir eu à sa cour, dans cette grave circonstance, un ambassadeur tel que le général Sébastiani. Il était naturel que l'ambassadeur répondît à ces flatteuses démonstrations en louant de même l'activité des ministres, le courage, l'intelligence des ingénieurs Turcs et l'admirable dévouement de la population toute entière. De part et d'autre l'éloge était mérité.

Lorsque le péril n'existait déjà plus, de nouveaux auxiliaires étaient encore envoyés au général Sébastiani par l'Empereur Napoléon. L'armée de Dalmatie avait reçu ordre de faire partir sur-le-champ pour Constantinople plusieurs colonels de l'artillerie et du génie. L'un d'eux était ce général Foy, alors colonel, qu'un autre genre de gloire attend dans l'avenir, et qui, après avoir vaillamment servi son pays sur les champs de bataille, obtiendra des succès plus brillants encore en défendant les libertés publiques dans les combats de la tribune. Le colonel Foi conduisait avec lui cinq cents canonniers. Ce détachement était déjà en Thessalie, lorsqu'une dépêche de l'ambassadeur annonça qu'on pouvait le renvoyer à Raguse. Les colonels Foy, Haxo et Sorbier, et le capitaine de Tracy, furent seuls appelés à Constantinople. Ils visitèrent les deux passages par lesquels cette capitale communique avec la Méditerranée et la mer Noire, en levèrent le plan et rédigèrent des mémoires sur les meilleurs moyens d'en assurer la défense.

Après l'important service rendu à la Sublime-Porte par l'ambassadeur Sébastiani, l'influence française dut naturellement dominer dans les Conseils du Grand-Seigneur. L'amiral Duckworth étant retourné à Ténédos, y fut rejoint par la flotte russe sous les ordres de l'amiral Siniawin, qui avait à son bord un plénipotentiaire impérial. L'amiral russe engagea l'amiral anglais à repasser avec lui l'Hellespont, et à reparaître ensemble sous les murs du sérail ; mais ce dernier refusa de recommencer une opération dont il avait apprécié tous les périls. L'escadre combinée resta quelque temps à l'entrée des Dardanelles, cherchant, mais en vain, à rouvrir des négociations sérieuses avec la Porte-Ottomane. Les notes du plénipotentiaire russe étaient remises à l'ambassadeur de France qui en rédigeait la réponse.

Les documents publiés en Angleterre n'avouent pas qu'on ait, comme l'assurent les rapports français, exigé formellement la cession de la Moldavie et de la Valachie aux Russes, ou seulement l'adhésion de la Porte à l'occupation de ces provinces, jusqu'à la paix générale; mais la proclamation du général qui les avait envahies, et les dépêches interceptées de M. de Budberg, en mettant à leur évacuation des conditions à peu près impossibles, n'avaient-elles pas fait pressentir la demande d'une cession définitive? Et d'ailleurs, réclamer pour les Russes le droit d'envoyer des bâtiments de guerre dans la Méditerranée, anéantir la marine ottomane en lui enlevant tous ses vaisseaux, n'était-ce donc pas déjà un assez fort oubli de la vieille et fondamentale politique de l'Angleterre? La cession des deux principautés, et d'autres changements plus funestes encore, paraissaient alors dans toute l'Europe tellement probables, qu'aux exhortations de l'ambassadeur de France auprès de la cour de Vienne, pour porter cette cour à s'y opposer, le comte de Stadion répondait que la conservation de l'intégralité de l'empire ottoman n'était pas d'un assez haut prix pour qu'on dût, à ce sujet seul, se brouiller avec la Russie. Lorsque l'Autriche et l'Angleterre jetées, par leur haine contre la France, loin de la voie de leurs véritables intérêts, conspirent ainsi la ruine de l'empire turc au profit des Russes, c'est la France, c'est l'influence de Napoléon qui le sauve malgré elles et pour elles.

Quoique l'incendie de l'escadre turque, brûlée par l'amiral Duckworth, à son entrée dans les Dardanelles, sans qu'il y eût encore aucune déclaration de guerre entre les deux puissances, soit peu susceptible de justification, du moins existait-il, aux yeux de cet amiral, un commencement de rupture, manifesté par la retraite de l'Envoyé anglais, M. Arbuthnot. Mais quel motif pourrait légitimer l'invasion d'Alexandrie, par une expédition partie de Messine le 6 mars, c'est-à-dire, résolue et arrêtée à Londres dans un temps où il était impossible de prévoir quel serait le résultat des négociations tentées à Constantinople? On conçoit qu'attaquer, quoique injustement, les Turcs dans leur capitale, ce soit servir la Russie de ce côté, en échange des efforts qu'elle fait ailleurs contre Napoléon; mais dans la prise d'Alexandrie quel autre intérêt domine que l'intérêt immédiat de l'Angleterre? Ne pourrait-on pas en conclure que l'Angleterre en se montrant, au gré de la Russie, hostile contre Constantinople, n'avait voulu que tirer de cet état d'hostilité, avec la Porte-Ottomane [1], le droit d'envahir l'Égypte? Là est véritablement la

---

[1] Lors de sa rupture avec l'Angleterre, la Russie lui repro-

clef du système de l'administration Fox et Grenville, système dont nous allons suivre le développement.

chera d'avoir tenté l'invasion de l'Égypte, dans un moment où l'on était fondé à croire que les forces employées à cette expédition devaient, dans l'intérêt commun, se porter sur les côtes de Naples.

CHAPITRE LXIX.

POLITIQUE EXTÉRIEURE.

Changement dans l'esprit du cabinet anglais. — Nouveau plan de finances. — Différence de la politique de M. Pitt et de celle de M. Fox. — Caractère de l'expédition d'Égypte. — Remarques sur l'abandon d'Alexandrie. — Prise de Curaçao. — Expéditions dans l'Amérique méridionale. — Remarques sur ces expéditions. — Discussions du parlement. — Changement du ministère à l'occasion d'un bill en faveur des catholiques. — Abolition de la traite des Noirs. — Rejet d'une loi sur les franches-tenures. — Vote de remercîments pour la bataille de Maida. — Ordre du Conseil du 7 janvier 1807. — Traits distinctifs de l'administration Fox et Grenville. — Composition du nouveau ministère. — Rejet de la proposition d'exprimer des regrets sur la retraite des ministres. — Rejet d'une proposition contre les engagements à prendre par les ministres. — Nouveau parlement. — Addition aux rigueurs de la loi sur l'insurrection d'Irlande. — Traités de subsides avec la Suède et la Prusse.

DEPUIS le commencement de la guerre jusqu'à 1801, toute la science de M. Pitt avait consisté à soulever et à solder le continent, n'admettant de conciliation possible avec la France que par le replacement de cette puissance dans son ancienne frontière. Vaincu par la nécessité, s'il avait quitté un moment le gouvernail de l'État et laissé à d'autres le soin de faire l'essai d'une paix établie sur des conditions différentes, sa politique et lui-même étaient rentrés dans le conseil peu de temps après la rupture de la paix d'Amiens. La note fameuse de 1805 et le traité de Pétersbourg du 11 avril ont fait connaître jusqu'où ses prétentions continuaient à s'étendre. Ces grands projets échouèrent; la bataille d'Austerlitz entraîna M. Pitt dans la tombe. Là change pour la première fois depuis quinze ans la marche du cabinet de Londres. Jusqu'à ce jour on avait fait profession d'allumer et de payer toutes les guerres que les puissances du continent voudraient entreprendre. Sous la nouvelle administration, on ne refuse pas assurément le secours des puissances continentales, on approuve même toutes les guerres qu'elles veulent faire à la France, mais on ne veut point que ce soit l'appât des subsides qui seul les y détermine. C'est dans ce sens qu'étaient conçues les instructions données par M. Fox à M. Adair dans sa mission à Vienne. Il y a dans cette manière de procéder non-seulement plus de modération, mais plus de justesse de calcul. L'Angleterre en effet n'a-t-elle pas vu la Prusse en 1794, l'Autriche en 1797, en 1800 et en 1805, se séparer d'elle malgré les traités de subsides qui existaient encore? Le nouveau ministère britannique entendait donc que, si des puissances du continent voulaient entrer en lutte avec la France, c'était avant tout sur elles-mêmes, sur leurs propres ressources, qu'elles devaient compter, quoique d'ailleurs il fût toujours disposé à leur prêter son appui, mais dans un intérêt spécial pour l'Angleterre. Ainsi en 1806 lorsqu'il voit la Prusse descendre dans l'arène et la Russie prête à l'y suivre, le cabinet anglais renonce aux intentions pacifiques qu'il avait pu sincèrement avoir au commencement de la négociation; il entrevoit dans cette guerre de nouvelles chances dont il songe à tirer parti, mais ce n'est pas lui qui a poussé la Prusse dans la carrière; pendant plusieurs mois il ne l'y a pas même soutenue, et son indifférence ou son peu d'activité à cet égard seront le texte de violentes accusations qu'il aura bientôt à subir. D'après le même principe il s'était abstenu de garantir les emprunts demandés par l'empereur Alexandre, et il n'accordera même à S. M. prussienne qu'un médiocre secours, malgré l'état de détresse où ce prince se trouve. Dès 1806, cette réserve, cette économie des deniers publics étaient un acte de prudence suffisamment justifié par le triste résultat des sacrifices antérieurs. Quoique la guerre eût ouvert d'abondantes sources de richesses, les charges publiques, celles surtout qui portaient sur les consommations, étaient arrivées à un point où elles ne pouvaient plus s'accroître. Cette élévation excessive des charges et l'augmentation proportionnelle de la dette devaient donner de vives inquiétudes à des hommes moins violents que M. Pitt et en qui le désir d'accabler la France n'allait pas jusqu'à vouloir le faire au prix de la ruine de leur propre pays.

L'un des principaux soins du ministère avait donc été de préparer un plan de finances qui permît de continuer la guerre, aussi long-temps qu'on le jugerait nécessaire, mais sans établir de nouveaux impôts. Ce plan, ouvrage de sir Henri Petty[1], avait pour base la possibilité de vingt ou au moins de quatorze années consécutives de guerre. Pour 1807, 1808 et 1809, il admettait un emprunt de 12,000,000 de livres sterling chaque année; pour 1810, un emprunt de 14,000,000 de livres, et des emprunts de 16,000,000 pour chacune des dix années suivantes. Les taxes de guerre devaient être spécialement affectées à l'ac-

---

[1] Depuis marquis de Landsdowne.

quittement de ces emprunts. Si la guerre durait quatorze ans et au-delà, les taxes ne pourraient subir qu'une décroissance graduelle, et il faudrait quatorze années complètes de paix pour les faire cesser entièrement. Du reste c'était pousser la prévoyance assez loin et préparer à la guerre une large proie à dévorer. Cependant par le fait elle n'était pas suffisante encore. Le plan supposait que les dépenses de la guerre n'iraient pas au-delà de 32,000,000 de livres par an, et, dans quelques années, elles ont, de beaucoup, dépassé cette évaluation. A la vérité, les calculs de lord Henri Petty pour une guerre de vingt ou de quatorze ans reposaient sur l'hypothèse qu'il ne serait pas formé de coalitions qui exigeassent de la part de l'Angleterre un paiement de subsides aux puissances étrangères. Nous retrouvons ici, appliqué aux finances, le principe de la politique du cabinet existant, c'est-à-dire, que tout en se montrant disposé à poursuivre, dans des intérêts anglais, une guerre animée contre la France, de concert avec toute puissance qui voudrait y concourir, on n'entendait nullement continuer à faire les frais des armements et des opérations de ces puissances.

Par ces premiers faits, la conduite de l'administration Fox et Grenville se trouve déjà suffisamment expliquée relativement à la politique extérieure. Dans le système de M. Pitt, affaiblir, anéantir la puissance française, était avant tout le but de la guerre, sauf à faire sortir de l'abaissement de la France tous les avantages possibles pour l'Angleterre. Dans le système de l'administration de Fox, le premier but est de tirer de la guerre tous les avantages possibles, sauf à faire en même temps de grands efforts pour affaiblir la France. En deux mots, M. Pitt et ses partisans voulaient le mal de la France d'abord, puis le bien de l'Angleterre. Fox et ses amis voulaient le bien de l'Angleterre d'abord, puis le mal de la France. Ce dernier système était moins barbare; s'il eût été constamment suivi, les résultats auraient prouvé qu'il était aussi le plus politique. C'est parce que les écrivains des coalitions n'ont pas compris ce nouveau système de l'administration Fox et Grenville qu'ils se sont livrés à de si violentes sorties contre elle, et lui ont adressé les reproches de faiblesse et d'incapacité. Le marquis de Lucchesini lui-même n'épargne pas les injures à cette administration; mais peut-être chez lui n'est-ce pas manque de pénétration; peut-être sa colère ne vient-elle que de trop bien comprendre une politique qui ne s'accorde plus avec les passions continentales. Ainsi l'expédition pour l'Égypte [1], confiée au général Fraser, met au

---

[1] Mois de mars 1807.

plus grand jour la vraie politique du gouvernement. Elle est l'œuvre d'un calcul purement anglais ; c'est un intérêt purement anglais qui en a fait naître la pensée et amené l'exécution. La possession de ce pays était, à tort ou à raison, l'une des conquêtes les plus propres à flatter la nation britannique. En tournant ses efforts de ce côté, le ministère répondait à un vœu national, et la nouvelle de la prise d'Alexandrie causa en effet une vive joie à la masse de la population ; mais les partisans du système de Pitt auraient préféré, à ce succès lointain, un débarquement contre les Français dans le nord de l'Allemagne. Aussi, dès qu'ils auront, ce qui doit arriver bientôt, ressaisi le pouvoir, c'est du nord de l'Allemagne qu'ils s'occuperont, et, soit différence d'opinion sur l'utilité de la possession de l'Égypte, soit rivalité peu honorable et dédain affecté pour une acquisition procurée à leur pays par d'autres qu'eux-mêmes, ils ne prendront aucune mesure pour la conserver. L'expédition n'avait été que de cinq mille hommes ; mais on pourrait aisément y envoyer des renforts de Messine et de Malte : on ne le fera pas. Le général anglais Fraser, craignant de manquer de vivres à Alexandrie, sent l'importance de s'assurer de Rosette. Un corps de quinze cents hommes doit s'emparer de cette place, mais l'entreprise coûte trois cents hommes et elle échoue. Une seconde tentative est faite avec des forces plus considérables. Deux mille cinq cents hommes marchent contre Rosette, sous les ordres du général Stewart. Ce corps se trouve coupé, perd un millier d'hommes, et est ainsi forcé à la retraite. Les Turcs, encouragés par ces premiers succès, s'avancent du Caire contre Alexandrie. Le général anglais Fraser, à qui son gouvernement n'annonce aucun secours, jugeant qu'on met peu d'importance à la conservation de cette conquête, n'attend pas même l'attaque des Turcs. Il leur envoie un parlementaire et offre de quitter Alexandrie, sous la seule condition que les prisonniers anglais seront remis en liberté. La proposition est acceptée, et il met à la voile le 23 septembre.

L'indifférence du ministère qui, par haine ou jalousie pour l'administration à laquelle il a succédé, laisse ainsi échapper de ses mains une position aussi précieuse, prouve combien, même en Angleterre, les passions individuelles des ministres contrarient souvent les vrais intérêts du pays. A supposer que les successeurs de l'administration Fox et Grenville n'attachassent pas le même prix à la possession de l'Égypte, ne devaient-ils pas, au lieu de laisser les troupes anglaises fuir après une défaite, mettre du moins ces troupes en état de se maintenir provisoirement à Alexandrie, afin de pouvoir plus tard tirer parti de sa restitution?

C'était pareillement d'après la considération d'un intérêt purement anglais que le ministère Fox et Grenville avait employé une partie de ses forces à des conquêtes pour le compte direct de l'Angleterre dans les Indes occidentales. Le 1er janvier 1807, quatre frégates, détachées de la flotte de l'amiral Dacres, s'étaient emparées de la colonie hollandaise de Curaçao; mais c'était particulièrement contre les provinces espagnoles de l'Amérique du Sud, que l'administration avait dirigé ses plus grands efforts.

En 1806, sir Home Popham, qui, de sa propre autorité, avait envahi Buenos-Ayres, excusé par le gouvernement après le succès, et surtout applaudi par la population commerçante et manufacturière, avait été, à la nouvelle de la reprise de cette ville par les Espagnols, rappelé et livré à un conseil de guerre. Quoique l'entreprise eût été tentée sans ordre, on ne crut pas devoir l'abandonner. Une nouvelle expédition avait été envoyée contre le Rio de la Plata, sous le commandement de sir Samuel Auchmuty; elle était escortée par sir Ch. Stirling, qui remplaçait dans cette station sir Home Popham. En janvier 1807, le major-général Auchmuty, à la tête d'un corps de six mille hommes de troupes de terre et de huit cents soldats de marine, débarqua auprès de Monte-Video, fit le siége de celte place, donna l'assaut le 2 février, et s'en rendit maître après un combat qui lui coûta environ six cents hommes.

Sur la foi de la première nouvelle de l'occupation facile de Buenos-Ayres, le gouvernement anglais, adoptant un système dont l'application avait été commencée sans son concours, avait aussitôt porté plus loin ses idées d'envahissement et fait partir une expédition destinée à la conquête du Chili. Cette expédition se composait de quatre mille deux cents hommes, sous les ordres du brigadier général Crawfurd. L'escadre qui la conduisait était commandée par l'amiral Murray. Dès que l'on fut instruit à Londres de la perte de Buenos-Ayres, un contre-ordre rapidement expédié au cap de Bonne-Espérance, fit diriger l'expédition du Chili contre la province de Rio de la Plata où se rendait, dans le même temps, le général Whitelocke, commandant-général des troupes anglaises dans l'Amérique méridionale. Ce général menait encore avec lui un corps de mille sept cents hommes. Avec une réunion de forces si considérables, il semblait que la soumission de Buenos-Ayres ne devait pas être un ouvrage difficile. Les temps étaient changés. Le libérateur de cette place, le colonel Linières, y commandait, et, conduits par un chef habile, les habitants étaient disposés à repousser de tous leurs efforts l'invasion et la spoliation étrangères. Aussi lorsque, le 5 juillet, le général Whitelocke ordonna une attaque générale, partout il fut repoussé avec une rare intrépidité et perdit près de trois mille hommes, en tués, blessés ou prisonniers. Linières lui ayant proposé de lui rendre tous les prisonniers qui étaient entre ses mains, s'il voulait se retirer du Rio de la Plata, le général anglais, à qui tout espoir de succès était interdit, fut heureux de pouvoir accepter cette proposition. L'orgueil britannique, humilié d'un tel revers, s'en vengea sur le général malheureux. Un conseil de guerre le déclara incapable de servir dans tout emploi militaire. Ainsi la téméraire indiscipline de sir Home Popham avait donné lieu à plusieurs expéditions ruineuses, dans lesquelles l'Angleterre avait employé douze à quinze mille hommes de troupes dont il ne revint en Europe qu'une faible partie.

On a demandé si les quinze mille hommes sacrifiés ainsi à des projets d'acquisition dans l'Amérique méridionale, et les cinq mille hommes envoyés en Égypte, n'auraient pas été plus utilement employés dans le nord de l'Allemagne. Oui, sans doute pour les alliés; pour l'Angleterre, c'est une autre question. Nous n'avons nul intérêt à défendre l'habileté de l'administration de M. Fox, mais la vérité ordonne de dire que les échecs éprouvés dans l'Amérique du sud tenaient à des opérations commencées avant elle. D'ailleurs vingt mille hommes de plus dans le Nord n'eussent pas probablement empêché les triomphes de Napoléon, et, en les occupant ailleurs, on avait pu en attendre des succès plus conformes à l'intérêt direct de l'Angleterre. A l'égard de l'expédition d'Égypte, si Alexandrie fut perdue, c'est que le ministère suivant ne jugea pas à propos de rien faire pour la conserver. La question que nous venons d'indiquer ici est précisément celle qui va s'élever entre les partisans de ces deux systèmes.

A l'ouverture du parlement, le 19 décembre 1806, le roi avait annoncé la rupture de la négociation avec le gouvernement français; il avait déploré les malheurs de la Prusse, loué la fermeté inébranlable du roi de Suède, et exprimé sa confiance comme son espoir dans l'alliance avec la Russie. Relativement à la négociation avec la France, le gouvernement n'eut qu'à se défendre de l'avoir trop prolongée; mais, à l'égard des rapports de l'Angleterre avec la Prusse, il eut à soutenir les plus violentes attaques de la part des légataires de M. Pitt, entre lesquels se distingua particulièrement M. Canning. Lord Grenville avait beau alléguer que, « même après « la bataille d'Iéna, lord Morpeth, envoyé au- « près de S. M. prussienne, n'avait pu obtenir « ni du roi ni de ses ministres une réponse satis- « faisante, au sujet de sa mission. » C'était, suivant ses adversaires, une inexcusable faute de n'avoir pas deviné que, malgré la clôture des ports, malgré l'occupation du Hanovre et sa prise de possession formelle, la cour de Berlin était toujours, d'intention, un allié fidèle de l'Angleterre, par cela seul que, comme l'Angleterre, elle nourrissait une vive haine contre le gouvernement français.

Ces cris de guerre étaient alors ce qui flattait le plus les passions aristocratiques, et elles ne manquèrent pas de saisir l'occasion qui leur fut offerte par un acte, inopportun peut-être, mais très-louable du ministère, pour se délivrer de ce ministère même qui ne partageait pas toute leur exagération. Un bill avait été préparé pour assurer à tous les sujets de S. M. britannique le privilége de servir dans l'armée ou dans la marine sans prêter de serment religieux et en prêtant un simple serment de fidélité. Ce bill avait pour objet de lever une exclusion préjudiciable aux catholiques et à tous les dissidents, classes qui réunies ne formaient pas moins que la moitié de la population des trois royaumes. C'était une mesure humaine et sage, conforme au véritable intérêt du prince et du pays. Le roi y ayant donné son adhésion, lord Howick en fit la proposition au parlement dans la séance du 5 mars. Cette proposition fut vivement combattue par M. Perceval, mais ce fut surtout par de secrètes intrigues qu'on parvint à la faire échouer. Le clergé anglican employa toute son influence pour détourner le roi d'un tel acte de tolérance et de philantropie. On lui représenta le bill comme mettant en danger l'*établissement* de l'église nationale, comme compromettant tout à la fois le salut de la religion et celui de l'État. Les scrupules de ce prince étaient faciles à réveiller; il révoqua son consentement, prétendant ne l'avoir donné qu'avec certaines restrictions dont on s'était écarté. D'abord il fut question de modifier le bill. Ensuite les ministres s'en désistèrent tout-à-fait; mais, pour leur propre honneur et dans l'intérêt d'une cause sacrée à leurs yeux, lord Howick et lord Grenville crurent devoir se réserver, par une clause insérée au protocole du cabinet, le droit de soumettre ou de conseiller ultérieurement à S. M. ce qui, dans leur opinion, serait convenable à l'avantage des catholiques. Le droit était incontestable; la réserve, superflue; vouloir la stipuler d'une manière formelle fut une faute. Non-seulement le roi n'admit point la réserve voulue par les ministres; il exigea au contraire qu'ils prissent, par écrit, l'engagement de ne point reproduire la mesure abandonnée ni de lui rien proposer qui se rapportât à cette question. Un tel engagement était contraire au serment même, prêté par eux, de donner au roi tous les conseils qu'ils croiraient utiles au bien de son service et à la prospérité de ses États. Dans l'impossibilité de souscrire à une pareille condition, ils se retirèrent plutôt que d'abdiquer un droit constitutionnel et de renoncer à l'accomplissement d'un devoir. Le roi choisit d'autres ministres.

Ce fut dans les derniers jours de l'existence de cette administration que fut enfin prononcée par les deux chambres du parlement l'abolition de la traite des Noirs, acte honorable alors parce que la voix des planteurs et des assemblées des colonies n'avait pu étouffer celle de l'humanité et de la justice, mais dont une politique adroite, détruisant ou atténuant du moins l'effet à l'égard des colonies anglaises, saura plus tard se faire une arme pour la ruine des autres puissances coloniales.

L'administration des lords Howick et Grenville

avait été moins heureuse dans la tentative d'une autre amélioration dont la justice ne pouvait pas être méconnue. Elle avait proposé de rendre les propriétés connues sous le nom de franches-tenures [1] passibles, à la mort des propriétaires, de l'acquit de leurs dettes, ainsi que les autres espèces de propriétés. Il ne faut pas oublier qu'en Angleterre le parti de la guerre éternelle contre la France était aussi le parti de l'éternité des priviléges oppressifs et vexatoires dans l'intérieur. Aussi M. Canning, tout en reconnaissant l'équité de la proposition en elle-même, la repoussa-t-il comme ayant pour objet d'anéantir le reste des lois féodales, vénérables vestiges de l'antiquité. Dans la destruction d'un abus révoltant, son éloquence diffuse et emphatique appercevait le triomphe du radicalisme, la réforme parlementaire et tous les malheurs de la révolution française.

Il est toutefois en Angleterre des points communs sur lesquels toutes les administrations, ministère Fox, ministère Pitt ou autres, sont toujours d'accord; c'est le soin patriotique de récompenser les services rendus à l'État, c'est l'attention constante d'étendre ou de conserver la souveraineté maritime et commerciale de l'Angleterre.

[1] Free-hold.

En 1806, un général anglais, sir John Stuart, débarqué sur les côtes de la Calabre avec un corps de six à sept mille hommes, avait obtenu l'avantage sur quatre mille cinq cents hommes, réunis à la hâte par le général Reynier. Dans une affaire de ce genre et qui n'avait eu aucun résultat, la France n'aurait vu qu'un de ces nombreux combats, à peine remarqués dans ses héroïques campagnes; mais, à Londres, le plus léger succès, qui pouvait honorer les armes anglaises sur le continent, devait avoir une grande importance, et il était d'une bonne politique d'y donner beaucoup d'éclat. Sur la proposition de lord Grenville à la chambre des pairs[1] et de M. Windham à la chambre des communes, le parlement vota des remercîments au général Stuart et à ses compagnons d'armes. A cette occasion, l'orgueil anglais se plut à rappeler les batailles de Crecy, de Poitiers et d'Azincourt. « L'ennemi, disait M. Windham, a
« voulu accréditer l'opinion qu'il nous est aussi
« supérieur sur terre que nous lui sommes su-
« périeurs sur mer. La bataille de Maïda a rompu
« le charme..... Elle a été une leçon pour l'An-
« gleterre, pour la France, pour le monde,
« du mérite comparatif des troupes des deux

[1] Le 2 janvier.

15.

« nations, et elle a pleinement confirmé la supé-
« riorité décisive de la vaillance anglaise. » Pour
les étrangers, une telle jactance est ridicule,
mais pour les Anglais l'effet pouvait en être utile,
et dès-lors cette exagération de la part des organes du gouvernement n'a rien que de sage et
de raisonnable.

Par l'*ordre du conseil*, en date du 6 mai 1806,
le ministère de M. Fox avait pareillement montré qu'il n'était pas moins que l'administration
précédente, jaloux de conserver à l'Angleterre
sa supériorité sur mer et le monopole du commerce. Le décret français du 21 novembre [1]
n'avait donc pas manqué d'éveiller au plus
haut point la sollicitude du ministère. Le
coup porté au commerce anglais par ce décret
avait été d'autant plus funeste qu'il était entièrement inattendu, et qu'à cette époque, les armées
françaises s'avançant avec rapidité dans le nord
de l'Allemagne, son application avait eu lieu
presque simultanément sur une vaste étendue
de territoire. D'immenses saisies de marchandises anglaises avaient été faites, tous les paiements arrêtés, les envois nouveaux rendus impossibles, et par conséquent l'échec était désastreux pour le crédit et pour les manufactures.

---

[1] Décret de Berlin pour le blocus continental.

Après avoir provoqué lui-même cette grande détermination, le ministère aurait voulu pouvoir y opposer des mesures non moins énergiques; mais sa position était difficile. Lord Grenville négociait alors avec les Envoyés des États-Unis, MM. Monröe et Pinkney, et toute rigueur nouvelle, ajoutée à celles dont se plaignaient déjà les États neutres, aurait pu rompre l'arrangement qu'on était sur le point de conclure. Cet embarras du cabinet britannique éclate dans une note remise, le 31 décembre, aux Envoyés américains. Dans cette note, on affecte de croire que le gouvernement français ne donnera pas sérieusement suite au système étrange qu'il vient d'adopter, et on subordonne, à la conduite de ce gouvernement, la ratification ou la non-ratification par le roi du traité qui est sur le point d'être signé entre la Grande-Bretagne et les États-Unis. D'un autre côté cependant, le ministère doit satisfaction aux cris du commerce, et il y a nécessité pour lui de répliquer par quelque mesure nouvelle au blocus qu'a proclamé le décret français. Tel fut l'objet du nouvel *ordre du conseil*, du 7 janvier 1807, « qui interdisait
« aux bâtiments neutres le commerce d'un port
« à un autre port, tous les deux Français ou
« sous la dénomination des alliés de la France,
« ou dans lesquels les bâtiments anglais ne se-

« raient point admis. » Il résultait de cette défense que tout navire neutre, qui entrait dans l'un des ports désignés par *l'ordre du conseil*, était obligé d'y vendre sa cargaison, ou de la remporter sans la vendre. Cette nouvelle entrave, mise à la navigation des neutres, leur fut très-préjudiciable, et toutefois elle n'avait point un caractère assez hostile pour rendre toute conciliation impossible avec les États-Unis. C'était cette double pensée qui avait présidé à la résolution du ministère. Aux yeux de l'administration qui va entrer en scène, les ménagements ne seront que de la faiblesse, et tout sera porté à l'extrême, mais la violence de ses actes ne sera peut-être pas désavantageuse à la France, parce qu'elle perpétuera les démêlés entre l'Angleterre et le gouvernement américain.

Parmi toutes les administrations britanniques de 1793 à 1815, celle qui s'était formée sous la direction de M. Fox et de lord Grenville, et qui, après la mort de M. Fox, subsista quelque temps sous la direction de lord Grenville et de lord Howick, est ainsi, malgré les torts qu'elle put avoir, la seule qui se distingue par quelques traits auxquels toutes les nations puissent applaudir. Les ministères qui l'ont précédée et ceux qui la suivirent ont tous juré une guerre à mort à la France, tous appuyé le maintien des anciens abus, tous caressé les préventions du roi contre l'émancipation même graduelle des catholiques, tous grossi sans mesure la dette de l'État, et sacrifié aux passsions du présent les destinées de l'avenir. Seule, cette administration d'un moment a été animée de sentiments de tolérance, et s'est fait un plan d'améliorations intérieures; seule elle a voulu mettre un terme aux prodigalités du Trésor et cesser de payer les guerres continentales; seule elle a eu instantanément un désir sincère de la paix, et Napoléon a été fondé à dire que, si M. Fox eût vécu quelques mois de plus, si du moins l'esprit de M. Fox eût continué à régner dans le cabinet, la paix eût été certaine.

Le nouveau ministère qui vient d'être formé compte, parmi ses membres, les Canning, les Castlereagh, les Perceval. C'est là monnaie de M. Pitt, c'est M. Pitt, moins l'ascendant personnel de ce ministre. A dater de ce jour, la paix est pour long-temps impossible; on est revenu à une guerre d'extermination; l'Angleterre, jusqu'à ce qu'elle voie son ennemi à ses pieds, est résolue à toujours combattre; Napoléon est condamné à toujours vaincre. S'il cesse de vaincre un seul jour, il sera perdu. La politique de M. Pitt aura triomphé; mais, pour l'Angleterre elle-même, à quel prix!

Le parlement, quoique convoqué sous la dernière administration, ne tarda pas à reconnaître l'influence du nouveau ministère. La proposition faite à la chambre des communes de proclamer « ses profonds regrets du changement qui avait « eu lieu, » y fut repoussée par une majorité de deux cent quarante-quatre voix contre cent quatre-vingt-dix-huit.

Comme le ministère s'était retiré pour une question de droit constitutionnel, il s'ensuivait que le ministère nouveau avait immolé ce principe à son élévation. Une voix patriotique, celle de M. Brand, proposa de déclarer « qu'il était « contraire au devoir des premiers serviteurs de « la couronne de s'interdire, par aucun engage- « ment formel ou tacite, la faculté d'offrir au « roi les avis que la nature des circonstances peut « rendre nécessaires pour le bonheur et la sécu- « rité de quelque partie que ce soit des États de « S. M. britannique. » Le débat fut animé. D'une part, on invoquait la prérogative royale ; de l'autre, on demandait ce que devenait, avec de pareils engagements, la responsabilité ministérielle. L'opinion la plus générale de la nation n'était pas sur ce point favorable aux nouveaux ministres. Cependant la proposition fut rejetée, mais seulement à une majorité de vingt-six voix. La nouvelle administration comprit qu'elle ne pourrait pas se soutenir avec une majorité aussi faible, et M. Canning n'hésita pas à menacer le parlement d'une prochaine dissolution. On commença par l'ajourner, et la dissolution fut en effet prononcée le 27 avril.

La chambre que vont produire les élections répondra mieux aux vues du ministère, et la première loi portée sera digne de tous deux. Du moment qu'on n'avait pas voulu attacher les catholiques au gouvernement par une concession modérée qu'ils eussent regardée comme un important bienfait, il fallait s'armer contre eux de toutes les précautions que l'on prend contre des ennemis. De là le renouvellement de la loi, dite de *l'insurrection d'Irlande*, avec addition de rigueurs nouvelles, telles que l'obligation pour chaque habitant de déclarer les armes qu'il possède, la défense de forger des piques, le droit de visites domiciliaires nocturnes, l'établissement de cours martiales, la suspension des lois civiles pour tout Comté que le lord lieutenant déclarerait *hors la paix du roi* ; enfin l'application à l'un des trois royaumes soumis à S. M. britannique de toutes les mesures que le droit de conquête permet à peine au vainqueur dans un pays étranger.

Cette marche que suit à l'intérieur la nouvelle administration annonce assez celle qu'elle va suivre dans sa politique au dehors. A peine entré en fonction, M. Canning commence par éluder[1] l'offre de médiation faite par la cour de Vienne; il s'empresse d'accéder à la convention signée à Bartenstein entre la Prusse et la Russie et, en opposition au système du ministère précédent, qui s'était refusé à faire des expéditions dans le Nord comme à fournir de nouveaux subsides, il signe des traités par lesquels il promet des secours en hommes et en argent. Par une première convention, conclue le 17 juin avec la Suède, le roi d'Angleterre s'engage à faire soutenir S. M. suédoise par un corps de vingt mille hommes en infanterie, cavalerie et artillerie, et à faire passer ce corps le plus tôt possible dans l'île de Rügen, pour agir, sous les ordres de ce prince, contre l'aile gauche de l'armée française. Une seconde convention, du 23, renouvelle entre les deux puissances les traités de 1805, concernant les sommes à payer au roi de Suède, avec la seule différence qu'au lieu de douze mille hommes que Gustave-Adolphe devait, en 1805, envoyer contre l'ennemi commun, il s'engage à en faire marcher seize mille, en 1807. Le 27 de ce même mois de juin, il fut signé à Londres, entre M. Canning et le ministre prussien, baron de Jacobi, une convention qui sti-

---

[1] Réponse du 25 mars.

pulait, pour 1807, le paiement d'un million de livres à S. M. prussienne. Un article secret renfermait en outre la promesse de subsides plus considérables pour atteindre le but de la confédération de Bartenstein.

CHAPITRE LXX.

AFFAIRES INTÉRIEURES ET EXTÉRIEURES.

Napoléon dans ses quartiers d'hiver. — Préparatifs militaires. — Message de l'Empereur au Sénat. — Formation d'un corps d'observation sur l'Elbe. — Appel de troupes espagnoles en Prusse pour faire partie de ce corps. — Ménagements de Napoléon pour la Suède. — Armistice entre la France et la Suède. — Ambassadeurs de Turquie et de Perse au quartier-général de Napoléon. — Traités d'alliance avec la Turquie et la Perse. — Projet d'envoyer vingt-cinq mille Français sur le bas Danube. — Projet d'envoyer une escadre française dans la mer Noire. — Prudence de Napoléon à l'égard de la Pologne. — Mesures relatives à la Pologne prussienne. — Soins donnés aux affaires intérieures de la France. — Secours aux manufactures. — Surveillance des intérêts du commerce. — Encouragements aux sciences, aux lettres et aux arts. — Mécontentement de l'Empereur sur la critique littéraire telle que l'exercent les journaux. — Opinion de l'Empereur sur les moyens d'encourager la littérature. — Projet d'un grand enseignement pour l'histoire et la géographie. — Résultat des délibérations du grand Sanhédrin. — Observations de l'Empereur sur le plan du Temple de la gloire. — Prix proposé sur le croup. — Améliorations financières. — Introduction de la comptabilité à partie double dans les finances de l'État. — Situation des recettes de l'année. — Situation des dépenses. — Finances de l'Angleterre.

Tandis que la flotte anglaise échouait devant Constantinople, qu'il s'opérait à Londres un changement de ministère défavorable à la France, que l'offre de médiation de l'Autriche était partout rejetée ou éludée, et que la Russie et la Prusse formaient des projets gigantesques à Bartenstein, l'Empereur Napoléon n'était rien moins qu'oisif à son quartier-général. Des soins divers y remplissaient tous ses instants. Seul probablement de tous les princes engagés dans la lutte continentale, il avait des loisirs pour les travaux de la paix comme pour ceux de la guerre. Aux opérations, aux préparatifs, aux précautions militaires, il mêlait des calculs politiques qui avaient leur point d'appui à Constantinople et à Téhéran. Dans un cercle moins étendu, il travaillait à se réconcilier la Suède ; il prenait ses sûretés contre l'Espagne. D'Osterode ou de Finkenstein, il surveillait, comme de Paris et de Saint-Cloud, les besoins de la France, il cherchait les moyens d'atténuer les embarras de l'industrie, discutait les meilleurs procédés d'encouragement pour les lettres et les arts, correspondait avec tous ses ministres, et, en attendant le retour des combats, faisait une guerre de chiffres avec son ministre du Trésor.

Pour le moment, la guerre n'avait d'activité que devant Danzig. En même temps que l'Empereur faisait poursuivre le siége de cette place par le maréchal Lefèvre, il s'occupait à ranimer, à fortifier le moral des troupes, pourvoyait largement à leur subsistance, réorganisait les corps, complétait les cadres, remontait la cavalerie, et se préparait, pour la reprise des combats, la plus formidable des armées. Poussant alors jusqu'à l'excès une prévoyance qui lui manquera aux jours du malheur, il avait armé et approvisionné les places du Rhin, comme si l'ennemi eût pu menacer ses frontières. De vieux bataillons, qui formaient les camps de Boulogne, de Saint-Lô, de Napoléonville et de la Vendée, auxquels pouvaient se joindre les gardes-nationales des départements voisins, mettaient les côtes de France à l'abri de toute tentative de débarquement. Les armées d'Italie, de Naples, de Dalmatie, étaient dans un état de force suffisant pour ne pas offrir la tentation d'un succès facile à la foi douteuse de la cour de Vienne. Cependant, il fallait que la campagne qui allait s'ouvrir fût la dernière de cette guerre, et dès-lors Napoléon ne pouvait déployer à l'avance des forces trop considérables.

Il demanda en conséquence au sénat, par un message daté d'Osterode le 20 mars, la levée de quatre-vingt mille hommes de la conscription de 1808. Cette levée était destinée à former cinq légions de réserve de l'intérieur, et il appelait à commander ces réserves de vieux généraux, devenus membres du Sénat. « Il faut, disait-il,
« qu'à la vue de cette triple barrière de camps
« qui environne notre territoire, comme à l'as-
« pect du triple rang de places fortes qui garan-
« tissent nos plus importantes frontières, nos
« ennemis ne conçoivent aucune espérance de
« succès, se découragent et soient ramenés enfin,
« par l'impuissance de nous nuire, à la justice,
« à la raison. » Par ses messages, presque toujours l'Empereur parlait bien moins au Sénat qu'à la France et à l'Europe. A la nation française s'adressait particulièrement le tableau des batailles gagnées, des fleuves franchis, des places prises et le prodigieux dénombrement des pièces de bataille, des pièces de siége, des prisonniers, des drapeaux prussiens ou russes, dirigés vers la France pour y attester l'héroïsme de ses enfants. « Les sables de la Prusse, ajoutait-il, les
« solitudes de la Pologne, les pluies de l'automne,
« les frimas de l'hiver, rien n'a ralenti leur ar-
« dent désir de parvenir à la paix par la victoire,
« et de se voir ramener sur le sol de la patrie

« par des triomphes. » A l'Europe comme à la France s'adressaient les déclarations de l'Empereur sur ses dispositions pacifiques. « Notre po-
« litique est fixe, continuait-il; nous avons offert
« la paix à l'Angleterre avant qu'elle eût fait
« éclater la quatrième coalition; cette paix, nous
« la lui offrons encore!.. Nous sommes prêts
« à conclure avec la Russie aux mêmes condi-
« tions que son négociateur avait signées.....
« Nous sommes prêts à rendre, à ces huit mil-
« lions d'habitants conquis par nos armes, la
« tranquillité, et, au roi de Prusse, sa capitale... »
Ces déclarations n'étaient effrayantes que pour la Prusse, appelée à porter la peine d'une guerre témérairement entreprise. Au reste, la prudence de Napoléon aura été utile sans être nécessaire. Les quatre-vingt mille hommes de la conscription de 1808 ne prendront aucune part à la guerre.

Le changement de ministère opéré à Londres, ne permettait pas de douter que les nouveaux ministres, anciens compagnons de M. Pitt et héritiers de son esprit, ne fissent de prompts efforts pour opérer, par la jonction de troupes anglo-hanovriennes aux Suédois, une attaque contre l'aile gauche de l'armée française. Pour s'assurer contre cette chance, l'Empereur Napoléon, outre le corps du maréchal Mortier, qui était dans la

Poméranie, prit soin de former un corps d'observation sur l'Elbe. Dans ce dessein, il avait tiré de l'Italie les deux divisions Boudet et Molitor. C'était l'Espagne qui devait compléter ce corps d'observation qu'il voulait porter à cinquante mille hommes.

Si l'Empereur demande beaucoup à la France, il lui épargne aussi tout ce que, sans injustice, il peut faire peser sur ses alliés. L'Espagne en ce moment lui doit une réparation. Il se garde bien de la laisser échapper.

Une longue digression sur ce qui se passait depuis quelque temps dans la Péninsule serait ici peu à sa place, et cependant on ne connaîtrait qu'incomplètement les résultats qu'a produits la bataille d'Iéna pour l'Empereur Napoléon, si l'on ignorait que, comme elle a empêché en Allemagne la cour de Vienne de se déclarer contre lui, elle a de même garanti la France d'une attaque imminente du côté des Pyrénées.

Nous ferons connaître plus tard les imprudences du cabinet espagnol, et ses armements contre un ennemi qu'il ne nomme pas, mais que désignent les proclamations indiscrètes du prince de le Paix. Pour le moment nous nous bornons à faire remarquer que, convaincu d'une malveillance impuissante, le prince de la Paix se trouve hors d'état de se refuser aux demandes de la France. L'Empereur envoie en Espagne des prisonniers de guerre prussiens, et il appelle en Prusse un corps de quatorze mille Espagnols. Ce corps, commandé par le marquis de la Romana [1], se mit en route dans le mois de mars et fut rendu en mai sur les bords de l'Elbe.

Non content de se procurer un nouvel auxiliaire en amenant l'Espagne sur les champs de bataille du continent, Napoléon avait cherché à se réconcilier ou du moins à neutraliser un de ses ennemis. La guerre entre la France et la Suède avait toujours été à ses yeux un contresens qui ne pouvait avoir de durée. « Le sang « suédois, portait le 62e bulletin, doit-il être « versé pour la défense de l'empire ottoman ou « pour sa ruine? Doit-il être versé pour mainte- « nir l'équilibre des mers ou pour leur asservis- « sement? Qu'a la Suède à craindre de la France? « Rien. Qu'a-t-elle à craindre de la Russie? Tout. » D'après ces principes, il avait, dès l'ouverture de

---

[1] Le prince de la Paix avait offert à l'Empereur le choix du commandant de ce corps, en lui désignant particulièrement les généraux Castaños et O-Farill. La réponse de Napoléon s'étant fait attendre, le commandement ne fut donné ni à l'un ni à l'autre, et cette circonstance n'est pas indifférente. Si le corps espagnol avait eu pour chef le général Castaños, celui-ci n'aurait point battu le général Dupont à Baylen ; si O-Farill, la désertion du corps espagnol n'aurait pas eu lieu.

la campagne, ordonné à ses généraux de traiter les Suédois comme des amis[1] avec lesquels la France était brouillée, mais avec lesquels la nature des choses ne devait pas tarder à rétablir la paix. « Je regrette déja ce qui s'est fait, écri-
« vait-il au maréchal Mortier. Je suis fâché que
« le beau faubourg de Stralsund ait été brûlé.
« Est-ce à nous à faire du mal à la Suède? Ceci
« n'est qu'un rêve. C'est à nous à la défendre et
« non à lui faire du mal. Faites-lui-en le moins
« que vous pourrez. Proposez au gouverneur de
« Stralsund un armistice, une suspension d'ar-
« mes, afin d'alléger et de rendre moins funeste une
« guerre que je regarde comme criminelle, parce
« qu'elle est impolitique. » Par une lettre du 5 mars, il avait expliqué au maréchal Mortier que la véritable destination de son corps n'était point de prendre Stralsund ni de causer à la Suède des dommages dont nous aurions un jour des regrets, mais d'observer Berlin, Hambourg et Stettin, de défendre les bouches de l'Oder et de protéger le blocus de Colberg. En conséquence de ces instructions, le maréchal Mortier avait porté du côté de Colberg une grande partie de ses forces, ne laissant devant Stralsund que la division très-faible du général Grandjan.

[1] Même bulletin.

Le général Essen, gouverneur de Stralsund, ayant en cette circonstance reçu un renfort assez considérable, sortit de la place pour attaquer le général français, le débusqua successivement de plusieurs positions où il voulut se défendre, et le força de se retirer jusque dans la Poméranie prussienne. A la première nouvelle qui en parvint au maréchal Mortier devant Colberg, ce maréchal se rendit sur-le-champ à Stettin, fit marcher au secours du général Grandjan, établi à Passewalk, les régiments qui se trouvaient le plus à sa portée, de manière à former par leur jonction un total d'à peu près douze mille hommes; il attaqua et battit les Suédois à Belling, les chassa de poste en poste jusqu'à Anclam où les Français entrèrent avec eux, et les obligea de repasser la Peene. Dans la dernière affaire qui eut lieu, le général d'Armfeld fut blessé. C'était le plus fougueux des adversaires de la France. La promptitude des mouvements et la vigueur des attaques du maréchal Mortier ayant déconcerté le projet du général suédois qui était de découvrir Berlin et de couper les principales communications sur les derrières de l'armée française, le général Essen se souvint alors des dispositions conciliantes qu'avait précédemment témoignées le maréchal français et lui fit proposer une entrevue. Gustave-Adolphe l'y avait d'avance autorisé, par suite de son irritation récente contre le gouvernement anglais qui, sous le ministère des lords Howick et Grenville, s'était refusé à faire dans le Nord des expéditions et à fournir des subsides, ainsi que l'avaient désiré la Suède et la Russie. Les deux généraux se réunirent à Schlatkow. Ils y convinrent, le 18 avril, d'une suspension d'armes dont voici les principales conditions : Les îles d'Usedom et de Wollin étaient remises aux troupes françaises. La Peene et la Trébel formaient la ligne de séparation entre les deux armées. Nul secours direct ni indirect ne devait être fourni par les Suédois aux villes de Colberg et de Danzig, non plus qu'aux troupes d'aucune des puissances en guerre avec la France ou avec ses alliés. Nul débarquement de troupes de puissances en guerre avec la France ne pouvait s'effectuer à Stralsund, dans la Poméranie suédoise ou dans l'île de Rügen. Ces conditions étaient aussi favorables que la France pouvait le désirer, mais le délai de dix jours seulement pour dénoncer l'armistice, en rendait l'avantage illusoire, surtout dans un moment où, par suite du changement de ministère qui venait de s'opérer à Londres [1], on pouvait craindre l'envoi prochain d'un corps anglo-

---

[1] Le 8 avril.

hanovrien pour agir avec l'armée suédoise. Napoléon demanda que le délai de dix jours fût transformé en celui d'un mois. Pour appuyer cette demande, il ordonna au maréchal Brune qui commandait le corps d'observation entre l'Elbe et l'Oder d'envoyer quelques troupes au maréchal Mortier. Le général Essen consentit au changement proposé, et l'article additionnel voulu par l'Empereur fut signé le 29 avril. Dèslors plusieurs régiments du corps du maréchal Mortier purent être dirigés sur Marienwerder et Danzig, et ce maréchal se porta lui-même vers Colberg, pour en renforcer le blocus.

Au moment où l'Empereur Napoléon réussissait à paralyser la Suède et à faire arriver des troupes espagnoles dans des pays qui n'en avaient pas vu depuis Charles-Quint, sa politique lui assurait des appuis plus éloignés par des alliances avec les cours de Téhéran et de Constantinople. Dans les premiers jours de mars, Varsovie, seconde capitale de la France, avait reçu dans ses murs un ambassadeur de la Sublime-Porte et un ambassadeur persan, envoyés l'un et l'autre auprès de l'Empereur des Français. Ces deux ambassadeurs ne le virent point dans la pompe de sa cour; mais pour les Orientaux eux-mêmes, la tente d'un monarque guerrier, à cinq cents lieues de sa capitale, frappe bien plus l'imagination que ne pourraient le faire la magnificence et le luxe de ses palais. Ce n'était point pour la politique générale une circonstance indifférente, que la réunion d'ambassadeurs de Turquie et de Perse dans les camps de Napoléon. Lui seul alors en effet paraissait capable d'arrêter dans son cours la puissance dont les envahissements progressifs resserraient sans cesse la frontière de ces deux grands empires, et les refoulaient dans l'intérieur de l'Asie. Un traité offensif et défensif fut conclu avec l'ambassadeur persan qui, étant obligé de retourner auprès de son souverain, eut, le 7 mai, son audience de congé à Elbing. Il fut convenu que Fethali Schah aurait une légation en résidence à Paris, et un ambassadeur français, le général Gardanne, partit pour Téhéran, afin d'affermir les nouveaux rapports des deux empereurs. Ce général était accompagné de quelques officiers habiles, destinés à éclairer les Persans sur le bon emploi de leurs forces. Il est à remarquer que, par un glorieux privilége, toujours et partout la France porte à ses alliés des connaissances utiles, la science de la guerre comme les arts de la paix. De nouvelles stipulations, convenues avec l'ambassadeur ottoman, fortifièrent aussi l'union du gouvernement français et de la Sublime-Porte. Cet ambassadeur aurait désiré faire admettre une clause portant que les deux États ne feraient la paix que de concert. Il ne convenait pas à l'Empereur de s'imposer une entrave d'une telle nature, et il dut en décliner la proposition, mais en assurant d'ailleurs qu'il n'en mettrait pas moins d'importance à ménager les intérêts de son allié. Lorsque l'ambassadeur ottoman lui fut présenté [1], il lui dit que la main droite et la main gauche ne sont pas plus inséparables que l'empereur Sélim et lui. Du reste, quoique ces nouveaux liens de Napoléon avec les deux sultans n'offrissent point de dangers immédiats pour les cabinets de Pétersbourg et de Londres, l'intimité de Téhéran et de Constantinople avec la France, consacrée dans le château de Finkenstein, ne pouvait manquer de produire une certaine impression, et d'exercer quelque influence sur les conseils de l'Angleterre et de la Russie.

Dès la fin de janvier, l'Empereur Napoléon qui, comme nous l'avons rapporté, avait, dans une lettre au général Marmont, commandant l'armée de Dalmatie, exprimé l'intention hypothétique de détacher d'Italie vingt-cinq mille hommes pour agir avec les Turcs sur le Bas-Danube, avait chargé en même temps son ambassadeur à Constantinople, le général Sébastiani,

---

[1] Le 28 mai.

d'obtenir du Grand-Seigneur la liberté de passage pour ce corps à travers la Bosnie, la Macédoine et la Bulgarie. La négociation était délicate. Les premières ouvertures en furent reçues avec un certain embarras qui décelait de la méfiance; mais cependant, la proposition de la France offrant l'espoir de reconquérir la Bessarabie, peut-être la Crimée, les difficultés s'aplanirent ; le consentement de la Porte fut accordé. Déja on donnait des ordres pour déterminer les étapes, pour préparer des vivres, lorsqu'un incident inattendu vint changer les dispositions du cabinet ottoman. Les villes de Parga, Prévésa et Butrintho, anciennes dépendances de Venise, avaient été redemandées par l'Empereur Napoléon, pendant la mission du général Brune. De plus grands intérêts avaient depuis fait négliger cette réclamation. Tout à coup on apprend à Constantinople que le gouverneur français des Sept-Iles, le général César Berthier, a sommé le Pacha de Janina de lui remettre ces places, avec menace, sur son refus, d'employer la force pour s'en rendre maître. C'était la suite d'anciens ordres mal compris ou réveillés mal à propos. Ce gouverneur fut rappelé, mais le mal était fait. La coïncidence de cette sommation avec l'introduction prochaine d'un corps de troupes françaises sur le territoire ottoman, inspira des inquiétudes à la Sublime-

Porte qui demanda la suspension du mouvement convenu. Au reste, quand le projet n'aurait pas rencontré cet obstacle, le temps, vu la rapidité des victoires de Napoléon en Pologne et en Prusse, aurait manqué à l'exécution.

Ce n'est pas seulement une combinaison de ses forces de terre avec celles des Turcs qui occupe l'Empereur; il a conçu aussi la pensée de réunir cinq à six vaisseaux français à l'escadre ottomane, pour faire des incursions dans la mer Noire. Cette idée est développée dans une longue lettre à son ministre de la marine, où il passe en revue tout ce qu'il a de vaisseaux et de frégates, en mer, dans les bassins, sur les chantiers, tout ce qui est à sa disposition en Hollande et en Espagne comme en France. Il voudrait que vingt-neuf vaisseaux, qui seront bientôt en état d'agir, ne lui fussent pas inutiles dans la guerre où il est engagé. Il donne des indications, il provoque des conseils; il ne lui manque qu'un homme qui entende la guerre de mer comme il entend celle du continent et qui, par des entreprises bien calculées, fasse concourir à ses succès l'alliance de Turquie et même celle de la Perse.

La dernière de ces alliances n'est pas non plus pour lui une simple démonstration. Son esprit actif espère bien en tirer un plus grand avantage. Dans une autre lettre par laquelle il annonce au ministre de la marine que l'empereur de Perse lui demande quatre mille hommes d'infanterie, dix mille fusils et une cinquantaine de pièces de canon, il ajoute : « Quand pourraient-« ils partir, et où pourraient-ils débarquer ? ils « feraient un point d'appui, donneraient de là « vigueur à quatre-vingt mille hommes de cava-« lerie qu'il a, et *obligeraient les Russes à une* « *diversion considérable.* » Il informe ensuite le ministre qu'il envoie le général Gardanne comme ambassadeur à Téhéran, et avec lui plusieurs officiers d'artillerie et de génie. « Un ingénieur « de la marine, continue-t-il, qui verrait les « ports, serait d'une grande utilité dans cette « ambassade. » Le ministre est chargé en conséquence de lui présenter une note sur une expédition en Perse.

Un allié plus voisin s'offrait à l'Empereur, c'était le pays devenu son champ de bataille, la Pologne ; mais pouvait-il accepter cette alliance dans toute sa plénitude sans se livrer lui-même, sans livrer les Polonais à des chances trop dangereuses ? Appeler toute la Pologne aux armes, c'eût été autoriser l'Autriche à se déclarer sur-le-champ contre lui. Soulever même seulement la totalité des provinces polonaises, appartenant aux deux puissances avec lesquelles il est en guerre, aurait aggravé infiniment les difficultés de la paix, et rendu la lutte interminable, à moins qu'il n'eût voulu ensuite sacrifier les provinces insurgées, pour prix de sa réconciliation avec ses ennemis. Quoiqu'il eût évité de prendre aucun engagement, ce qui résultait de tous ses actes, c'était sa volonté, sinon de rétablir la Pologne, entreprise inexécutable alors, du moins de redonner l'existence à une partie de cette ancienne république. Là finissait pour lui la vraisemblance de la possibilité, et sa conduite se réglait sur cette hypothèse.

Indépendamment des corps de troupes polonaises organisés par ses décrets précédents, il prenait à sa solde, le 12 mars, un régiment de chevau-légers levé par le prince Jean Sulkowski; il ordonnait, le 6 avril, la formation d'une légion polaco-italienne et, le même jour, celle d'un régiment de chevau-légers destiné à faire partie de sa garde. Le 16 mai, il autorisait le gouvernement provisoire à disposer de créances prussiennes[1] jusqu'à la concurrence de six millions de francs et de domaines royaux jusqu'à celle de dix-huit millions; mais en même temps il s'attachait à réprimer l'essor que voulait pren-

---

[1] La Prusse, pour mettre en valeur la partie du territoire polonais qui lui était échu, y avait versé des fonds considérables.

dre le gouvernement provisoire qui, par un sentiment bien naturel, tendait à recomposer l'ancienne patrie. Par une lettre du 27 mai, il chargea le commissaire impérial à Varsovie de prévenir ce gouvernement qu'il devait se renfermer dans les limites du territoire déterminé par le décret de son institution. Cette réserve, dont on lui a fait un crime, est au contraire un trait des plus dignes d'éloges. Une extension de projets sur laquelle il eût fallu revenir eût été une barbarie pour les malheureux Polonais. Quant à la portion de pays qu'il avait, en l'organisant, pris pour ainsi dire, sous sa sauvegarde, il était juste qu'il cherchât à fortifier la confiance des habitants, et tel était le but des mesures que nous venons de rapporter ainsi que de deux décrets rendus le 4 juin, la veille de la reprise des hostilités. Par le premier de ces décrets, il remettait le prince Poniatowski en possession d'une Starostie dont l'avait dépouillé le gouvernement prussien; par le second, il prescrivait au gouvernement provisoire de tenir en réserve une valeur de vingt millions de francs de biens nationaux pour être donnés en récompense aux militaires qui auraient rendu le plus de services dans cette guerre.

Parmi ces dispositions d'ensemble ou de détail, préparatifs de guerre, négociations réelles ou simulacres de négociation, qui animaient l'immobilité du quartier-général français, rien de ce qui intéressait la prospérité intérieure de la France n'échappait à la surveillance de l'Empereur. Les *ordres du Conseil* publiés par le gouvernement anglais pour entraver le commerce des neutres n'étaient pour lui qu'une raison de plus de chercher à tirer parti de ce commerce. Si quelques-unes des mesures qui furent prises dans ce but ont été blâmées par ceux même dont il cherchait à servir les intérêts, ce n'était cependant jamais sans de sérieuses méditations qu'elles avaient été adoptées. Il juge, par exemple, que ce pourrait être un avantage d'exiger que « les navires neutres qui arriveront dans les « ports de l'empire, chargés de denrées colo- « niales ou d'autres objets venant de l'étranger, « soient tenus d'en exporter la contre-valeur en « produits du sol de France ou de son indus- « trie. » Quoique cette idée lui plaise au premier coup-d'œil, il veut qu'elle soit d'abord l'objet de discussions préalables et il charge[1] le ministre de l'intérieur de la soumettre à l'examen du Conseil d'État.

Il appelle de même les réflexions du Conseil d'État sur la meilleure manière de venir au se-

---

[1] Osterode, le 7 mars.

cours des manufactures[1] et des fabriques en souffrance. Convient-il de faire aux fabricants un prêt sans intérêt, égal à la valeur de la moitié des marchandises qu'ils voudraient mettre en dépôt? Cette question revient dans plusieurs de ses lettres. Dans la crainte des lenteurs du Conseil d'État, il dit au ministre de l'intérieur : « Allez[2] « de l'avant... par exemple, je suppose qu'Ober- « kampf[3] ait des marchandises fabriquées qu'il « ne peut vendre et que sa manufacture soit sur « le point de chômer, vous lui prêteriez 150,000 « francs sur 300,000 francs de marchandises. » A ce propos l'Empereur fait des observations d'une profonde sagesse. Il n'entend pas venir au secours des nécessiteux, « mais des manufactures « qui, faute de débit, seraient dans le cas de « suspendre leurs travaux. Mon but n'est pas « d'empêcher tel négociant de faire banqueroute, « les finances de l'État n'y suffiraient pas, mais « d'empêcher telle manufacture de se fermer?... « Les comptes que vous me rendrez doivent se

---

[1] Même jour, 7 mars.
[2] Lettre du 27 id.
[3] M. Oberkampf, suivant la déclaration de son fils, n'a point en effet reçu de secours de cette nature, mais il n'en est pas moins honorable pour lui d'être le premier auquel Napoléon ait pensé, lorsqu'il cherchait à soutenir la bonne, la véritable industrie.

« réduire à cette formule : J'ai prêté tant à cette
« manufacture qui a tant d'ouvriers, parce qu'elle
« allait être sans travail. » Il destinait d'abord à
cet usage une somme de six millions, mais il
se proposait d'aller beaucoup plus loin. « J'ap-
« prouve[1] fort, écrivait-il au ministre, ce que
« vous avez donné à MM. N.... N.... C'est juste-
« ment pour cela que j'ai imaginé la mesure.
« Mon but est de suppléer à la vente... Si cette
« mesure n'était que temporaire et que je ne
« voulusse y employer que six millions une fois
« payés, je serais de votre avis et je ne crain-
« drais pas le risque de perdre quelques cent
« mille écus ; mais, comme cette première me-
« sure est un essai sur lequel je veux bâtir un
« établissement stable et perpétuel, que je veux
« doter de quarante ou cinquante millions, de
« manière que le défaut de débit soit moins
« cruel pour les manufacturiers, vous sentez
« que la mesure ne peut être bonne qu'autant
« que je n'y perdrai rien. » Cette pensée était
vraie. Un grand instrument de secours, tel qu'il
l'entendait, ne saurait être fondé sur le principe
d'une perte quelconque. Pour qu'il y ait sécurité, au lieu d'une perte, il faut au contraire un
bénéfice. Le gouvernement alors était tout et se

---

[1] Finkenstein, le 27 mai.

mêlait de tout. Il était naturel que l'Empereur se présentât comme banquier direct, comme prêteur sur consignation au commerce et à l'industrie; mais en général et dans des temps ordinaires il serait désirable qu'une telle idée pût s'accomplir par une association qui aurait pour base l'intérêt particulier, et c'est ainsi que de grands capitalistes en ont depuis formé le projet qui, par un hasard malheureux, a trouvé des obstacles dans le gouvernement[1].

Outre les manufacturiers ayant des ateliers, des magasins ou une simple boutique, il existe dans plusieurs grandes villes et surtout à Paris des artistes et ouvriers, vivant d'une industrie, isolément, en chambre, et, pour cette raison, nommés *chamberlans*. Cette classe n'est point oubliée non plus par l'Empereur, et il destine une somme particulière pour les mettre en état de continuer leur travail.

L'un des premiers auxiliaires de l'industrie est naturellement et doit toujours être la dotation de la liste civile. Les manufactures de Lyon ont reçu des commandes considérables. Les fabriques de cristaux, de serrurerie et autres obtiennent le meilleur genre d'encouragement, celui qui, en faisant travailler, demande de beaux produits.

---

[1] Sous l'administration de M. de Corbière.

Grace à l'économie qui règle, sans le diminuer, le luxe de la représentation impériale, la caisse particulière de la liste civile est assez riche pour dépenser par anticipation. L'Empereur autorise le ministre à se concerter avec les architectes et avec les administrateurs de ses palais, de manière à faire des achats non seulement pour les besoins présents, mais pour ceux de l'année suivante.

A ces dispositions intérieures, l'Empereur n'a pas négligé de joindre une ressource non moins précieuse, la multiplication des débouchés au-dehors. D'anciennes prohibitions sont maintenues en Espagne. Il charge le ministre de l'intérieur[1] d'écrire sur-le-champ à l'ambassadeur français à Madrid de faire lever celles qui existent dans ce royaume sur les soieries de Lyon, de Tours et de Turin. Il recommande aussi d'assurer un pareil accès aux draps de Carcassonne, à la toile de Bretagne et à la quincaillerie française. Dans le même temps, des instructions analogues sont adressées à l'ambassadeur par le ministre des affaires étrangères.

Un changement de politique vient de s'opérer en Orient. L'Empereur y voit aussitôt une nouvelle voie ouverte aux produits de nos fabri-

---

[1] Lettre du 7 mars.

ques. D'après les événements de Constantinople, les marchandises anglaises ayant été prohibées dans l'empire ottoman, il appelle [1] le commerce à y diriger les nôtres, et particulièrement les draps nommés *chaalons*, dont les Turcs eux-mêmes font déjà la demande. Les expéditions auraient lieu par Trieste et autres routes neutres.

Assurément dans tous ces soins de Napoléon, on peut voir l'action de l'intérêt privé, la prévoyance d'un prince nouveau qui doit craindre le mécontentement d'une population non encore associée par le temps aux destinées de sa famille; mais le caractère de durée, qu'il désire imprimer aux améliorations dont il s'occupe, montre, d'autre part, un homme qui n'est pas dominé seulement par la crainte du jour et par les besoins de la circonstance.

Des promotions nombreuses ont récompensé les braves qui se sont distingués dans le cours de la campagne; mais il doit aussi un souvenir à ceux qui ont péri sur le champ de bataille. En même temps qu'il donne au pont bâti en face de l'École militaire le nom de pont d'Iéna, il veut que de nouvelles rues portent le nom du général et des colonels tués à cette bataille.

---

[1] Lettre au ministre, de Finkenstein, le 14 avril.

L'Empereur songe beaucoup à récompenser, il punit peu et rarement avec rigueur; mais c'est surtout par une active surveillance qu'il cherche à prévenir ou à faire cesser la fraude. Dans une des grandes villes de l'empire, l'administration des octrois est suspecte de dilapidation, et les soupçons n'épargnent pas le préfet. L'Empereur ordonne[1] au ministre de prendre, dans le corps municipal de cette ville, des informations confidentielles, son intention n'étant pas, dit-il, d'abandonner les contributions payées par les citoyens « à la cupidité de qui que ce « soit. »

Lors même qu'il est fondé à former quelques plaintes contre un agent, mais des plaintes qui ne touchent point à l'honneur, rien n'égale le soin qu'il met à lui adoucir un simple changement de fonction ou de poste. Cette manière de procéder appartient à tout son règne. Je la signale encore ici parce que j'en ai des exemples sous les yeux dans des correspondances datées d'Osterode et de Finkenstein.

De ces quartiers-généraux où s'agitent tant d'objets divers, il part aussi d'utiles réflexions et de précieux encouragements pour les sciences, les belles-lettres et les beaux-arts.

---

[1] Lettre du 24 mai.

D'Osterode, il ordonne de placer la statue de d'Alembert[1] dans la salle des séances de l'Institut. Il veut que cet hommage rendu à celui des mathématiciens qui, dans le dernier siècle, a le plus contribué à l'avancement de cette science, soit pour la première classe une preuve de son estime et de l'importance qu'il attache à ses travaux.

A Finkenstein, apprenant que le prix qu'il a institué pour la science galvanique a été mérité, il prescrit sur-le-champ au ministre[2] de faire remettre au vainqueur la somme promise, sauf la régularisation ultérieure des formes de comptabilité.

Par une lettre du 12 décembre 1806, l'Empereur avait invité le ministre de l'intérieur à lui proposer les moyens « de donner une se-« cousse à toutes les branches des belles-lettres « qui ont illustré la France. » Dans le travail qui lui fut soumis par ce ministre, il retrouva des vues conformes à celles qui avaient déja été consacrées par le décret d'Aix-la-Chapelle du 24 fructidor an XII (11 septembre 1804), pour la fondation de plusieurs grands prix, et, à ce sujet, il fit rappeler à l'Institut que le moment

[1] Lettre du 17 mars.
[2] Lettre du 7 mai.

de la distribution de plusieurs de ces prix ne devait pas être très-éloigné. Il adopta d'ailleurs avec quelques modifications fort sages plusieurs moyens nouveaux proposés par le ministre. Dans le projet, le soin de former le tableau des ouvrages distingués était déféré à une commission, ce qui pouvait donner plus d'influence au gouvernement. L'Empereur voulut que la formation de ce tableau fût tout entière laissée à l'Institut.

L'un des moyens indiqués par le ministre était la création d'une espèce de Port-Royal. Avant d'exprimer une opinion, l'Empereur demanda le développement de cette idée. Ce développement donné par le ministre ne le satisfit pas.

C'est une chose curieuse de le voir se débattre dans les difficultés d'une question que sa position ne lui permet pas de résoudre. Cette question est celle de la liberté de la presse, même dans son application seule à la littérature. L'abus de la liberté le blesse et, d'un autre côté, il reconnaît les inconvénients de la servitude. Dans son opinion, un moyen efficace d'encouragement serait « l'existence d'un bon journal dont « la critique fût éclairée, bien intentionnée, im- « partiale et dépouillée de cette brutalité inju- « rieuse qui caractérise les discussions des jour-

« naux existants et qui est si contraire aux véri-
« tables mœurs de la nation. » L'esprit de déni-
grement qui s'est attaché à l'Empereur a fait
répéter plus d'une fois que c'était lui qui favo-
risait les violences littéraires des journaux, afin
de distraire les esprits de l'examen des questions
politiques. On voit par là si ce reproche était
fondé. « Les journaux actuels, poursuit-il, ne
« critiquent pas dans l'intention de dégoûter la
« médiocrité, de guider l'inexpérience, d'encou-
« rager le mérite naissant. Tout ce qu'ils publient
« est fait pour décourager, pour détruire. » Le
jugement qu'il portait alors était vrai. Il voulait
réprimer le mal et il avait raison; mais accoutumé à faire tout dépendre du gouvernement,
il prenait une mauvaise voie : « Peut-être le mi-
« nistre de l'intérieur devrait-il intervenir pour
« y porter remède. » Cependant à peine a-t-il
hasardé l'idée de cette intervention inconve-
nante que sa raison lui fait ajouter : « On ne
« peut se dissimuler qu'en évitant un écueil on
« en rencontre un autre sur la rive opposée. Il
« pourrait arriver que l'on n'osât plus rien cri-
« tiquer, que l'on tombât dans l'abus non moins
« grand du panégyrisme, et que les auteurs de
« ces mauvais ouvrages dont on est inondé, se
« voyant loués dans des feuilles périodiques
« qu'on est obligé de lire, ne se persuadassent

« qu'ils ont créé des œuvres de génie et que de « si faciles triomphes ne multiplient encore leurs « imitateurs. » Si c'était de si bonne foi que Napoléon avait peine à comprendre la liberté de la presse relativement à la littérature, comment l'aurait-il comprise à l'égard de la politique? Du reste, il terminait cette lettre par les conclusions les plus raisonnables que comportait son système général. Il voulait que le ministre fît faire pour les journaux des articles de raisonnement où la louange et le blâme seraient départis avec une juste mesure aux hommes d'un talent réel, et que des graces accordées à propos à un auteur fussent comme une sanction donnée à son ouvrage. « L'inconvénient du moment ac-
« tuel, continue-t-il encore, est qu'on ne forme
« pas d'opinion en faveur des hommes qui tra-
« vaillent avec quelque succès. C'est là que l'in-
« fluence du ministre peut opérer d'une manière
« utile. Un jeune homme, qui a fait une ode
« digne d'éloge et qui est distingué par le mi-
« nistre, sort de l'obscurité. Le public le fixe [1]
« et c'est à lui à faire le reste. »

Les rapports que l'Empereur avait demandés

---

[1] Nous conservons les incorrections du langage. Les fautes du grammairien constatent l'authenticité de la dictée impériale.

sur l'encouragement à donner aux lettres, lui étant parvenus à Finkenstein, ne répondirent pas à son attente. Peut-être n'était-ce pas la faute du ministre, et la question mal posée pouvait rendre la solution difficile. En ce genre il est plus facile de reconnaître ce qu'il faut éviter que ce qu'il faut faire. Parmi les moyens d'encouragement soumis à l'Empereur, le ministre avait proposé l'établissement de deux historiographes et le couronnement de poètes lauréats ou Césariens. L'Empereur n'eut pas de peine à réfuter ces deux propositions. « On concevrait, « répondit-il [1], l'établissement de deux historio-
« graphes, puisqu'enfin, en les créant historiens,
« on leur impose l'obligation de dire la vérité et
« dès-lors on leur laisse le droit de dire le bien
« ou le mal; mais accordera-t-on à des poètes
« celui de faire la satire de la cour à laquelle ils
« sont attachés, ou leur devoir sera-t-il de louer?
« Dans l'un et l'autre cas, on ne voit rien d'utile
« dans l'emploi de leurs talents. La poésie est en-
« fant de la société; la société seule, en se refor-
« mant au moyen de la tranquillité publique et
« du bonheur intérieur, peut, *et cela commence*
« *déjà à arriver*, ramener les poètes au bon goût,
« à cette aménité et à cette fleur de grace qui

[1] Lettre datée de Finkenstein, le 19 avril.

embellissent les lettres et les arts. » Selon l'Empereur, pour la poésie, le seul encouragement raisonnable, ce sont les places de l'Institut, parce qu'elles donnent au poète « un caractère « dans l'État. Corneille a-t-il jamais eu de gran- « des faveurs de la cour? Celles qui ont été ac- « cordées à Racine ont-elles inspiré ses chefs- « d'œuvre? » Malgré ces observations, si l'on peut donner aux poètes quelques distinctions flatteuses, il ne s'y oppose pas. Seulement il recommande « d'éviter avec soin le ridicule... L'art « du souverain, comme celui du ministre, est de « donner de l'éclat aux bons ouvrages. » A cette occasion, il revient à une idée qu'il a déja exprimée précédemment, celle de former une sorte de tribunal littéraire pour faire une critique raisonnée et impartiale des écrits de quelque mérite qui viendraient à paraître. C'est à la seconde classe de l'Institut qu'il défère cette magistrature. « Peut-être l'auteur critiqué aura-t-il d'abord un « peu d'humeur, mais bientôt il sentira que le « choix qu'on a fait de son ouvrage en est l'é- « loge.... Une bonne opération du cardinal de « Richelieu fut la critique du Cid. » Si l'intervention obligée de l'Institut, ainsi que l'entend Napoléon, dans le jugement des compositions de quelque importance peut n'être pas sans inconvénient, on ne saurait nier qu'il n'y ait un principe honorable dans les efforts qu'il fait pour tâcher d'épargner au talent des épreuves fâcheuses, et lui assurer une légitime récompense.

Le projet soumis à l'Empereur sur la création de certaines écoles spéciales lui fournit de même l'occasion de se livrer, sur ce sujet intéressant, à des réflexions très-étendues, qui en général ne sont pas dénuées de justesse. On y remarque des distinctions ingénieuses et sensées sur ce qui peut ou ne peut pas être l'objet d'un établissement d'école spéciale. Parmi les branches pour lesquelles il admet ce mode d'enseignement, il signale surtout la géographie et l'histoire. Après des raisonnements dont quelques-uns sont d'une évidente vérité, il ajoute : « On pourrait donc
« s'occuper de l'organisation[1] d'une sorte d'Uni-
« versité de littérature, puisque l'on comprend
« dans ce mot, non-seulement les belles-lettres,
« mais encore l'histoire et nécessairement la
« géographie, car on ne peut songer à l'une sans
« songer à l'autre. Cette Université pourrait être
« le collége de France, puisqu'il existe, mais il
« faudrait qu'elle fût composée d'une trentaine
« de chaires, si bien liées entre elles, qu'elle
« présentât comme une sorte de bureau vivant
« d'instruction et de direction, où quiconque

[1] Seconde lettre du même jour 19 avril.

« voudrait connaître, tel siècle pût demander
« quels sont les ouvrages qu'il doit ou ne doit
« pas lire, quels sont les mémoires, les chroni-
« ques qu'il doit consulter ; où tout homme qui
« voudrait parcourir une contrée pût trouver
« une instruction positive, soit sur la direction
« qu'il doit donner à son voyage, soit sur le
« gouvernement qui gouverne telle ou telle par-
« tie où il voudrait porter ses recherches.

« Il est de fait qu'il manque quelque chose
« dans un grand État où un jeune homme stu-
« dieux n'a aucun moyen de recevoir une bonne
« éducation sur ce qu'il veut étudier, est obligé
« d'aller comme à tâtons et de perdre des mois
« et des années à chercher, à travers des lectu-
« res inutiles, le véritable aliment de son instruc-
« tion.

« Il est de fait qu'il manque quelque chose
« dans un grand État où, pour avoir des notions
« positives sur la situation, le gouvernement,
« l'état présent d'une portion quelconque du
« globe, il faut avoir recours ou au dépôt
« des affaires étrangères, qui ne contient pas
« tout, quelque trésor qui y soit enfoui, ou
« aux bureaux de la marine qui fort souvent ne
« savent pas ce qu'on peut leur demander.

« S. M. désire ces institutions. Elles ont été
« depuis long-temps l'objet de ses méditations,

« parce qu'ayant beaucoup travaillé, elle en a
« personnellement senti le besoin. » Il n'est aucun de nous, hommes de la génération prête à
disparaître, qui, comme l'Empereur Napoléon,
n'ait, dans tout le cours de sa vie, regretté l'absence d'institutions propres à rendre, sur une
foule de matières, l'instruction plus facile, plus
prompte et plus complète. Dans l'intérêt des générations qui doivent nous remplacer, nous formons
le vœu que le gouvernement de la France constitutionnelle, non distrait, comme le gouvernement impérial, par des guerres successives et
lointaines, songe à réaliser en leur faveur le
plan que méditait Napoléon dans un village de
la Prusse et dans l'intervalle de deux batailles.

Le 9 mars de cette année, le grand Sanhédrin, composé de soixante-onze docteurs et notables d'Israël, avait publié le résultat de ses
délibérations. C'était une solennelle abjuration
des maximes qui avaient fait jusqu'alors de la
nation juive une nation ennemie du genre humain. Cet ouvrage, qui n'avait pu réussir que
par l'ascendant d'un prince maître d'une grande
partie du continent, aura dans l'avenir plus
d'importance qu'il n'en a eu jusqu'à ce jour sur
le sort du peuple juif, parce que les principes
posés en France recevront successivement leur
application dans les autres pays, à mesure que

les peuples chrétiens eux-mêmes entreront en jouissance des droits politiques et civils que leur refusent encore un certain nombre de gouvernements. Le talent des deux commissaires nommés par l'Empereur pour être ses organes auprès du Sanhédrin, MM. Molé et Pasquier, n'avait pas peu contribué à faire obtenir cet important résultat. Il ne négligea pas de leur en faire témoigner [1] sa satisfaction.

Le concours qui, en conséquence du décret de Posen, a été ouvert pour le temple à élever sur l'emplacement de la Magdeleine a produit quatre projets que la classe des beaux-arts a jugés dignes de distinction. Tous ont droit à une récompense qui soit un témoignage d'approbation pour leurs auteurs. L'auteur du plan préféré sera en outre chargé de l'exécution du monument. Quant au choix entre les quatre projets, l'Empereur déclare n'être pas assez éclairé pour prendre un parti, et il s'en rapporte à la classe des beaux-arts sur tout ce qui tient au bon goût et aux belles proportions. Tel est le langage que tient [2] l'Empereur sur le premier aperçu des rapports et des plans qui lui ont été soumis; mais il lit les rapports, il étudie les plans, et,

---

[1] Lettre du 30 mars.
[2] Lettre du 18 avril.

malgré son respect pour la classe des beaux-arts, il se permet d'avoir un avis différent de celui qu'elle a exprimé. « Après avoir examiné [1] atten-
« tivement, dit-il, les différents plans du monu-
« ment dédié à la grande armée, je n'ai pas été
« un moment en doute.... Le projet qui a ob-
« tenu le prix n'atteint pas mon but, c'est le
« premier que j'ai écarté... Celui de M. Vignon
« est le seul qui remplisse mes intentions. C'est
« un temple que j'avais demandé et non une
« église. Que pourrait-on faire dans le genre des
« églises qui fût dans le cas de lutter avec Sainte-
« Geneviève, même avec Notre-Dame, et surtout
« avec Saint-Pierre de Rome? » En s'éloignant de l'opinion émise par la classe des beaux-arts, l'Empereur toutefois craint de la blesser. Aussi ne manque-t-il pas de lui faire témoigner que « c'est dans le rapport même rédigé par elle
« qu'il a puisé les motifs qui l'ont déterminé. »
Les idées de l'Empereur sur ce monument ne sont pas sans intérêt, quoiqu'elles n'aient pas reçu leur exécution. Tout dans le temple devait être d'un style sévère; il devait être prêt pour les solennités en tout temps, à toute heure; pour trône impérial, une chaise curule de marbre; pour les personnes invitées, des bancs de

---

[1] Lettre du 30 mai.

marbre; pour le concert, un amphithéâtre de marbre. Nul meuble à y ajouter, hors des coussins et des tapis; point de bois dans sa construction; seulement du marbre, du granit et du fer. A cette occasion, il demandait que l'on fît faire en France des fouilles pour trouver des carrières de granit, et c'est à cet ordre qu'est due la découverte de plusieurs de celles qu'on exploite aujourd'hui avec succès. Il voulait s'assurer du granit pour des ouvrages qu'il se proposait d'ordonner plus tard, et qui, par leur nature, pourraient permettre de donner trente, quarante, cinquante ans à leur construction; projets orgueilleux qui maintenant ne sont plus que des rêves; mais à combien d'hommes est-il donné de rêver ainsi!

Entre les objets de décoration qui devaient trouver place dans le temple, l'Empereur désignait les statues du Tibre et du Nil, apportées de Rome, l'armure de François Ier prise à Vienne, et le quadrige de Berlin.

Relativement aux frais d'exécution, l'Empereur, tout en se montrant jaloux d'élever un monument digne de frapper les regards de la postérité, pensait d'avance à ne pas s'engager dans des dépenses sans limites. Originairement il n'avait songé qu'à y appliquer une somme de trois millions qui lui semblait devoir être suffisante, les temples d'Athènes n'ayant pas, selon lui, coûté beaucoup plus que la moitié de cette somme. Il ne voulait pas en faire un autre Panthéon; et à ce propos il observe que plus de quinze millions ont déja été absorbés par Sainte-Geneviève; mais il ne se refuse pas à porter la somme à cinq ou six millions, et se réserve de se décider sur ce point d'après le devis définitif.

Depuis vingt ans, une maladie nouvelle appelée le *croop* enlevait beaucoup d'enfants dans le nord de l'Allemagne. La France à son tour en éprouvait les ravages depuis quelques années. Une lettre de l'Empereur, remarquable par sa date, le 4 juin, chargea le ministre de l'intérieur de proposer un prix de douze mille francs qui serait décerné au meilleur mémoire sur cette maladie et sur la manière de la traiter. Il est encore heureux que, la veille des batailles, les princes guerriers songent au moyen de conserver la population de leurs États.

Pour l'Empereur Napoléon, l'ordre dans les finances était au premier rang des devoirs, comme il était au premier rang des besoins. Aussi, même sous sa tente, jamais nulle autre nécessité n'interrompait sa correspondance presque journalière avec son ministre du Trésor. Dès qu'il prenait quelque mesure qui touchait à la comptabilité, il en instruisait aussitôt le ministre. « Je fais [1] solder la grande armée, écrivait-il, pour octobre, novembre et décembre 1806, janvier et février 1807. Nous verrons ensuite comment nous ferons le compte avec le Trésor. Provisoirement cela va nous mettre à l'aise [2]... » Si la guerre en Allemagne apportait quelque secours aux finances françaises, elle leur imposait, sur d'autres points, des charges extraordinaires. Dans le doute où était Napoléon sur les résolutions éventuelles de la cour de Vienne, il lui fallait maintenir en Italie des forces plus considérables que n'en eût comporté un état de paix certain avec cette cour. Le subside de trente millions fourni par le royaume d'Italie ne suffisant pas à l'entretien de l'armée qui couvrait ce royaume, il y faisait envoyer des fonds français; mais, pour ne pas éveiller la défiance de l'Autriche, lorsque lui-même il ne songeait qu'à la défensive, il recommandait[3] à

---

[1] Lettre datée d'Osterode, le 24 mars.

[2] Le paiement se faisait avec des fonds perçus en Prusse. La solde pour cent cinquante mille hommes montait à trois millions trois cent mille francs par mois, au taux moyen de vingt-deux francs par tête depuis le maréchal jusqu'au tambour. Nous citons cette particularité comme pouvant devenir un point de comparaison dans les temps à venir.

[3] Lettre de Finkenstein, du 7 avril.

son ministre d'éviter l'éclat qui accompagne toujours des envois matériels d'espèces. C'était de la haute prévoyance d'ordre politique. Dans les affaires d'ordre intérieur, il ne portait pas moins de prudence.

Lorsqu'il chargeait, comme nous l'avons dit, la caisse d'amortissement de faire des avances de fonds aux manufactures en souffrance, sa première pensée était de se défendre contre la fraude. « Il faut [1], disait-il au ministre du Tré-
« sor, que M. Béranger [2] prenne des mesures
« pour empêcher les fripons de profiter de mes
« dispositions. » Cette précaution n'avait rien que de raisonnable. En général, confiant et défiant tout ensemble, l'Empereur le témoignait avec une franchise qui ôtait à la défiance ce qu'elle aurait pu avoir d'injurieux. Ainsi en demandant à M. Mollien des détails sur un traité conclu par ce ministre, il ajoutait : « Ce n'est pas que je
« n'approuve ce que vous avez fait ; mais comme
« j'ai *l'approbation officielle* et *l'approbation*
« *sentie*, je désire quelque explication qui me
« fasse connaître que l'opération est bonne. »
L'explication lui fut donnée, et l'approbation *sentie* vint aussitôt confirmer l'approbation *officielle*.

[1] Lettre datée d'Osterode, le 28 mars.
[2] M. Béranger était directeur de la caisse d'amortissement.

Pour tenir sans cesse ses ministres sur leurs gardes envers eux-mêmes et envers leurs coopérateurs, il lui arrivait de refaire leurs calculs, ayant un grand penchant à les trouver en défaut, et lui-même faisant quelquefois des erreurs qu'on aurait été tenté de croire volontaires. En effet les chiffres maniés par lui étaient toujours à l'avantage de son opinion. Jamais il ne se trompait que dans le sens qui lui convenait le mieux. Ces erreurs avaient leur but. Fondées ou non, les variantes qu'il avait introduites dans les comptes conduisaient les ministres à une plus ample démonstration de la vérité. Malgré ces chicanes systématiques, il était loin de méconnaître les services qu'on lui rendait, et il ne négligeait guère d'en montrer sa reconnaissance. « La bonne direction que vous avez donnée au « Trésor, écrivait-il [1] au ministre de ce dépar- « tement, et l'indépendance où vous l'avez mis « des banquiers est un véritable bien et sera un « jour une source de prospérités pour nos ma- « nufactures et notre commerce. » De tels mots de la part d'un tel homme étaient seuls une honorable récompense. Sans l'appui que l'Empereur prêtait à son ministre, celui-ci aurait vainement tenté les améliorations les plus essen-

---

[1] Lettre d'Osterode, le 24 mars.

tielles. Grace à la force que le chef de l'État communiquait à ses premiers agents, les invitations du ministère devenaient des ordres.

La plus importante des innovations qui eut lieu à la Trésorerie fut l'introduction de la comptabilité à *partie double*. De fortes préventions s'opposaient à l'adoption de cette méthode, que l'on affectait de nommer avec mépris comptabilité *mercantile*. Colbert, Turgot, Necker, dans leur enthousiasme bourgeois pour le commerce, avaient, disait-on, essayé aussi de soumettre à ces formules les comptes ministériels, mais ils ont été obligés d'abandonner cette entreprise contraire à la dignité de l'État et à la sûreté des deniers publics. Cette sûreté des deniers publics était précisément le résultat auquel le nouveau procédé pouvait seul conduire. Le ministre le sentait et ne se découragea pas. Il se contenta d'employer la voie des insinuations que vint appuyer l'exemple de la caisse de service. Là où il rencontrait quelque hésitation, c'est qu'il y avait désordre. L'année suivante seulement, le nouveau système fut sanctionné par un décret[1]

---

[1] Du 8 janvier 1808.

En 1829, un pacha d'Égypte a introduit le même système de comptabilité dans ses finances. Tel est aujourd'hui le mouvement du monde et le progrès de la science administrative.

impérial. La fondation de ce système a été un bienfait immense dont les heureux effets subsistent encore aujourd'hui et ont été particulièrement sensibles dans les variations de gouvernement à travers lesquelles nous avons passé et qui, sans ce salutaire préservatif, eussent pu jeter tant de confusion dans les finances de l'État.

C'était grace à l'admirable esprit d'ordre introduit dans toutes les parties du service public que l'Empereur pouvait faire face aux prodigieux efforts que la guerre exigeait de lui. Quoique les ressources provenant de la guerre même ne fussent point indifférentes, on les a toujours singulièrement exagérées, et l'Empereur ne cherchait point à détruire cette exagération qui, sous un certain rapport, lui était favorable. Si les troupes qui combattaient en Allemagne étaient nourries et entretenues par la victoire, à mesure qu'un corps passait le Rhin, il était remplacé en France par des levées qu'il fallait nourrir et habiller du produit des impôts. Je ne sais pas si, dans aucun pays, on peut, à aucune époque, trouver un autre État soutenant d'aussi vastes et d'aussi terribles guerres, sans que l'impôt ordinaire eût reçu aucun accroissement.

Les recettes de l'année se composent ainsi qu'il suit :

Contributions directes	311,841,000 fr.
Enregistrement, domaines et bois	172,227,000
Douanes	92,578,000
Droits réunis, contributions indirectes	76,002,000
Loteries	
Postes	12,234,000
Sels et tabacs au-delà des Alpes	7,436,000
Salines de l'Est	4,858,000
Monnaies	241,000
Poudres et salpêtres	1,000,000
Reste à recouvrer de l'an XIII et années antérieures	5,143,000
Recettes diverses et accidentelles	15,931,000
Recettes extérieures	33,120,000
Fonds spéciaux, etc	38,215,000
Total général	777,850,000 fr.

Ces recettes furent affectées au service public dans les proportions suivantes :

Dette publique et pensions	105,959,000 fr.
Liste civile y compris la famille	28,000,000
A reporter	133,959,000 fr.

Report	133,959,000 fr.
Ministère de la justice	22,042,000
— des affaires étrangères	10,379,000
— de l'intérieur	54,902,000
— des finances	25,624,000
— du trésor public	8,571,000
— de la guerre	195,895,000
— de l'administration de la guerre	147,654,000
— de la marine	117,307,000
— des cultes	12,342,000
— de la police générale	708,000
Fonds spéciaux pour frais d'administration locale, routes, ponts et chaussées	38,215,000
Frais d'escompte	10,252,000
Total général	777,850,000 fr.

Nous avons vu, dans le chapitre précédent, le ministère anglais, sous la direction des lords Grenville et Howick, tâcher de poser une borne à l'augmentation annuelle des dépenses de la Trésorerie, surtout en s'abstenant de stipendier les puissances continentales. Ce système d'économie, lié à un système de politique qui n'eût point fermé la porte à tout rapprochement de l'Angleterre et de la France, fut renversé dans le mois d'avril 1807 par le renouvellement du ministère. La nouvelle administration, où l'esprit de M. Pitt se reproduisit dans la personne des Perceval, Canning et Castlereagh, ayant conclu des traités de subsides avec la Suède et la Prusse et fait dans le Nord des expéditions dont nous aurons à parler plus tard, les dépenses s'élevèrent presque aussi haut que celles de l'année précédente. Ces dépenses furent couvertes par les revenus publics et par des emprunts :

Revenus, 58,902,291 liv. st., 1,472,557,275 fr.
Emprunts, 12,000,000 liv. st., 300,000,000 fr.
_____
Total..... 70,902,291 liv. st., 1,772,557,275 fr.

Ainsi l'année 1807 coûta au gouvernement anglais un milliard de plus qu'à la France.

CHAPITRE LXXI.

ÉVÉNEMENTS MILITAIRES.

Siége de Danzig. — Capitulation de Danzig. — Actions d'éclat de plusieurs officiers et soldats. — Décret qui confère au maréchal Lefèvre le titre de duc de Danzig. — Capitulation des places de Neiss, Kosel et Glatz en Silésie. — Ouverture d'une nouvelle campagne par le général Benigsen. — Affaires de Spanden et de Lomitten. — Affaire de Guttstadt. — Plan des Russes déconcerté. — Retraite de Benigsen sur Heilsberg. — Bataille d'Heilsberg. — Bataille de Friedland. — Entrée des Français à Königsberg. — Retraite des Russes au-delà du Niémen. — Suspension d'armes entre les Français et les Russes. — Armistice séparé entre les Français et les Prussiens. — Proclamation de Napoléon à l'armée.

L'UNE des causes qui, indépendamment des inconvénients de la saison, avaient déterminé l'Empereur à suspendre les combats, était la nécessité qu'il y avait pour lui, avant d'aller plus loin, de se rendre maître des places de Danzig et de

Colberg. Il n'atteignit ce but qu'à moitié; de ces deux places, une seule capitula, ce fut Danzig. Pour commencer le siége de cette place, il avait fallu rassembler l'artillerie, les munitions et tout le matériel qu'un siége exige; on les tirait de Stettin, de Glogau, de Breslau et de Varsovie. Les arsenaux des places prises fournissaient les moyens de prendre celles qui voulaient résister. Le 10e corps, récemment formé à Thorn par le maréchal Lefèvre, se composait principalement de troupes étrangères, de Polonais, de Badois et de Saxons. Elles vont rivaliser avec les troupes françaises de vaillance et de dévouement. Les Polonais surtout, quoique organisés de la veille, le disputèrent aux vieilles troupes en ardeur et en intrépidité. Dirigés par le brave général Dombrowski, dès long-temps déja placé à un rang honorable dans nos armées, ils débutèrent avec d'autant plus d'éclat qu'affranchis d'un jour ils combattaient contre leurs maîtres de la veille. Après avoir, le 22 février, repoussé sur Dirschau un corps prussien de quinze cents hommes, ils forcèrent la ville et emportèrent, non sans une vive résistance, un cimetière et une église où les Prussiens s'étaient retranchés dans l'espoir d'être secourus. En effet, une colonne de deux mille hommes était sortie de Danzig avec quelques pièces de canon pour les soutenir, mais elle se trouva coupée à Dirschau par le général français Menard, que Dombrowski avait envoyé dans cette direction, à la tête de troupes badoises, pour tourner la ville par sa gauche et couvrir la route de Danzig. Ceux des Prussiens enfermés dans Dirschau, qui ne périrent pas en combattant, essayèrent de se sauver dans l'île de Nogat; un grand nombre d'entre eux se noya dans la Vistule. La colonne, sortie de Danzig, y rentra en laissant sur le terrain huit cents hommes tués ou blessés. De ce jour, le général Manstein, qui commandait à Danzig, en attendant l'arrivée du maréchal Kalckreut, renonça au projet de défendre les approches de la place, et le corps assiégeant s'avança pour prendre ses positions. Le 12 mars, la place fut resserrée; le 18, elle était entièrement investie; les travaux du siége ne furent poussés avec une grande activité qu'à dater du 1er avril. Sans entrer dans le détail de ces travaux, nous ferons connaître, par l'indication seule des difficultés, l'habileté et le courage qui en triomphèrent.

La ville de Danzig, long-temps objet de la convoitise de la Prusse, tombée enfin au pouvoir de cette puissance, par le dernier partage de la Pologne, en 1795, est admirablement défendue par sa position seule, et, depuis la bataille d'Iéna, l'art avait réparé ce qui manquait à ses anciennes fortifications. Située sur la Vistule, traversée par la petite rivière de la Mottau, dont les eaux entretiennent l'inondation autour de son enceinte, elle communique avec Pillau et Königsberg, par l'île de Nehrung ; avec la mer, par l'île d'Holm et par l'embouchure de la Vistule que protége le fort de Weichsel-Munde. L'île de Nehrung est une langue de terre très-étroite, bordée d'un côté par la mer, de l'autre par la Vistule et le Frische-haf. Pour réduire cette place à ses seules ressources, il faut donc couper ses communications, en s'emparant, à droite, de l'île de Nehrung, de manière à lui ôter toute possibilité de secours par Königsberg et Pillau ; à gauche, de l'île d'Holm et surtout du fort de Weichsel-Munde, pour empêcher l'arrivée de tout secours par mer. L'une de ces communications fut enlevée à la ville dès le 20 mars. L'occupation de l'île de Nehrung, confiée au général Schramm, fut exécutée avec beaucoup d'adresse et de vigueur. Ce n'est que le 7 mai qu'on se rendra maître de l'île d'Holm. Le fort de Weichsel-Munde conservera libre l'embouchure de la Vistule, mais sans communication avec la place. Des combats de chaque jour éprouvaient l'ardeur des assiégeants et la fermeté des assiégés. D'une part, des sorties fréquentes, souvent prévues et par conséquent presque toujours malheureuses; de l'autre une suite de progrès menaçants, une attaque vraie sur le fort de Hagelsberg, des attaques fausses sur la basse Vistule et sur le Bischopsberg, et à cette occasion, des affaires très-vives où les deux parties rivalisaient d'audace et de témérité. Plus d'une fois le maréchal Lefèvre marcha lui-même à la tête des colonnes et se jeta le premier dans la mêlée. Le 30 avril, la ville foudroyée par l'artillerie des assiégeants, avait déjà vu éclater plusieurs incendies. Le 6 mai, on enlevait l'île d'Oliva avec un millier de Russes qui en formait la garnison.

Cependant des délibérations déjà tardives occupaient le général en chef de l'armée russe et l'empereur Alexandre lui-même, récemment arrivé, avec le roi de Prusse, de Mémel à Bartenstein. Pour délivrer Danzig, forcera-t-on l'armée française à recevoir la bataille? On s'effraie à l'idée d'une bataille sans succès : on s'arrête au projet d'envoyer, par mer, au secours de Danzig, un corps de dix à douze mille Russes, sous les ordres du général Kamenski le jeune. Ce général, dont le débarquement sera protégé par le fort de Weichsel-Munde, devra s'ouvrir un passage jusqu'à la place, tandis que trois ou quatre mille Prussiens, sous les ordres du colonel Bulow, feront un mouvement semblable par l'île de la Nehrung. Ces corps, réunis à la garnison, ne pourraient manquer de faire lever le siége. Les deux expéditions échouèrent.

Le 11 mai, le général Kamenski avait opéré son débarquement à Weichsel-Munde et s'était établi dans le camp de Neufahrwasser. Ce ne fut que le 15 qu'il essaya d'enfoncer la ligne française, et le général Schramm, qui avait soutenu les deux premières attaques, aurait succombé dans la dernière, sans l'arrivée d'un renfort que, par une juste prévoyance, Napoléon venait d'envoyer au maréchal Lefèvre. Ce renfort était la division de grenadiers du général Oudinot, placée sous les ordres du maréchal Lannes, qui, rétabli de sa maladie, avait rejoint le quartier-impérial. Le maréchal Lannes et le général Oudinot, paraissant tout-à-coup sur le terrain avec une partie de la division de grenadiers, changèrent en un instant la face du combat; les Russes laissèrent le champ de bataille couvert de leurs morts, et se retirèrent, avec une perte de trois mille [1] hommes, sous le canon de Weichsel-Munde.

Le général Bulow, qui commandait la colonne prussienne, ne fut pas plus heureux. Après avoir débarqué dans l'île de Nehrung, il s'était avancé

---

[1] M. Schœll.

jusqu'à Furstenwerder, lorsqu'il fut arrêté, repoussé, poursuivi dans un espace de huit à dix lieues par les généraux Beaumont et Albert, et obligé de quitter l'île, avec une perte de onze cents hommes en tués, blessés ou prisonniers. Vers ce temps, le 21 mai, arrivait aussi devant Danzig, le maréchal Mortier, remplacé dans le terrain qu'il abandonnait, par le maréchal Brune. Les tentatives faites pour secourir la place ayant été infructueuses, les travaux pour rendre l'assaut praticable étant à leur terme, le maréchal Lefèvre, avant de se déterminer à donner l'assaut, crut devoir adresser au maréchal Kalckreuth une dernière sommation. Les conditions proposées parurent humiliantes au maréchal prussien. Il déclara qu'il n'en accepterait jamais de moins honorables que celles qu'il avait, en 1793, accordées lui-même à la garnison française de Mayence. Le maréchal Lefèvre prit les ordres de l'Empereur. Trop d'exigence en un tel moment eût été un mauvais calcul. La capitulation fut signée le 24 mai, après cinquante et un jours de tranchée ouverte; le 26, les Français entraient dans la place et la garnison prussienne en sortait sous la condition de ne pas servir d'un an contre la France et ses alliés. Au même instant, le général Kamenski remontait sur les bâtiments qui l'avaient apporté, et le fort de Weichselmunde ouvrait ses portes. On trouva dans la place neuf cent quatre-vingts bouches à feu, des magasins de vivres encore assez considérables, mais il n'y restait plus de munitions de guerre.

L'histoire doit regretter de ne pouvoir recueillir une foule de traits d'héroïsme qui, durant le cours de ce siége, signalèrent tous les rangs de l'armée. Là c'est le lieutenant Lavergne qui, à la tête d'une poignée d'hommes, arrive le premier sur une barque dans l'île de Nehrung, renverse tout ce qu'il rencontre, s'établit sur une digue qu'il importait d'occuper et reste maître de ce poste, mais un coup de feu qu'il reçoit à la tête ne lui laisse que le temps de jouir de la certitude de son succès. Ici le capitaine Tardivelle, sans être découragé par l'exemple de plusieurs tentatives malheureuses, s'empare d'une maison située au bas du ruisseau de Schell-Mühl, et s'y maintient sous la mitraille d'une batterie de l'île d'Holm. Pendant toute la durée du siége, l'armée reconnaissante ne donna pas à ce poste d'autre nom que celui de maison *Tardivelle*. Ailleurs, un tambour saxon, nommé Zworn, voyant près d'échouer une attaque dirigée contre une redoute prussienne, couverte par des chevaux de frise, bat la charge sans ordre et se précipite sur la redoute en s'écriant : « A moi, « Saxons. » Ses camarades s'élancent sur ses pas, les chevaux de frise sont renversés, la redoute est enlevée et on la conserve malgré les efforts redoublés des Prussiens pour la reprendre. Dans l'entreprise nocturne qui livra l'île d'Holm aux Français, un simple soldat renouvelle le trait de dévouement du chevalier d'Assas. Emporté par son ardeur, ce soldat, nommé Fortunas, était tombé dans un détachement ennemi qui l'avait fait prisonnier. Un instant après, ce détachement est lui-même surpris par la compagnie à laquelle Fortunas appartient : « Ne tirez pas, » crient des officiers russes, en appliquant la pointe de leur épée sur la poitrine de Fortunas, « ne tirez pas, « nous sommes Français. » — « Tirez, mon capi- « taine, ce sont des Russes ; » et il tombe frappé en poussant le cri du patriotisme et de l'honneur.

Vingt autres exemples d'une intrépidité non moins remarquable sollicitent en vain une rapide mention. Nous ne pouvons mieux louer toutes les troupes en masse qu'en disant qu'elles étaient dignes des chefs qui les commandaient, Lefèvre, Lannes, Oudinot et notamment aussi le général Schramm, distingué par une conduite très-brillante dans les nombreuses affaires auxquelles il avait pris part. L'arme du génie avait puissamment contribué au succès. Il suffit de nommer le général Chasseloup-Laubat et, avec lui, son chef d'état-major, le général Kirgener, qu'en 1813 un boulet ennemi enlèvera trop tôt à la France. Jusqu'au 19 avril, ce dernier avait dirigé seul les travaux. Le général Chasseloup, si riche d'ailleurs d'illustration, peut, sans perdre de sa gloire, lui céder le principal mérite des opérations de ce siége.

L'importance du service rendu par le maréchal Lefêvre réclamait un éclatant témoignage de la satisfaction impériale. L'Empereur commença par lui l'usage d'un nouveau mode de récompense. Peut-être, dans son projet de remettre en honneur des titres abolis, au moment où il encourait le reproche de rompre, par le rétablissement d'une noblesse héréditaire, les principes d'égalité si chers à la France et à l'armée, n'était-il pas fâché d'avoir à en faire l'essai dans la personne d'un guerrier brave et loyal, arrivé au premier grade militaire, mais dont le point de départ attesterait à tous les soldats que, si l'on créait des titres nouveaux, il n'y en aurait point, quelque élevés qu'ils fussent, auxquels le dernier d'entre eux ne pût prétendre. Par un décret du 28 mai, le maréchal Lefêvre fut créé duc de Danzig.

La prise de cette place fut suivie de près par

trois nouvelles capitulations en Silésie. La forteresse de Neiss se rendait le 1er juin, et sa garnison, composée de cinq mille hommes, était prisonnière. La place de Kosel capitulera le 18, celle de Glatz, le 24 du même mois, toutes deux sous la condition de se rendre, la première, le 16, la seconde, le 27 juillet, si avant cette époque il n'était pas arrivé de secours suffisant pour les débloquer.

L'échange de communications, établi entre les quartiers-généraux des deux armées, s'était toujours soutenu, quoique avec peu d'activité. L'Empereur Napoléon vit, dans la prise de Danzig, une occasion de le ranimer ou du moins d'en témoigner le désir. Ce fut dans ce moment qu'en réponse à des instances antérieures il consentit à proposer des bases générales, ainsi que nous l'avons précédemment exposé, mais les questions résultant de l'état où la Prusse était réduite offraient trop de difficultés pour être résolues autrement que par un nouveau jugement des armes. La solution va être aussi sanglante que rapide. Le général Benigsen, qui avait craint de livrer bataille quand dix-huit à vingt mille Français étaient occupés devant Danzig, s'était réservé d'en tenter les hasards, lorsque la capitulation de cette place aurait rendu ces vingt mille hommes disponibles. A peine le résultat du siége lui était-il connu qu'il choisit ce moment pour sortir de son immobilité. Ce général s'est mis dans le cas d'être accusé en cette occasion ou de trop de lenteur ou de trop de promptitude. Moins lent, il n'aurait pas eu à combattre toutes les forces françaises réunies; moins prompt, il eût fait tous ses efforts pour différer un combat décisif, jusqu'à ce que, par suite des conventions conclues avec l'Angleterre et la Suède, un débarquement de Suédois, d'Anglais et de Hanovriens, dans la Poméranie, opérant une importante diversion, eût forcé le général français d'y porter une partie de ses troupes entassées sur la Passarge.

Quoique l'armée russe eût été renforcée par des troupes venues de l'intérieur et par l'arrivée de la garde impériale que commandait le grand-duc Constantin [1], Benigsen ne pouvait pas mettre en

---

[1] En racontant la mort de Paul Ier, résultat funeste d'un projet présenté au grand-duc Alexandre, comme tendant uniquement à l'abdication de son père, réclamée par le salut de l'empire, nous avons dit, tome Ier, page 438, que « le grand-« duc Constantin n'avait été mis dans la confidence que le soir « même, et presque à l'heure où l'événement allait se consom-« mer. » D'après les renseignements les plus authentiques qui depuis nous ont été communiqués, il est avéré que le grand-duc Constantin fut, jusqu'après l'événement, dans l'ignorance la plus absolue de ce qui se passait, et que, dans la fatale nuit,

ligne plus de cent vingt à cent trente mille hommes. L'armée française avait reçu des renforts plus considérables. Une masse de plus de cent soixante mille hommes se trouvait réunie sous la main de Napoléon. Cependant celui-ci fut devancé. Le 5 juin, il ordonnait que les différents corps de l'armée se tinssent prêts à effectuer un mouvement le 10. Ce jour, 5, il était lui-même attaqué sur toute sa ligne. Le plan du général Benigsen était de forcer le passage de la Passarge sur les points de Lomitten et de Spanden, de manière à couper et à détruire le corps du maréchal Ney, placé entre la Passarge et l'Alle, contre lequel il dirigeait une masse de quarante mille hommes de ses meilleures troupes; mais la force des positions qu'occupait l'armée française rendait l'entreprise difficile et le succès plus que douteux. En effet, les Russes furent vaillamment repoussés, et avec une perte considérable, à Spanden, par le prince de Ponte-Corvo; à Lomitten, par le maréchal Soult. A Spanden, le prince de Ponte-Corvo, atteint d'une

---

déja livré au sommeil, il ne fut réveillé que par la nouvelle de l'horrible catastrophe. Par le soin que nous mettons à rectifier une circonstance d'ailleurs sans gravité réelle, on voit combien nous sommes jaloux d'être toujours non-seulement près de la vérité, mais dans la vérité même.

balle à la tête, avait laissé le commandement du premier corps au général Dupont, qui le lendemain le remit au général Victor.

Cependant Benigsen et le grand-duc Constantin, avec trois divisions de la garde impériale, avaient attaqué le corps du maréchal Ney à Guttstadt, Wohlfersdorf et Altkircken. Le choc fut violent. Le maréchal Ney le soutint avec sa vigueur accoutumée; mais, reconnaissant qu'il avait affaire à des forces plus que doubles des siennes, il dut, conformément aux instructions éventuelles de l'Empereur, se retirer sur Deppen où il concentrerait son corps sur la Passarge. Ce mouvement rétrograde ne fut opéré par le maréchal qu'en deux jours et après avoir disputé le terrain pied à pied à l'ennemi. Le 5, il prit position à Anckendorf. Cette journée avait été vive. Celle du 6 fut une vraie bataille. Les Russes, qui croyaient avoir vaincu la veille, vinrent renouveler l'attaque avec l'impétuosité d'une orgueilleuse présomption. Leur témérité fut punie. La fermeté, le sang froid du maréchal Ney leur apprirent que son mouvement avait été un calcul et non une défaite. Jamais l'intrépide maréchal ne déploya un courage plus ferme et plus intelligent; jamais il ne sut mieux, par de savantes manœuvres, suppléer à l'inferiorité du nombre. Il se replia lentement et avec méthode, repoussant toutes les charges que tentait la cavalerie russe, et toujours protégé par son artillerie. Arrivé sur la Passarge, il effectua le passage de cette rivière dans le plus grand ordre. Les Russes firent d'incroyables efforts pour emporter Deppen, qui fut pris et repris six fois à la baïonnette; les Français finirent par en rester maîtres. L'action de ce jour avait été très-meurtrière. L'ennemi eut deux mille tués et trois mille blessés. La perte des Français était beaucoup moins grande; ils ne laissèrent à l'ennemi qu'un détachement de trois cents hommes, qui fut enlevé par un corps nombreux de Cosaques, et encore plus de deux cents hommes de ce détachement furent-ils retrouvés le 9 juin, lorsque le maréchal Ney, marchant à son tour en avant, reprit le terrain qu'il avait quitté. Dans ces combats si disproportionnés, le maréchal n'avait perdu ni un canon ni un drapeau. Plusieurs officiers généraux avaient été blessés. Le général Roguet, atteint d'un coup de mitraille et renversé de cheval, était tombé entre les mains des Russes. Le chef de l'état-major français, le général Dutaillis, eut le bras droit emporté au moment où il désignait de la main un emplacement pour y établir une batterie. Par un ordre de ce même jour, 6, l'Empereur

Napoléon, en applaudissant à l'habileté des opérations du maréchal Ney, lui indiquait deux nouvelles positions qu'il devait prendre, si l'ennemi eût été assez fort pour le faire reculer. La précaution était superflue.

Dès le 6 juin, le système d'attaque sur lequel Benigsen avait fondé l'espoir de la campagne était complètement évanoui. L'armée russe se trouvait devant la Passarge, mais sans avoir pu s'ouvrir le passage de cette rivière sur aucun point, ni entamer le corps du maréchal Ney, qu'une belle retraite et une héroïque résistance avaient mis en sûreté. L'hésitation avait succédé à la confiance. Benigsen, quittant son armée, retournait à Guttstadt délibérer avec l'empereur Alexandre ; mais, dans ce court intervalle, l'Empereur Napoléon avait opéré la concentration de son armée, et maintenant c'est lui qui va prendre l'offensive.

Le 7 juin, un mouvement du maréchal Soult, dirigé sur le flanc droit de l'ennemi, et par suite duquel les Français occupèrent Wohlfersdorf et Altkircken, détermina le général russe à se retirer à son tour pour regagner son camp retranché d'Heilsberg. Dans sa marche sur Wohlfersdorf, le maréchal Soult ayant rencontré le corps de Kamenski, échappé de Weichselmunde, qui cherchait à rejoindre Benigsen, lui avait mis hors de combat cinq à six cents hommes, fait deux cents prisonniers, et l'avait obligé à changer de direction.

Le 9, l'Empereur se portait sur Guttstadt avec les corps des maréchaux Ney, Davoust et Lannes, avec sa garde et la cavalerie de réserve. Une forte arrière-garde ennemie, commandée par le prince Bagration, tint ferme à Glottau, tandis que le gros de l'armée défilait, par quatre ponts à la fois, sur la rive droite de l'Alle. Le grand-duc de Berg, par des charges nombreuses et d'habiles manœuvres, débusqua l'ennemi de tous les points qu'il occupait, et entra le soir, de vive force, à Guttstadt.

Le 10, l'armée russe avait repris sa position d'Heilsberg. Cette position avait été fortifiée par des ouvrages assortis aux accidents du terrain, mais les deux rives de l'Alle n'offraient pas les mêmes moyens de défense. La meilleure défensive était sur la rive droite; c'est sur la rive gauche que l'armée russe va être attaquée.

Le grand-duc de Berg, le maréchal Soult et le maréchal Lannes s'avancent, quoique d'un pas inégal, contre la masse ennemie qui couvre les hauteurs en avant de la ville. La cavalerie du grand-duc de Berg, engagée plusieurs fois, se distingua, selon son usage, par une audace voisine de la témérité; mais ce furent les divisions des généraux Legrand, Carra-Saint-Cyr et Saint-Hilaire, qui eurent principalement à supporter les hasards d'attaques difficiles, où elles déployèrent autant d'intrépidité que de persévérance. Plus d'une fois il leur fallut céder une partie du terrain qu'elles venaient de gagner avec beaucoup d'efforts, et de nouveaux efforts furent nécessaires pour le reprendre. Dans la chaleur du combat, la division Saint-Hilaire, emportée jusque sur les palissades qui couvraient l'ennemi, aurait pu être gravement compromise, si l'Empereur n'eût envoyé, pour la soutenir, le général Savary, son aide-de-camp, avec deux régiments de fusiliers de la garde. La division Saint-Hilaire s'étant alors replacée en ligne avec les deux autres, et le jour touchant à sa fin, l'action paraissait finie, lorsque le maréchal Lannes, qui arrivait, lança la division Verdier contre les redoutes russes, dans l'espoir de les enlever par ce mouvement inattendu. L'attaque coûta cher, les redoutes ne furent point enlevées, et l'issue de tant d'efforts fut de placer les Français au pied des retranchements de l'ennemi. Par suite de ces combats du 10, les deux armées se trouvant, non-seulement en présence, mais en contact, il semblait que la question de la guerre devait se résoudre sur ce terrain, où l'avantage de position continuait à être en faveur des Russes. L'Empereur Napoléon s'occupa, le 11, à disposer toutes ses divisions, et, le 12 au matin, il attendait, avec l'intention de prendre cette fois l'initiative, l'instant où les Russes sortiraient de leurs retranchements; mais ce jour-là Benigsen n'eut ni assez de confiance en lui-même pour se présenter au combat, ni assez de confiance dans ses retranchements pour s'y croire à l'abri de l'impétuosité française. Dans la nuit du 12 au 13, il fit passer son armée sur la rive droite de l'Alle, abandonnant tout ce qui existait à sa gauche, ses magasins, ses blessés et ses fortifications, ouvrage de quatre mois, qu'il désespéra de défendre. Les Français s'étonnent, le 12, à la vue d'un camp silencieux, d'une ville deserte. Quelques corps de cavalerie se mettent aussitôt à la poursuite des Russes par la route de Bartenstein, tandis que les maréchaux Ney, Soult, Davoust, Lannes et Mortier marchent dans différentes directions pour leur couper la retraite sur Königsberg. Dans le dessein d'enlever à l'armée russe l'appui de cette place et de diviser ses forces, déjà depuis plusieurs jours le premier corps d'armée, que le général Victor commandait en l'absence du prince de Ponte-Corvo, avait été chargé de retenir sur la basse Passarge le corps prussien du général Lestocq. Après la journée du 10, il fut prescrit au maréchal Davoust de s'élever sur la droite de l'ennemi, pour concourir au même résultat. Du moment où Heilsberg eut été abandonné par les Russes, le grand-duc de Berg prit aussi la direction de Königsberg, avec une partie de la cavalerie; mais en ce moment le premier corps, qui n'était plus nécessaire sur la basse Passarge, reçut ordre de rejoindre l'Empereur.

Le 13, le quartier-impérial était à Preussisch-Eylau; le maréchal Soult marchait, à la gauche de cette ville, sur Kreutzbourg, avec ordre de soutenir le maréchal Davoust; le maréchal Lannes, à la droite, sur Domnau; les maréchaux Ney et Mortier, en avant, sur Lampasch. En quittant Heilsberg, le projet de Benigsen avait été de se porter sur Wehlau par Bartenstein, Schippenbeil et Friedland, afin de prendre une forte position sur la basse Pregel, en appuyant sa droite à Königsberg; mais ayant reconnu que les Français allaient le prévenir sur cette dernière place, il s'arrêta tout-à-coup, dans l'espoir de surprendre et de battre en détail les divers corps de l'armée française. L'idée était raisonnable, mais les corps français n'étaient pas tellement éloignés les uns des autres qu'ils ne pussent mutuellement se soutenir. Il eût fallu du moins ne rien négliger pour écraser les premiers qui se présenteraient à lui, et c'est ce qu'il ne fit pas.

Le 14, à trois heures du matin, l'armée russe débouchait sur le pont de Friedland. Le corps du maréchal Lannes va d'abord se trouver seul devant elle. Bientôt, il est vrai, arrivera celui du maréchal Mortier. Ceux de Ney et de Victor ne paraîtront que long-temps après. Le rôle des deux premiers était de supporter le choc de l'ennemi, en manœuvrant de manière à lui couper la route de Königsberg. Cette tâche fut admirablement remplie. Aux premiers coups de canon qui s'étaient fait entendre, l'Empereur avait dit : « C'est aujourd'hui un jour de bon- « heur ; c'est l'anniversaire de la bataille de Ma- « rengo. » A une heure d'après midi, il arrivait sur le terrain ; Ney et Victor l'y suivirent à quelques heures d'intervalle. A cinq heures du soir les divers corps occupaient les points qui leur avaient été indiqués ; à la droite, le maréchal Ney ; au centre, le maréchal Lannes ; à la gauche, le maréchal Mortier ; à la réserve, le général Victor et la garde.

La gauche était soutenue par la cavalerie du général Grouchy ; le centre, par celle du général Lahoussaye ; la droite, par celle du général Latour-Maubourg.

De son côté, l'armée ennemie était déployée ;

appuyant sa gauche à Friedland et prolongeant sa droite à plus d'une lieue et demie. L'Empereur a reconnu la position et il a décidé d'enlever la ville de Friedland. Alors seulement il donne l'ordre définitif pour la bataille, et l'ordre, tel qu'il le donne, est la marche que va suivre la victoire. « On doit toujours avancer par la « droite et laisser l'initiative du mouvement au « maréchal Ney; et, du moment que la droite « se portera sur l'ennemi, tous les canons de la « ligne devront doubler leur feu, dans la direc- « tion utile pour protéger l'attaque de la droite. » A cinq heures et demie, au signal donné par trois salves d'une batterie de vingt pièces de canon, le corps du maréchal Ney s'ébranle; la division Marchand sort du bois de Sortlach et marche, l'arme au bras, dans la direction du clocher de Friedland; elle est soutenue par la seconde division du même corps que commande le général Bisson. Dès que l'ennemi aperçoit ce mouvement, plusieurs régiments de cavalerie, précédés d'une nuée de Cosaques, s'avancent pour déborder ces deux divisions, mais au même instant les dragons du général Latour-Maubourg volent à leur rencontre, les chargent et les rejettent sur l'Alle. Le maréchal Victor, qui formait la réserve, avait occupé le terrain que le maréchal Ney venait de quitter. Conformément à l'ordre impérial, l'artillerie de ce corps seconde énergiquement le maréchal Ney. Le général Sénarmont porte, à quatre cents pas en avant, au milieu de la plaine une batterie de trente pièces de canon dont le feu habilement dirigé cause un horrible ravage dans les rangs ennemis. Grace à ce secours venu si à propos, le maréchal Ney, qui avait été arrêté un moment, se ranime et se précipite, à la tête de ses grenadiers, sur les bataillons russes, les renverse et les jette dans l'Alle. Beaucoup d'hommes y périssent; d'autres se sauvent à la nage. Cependant la gauche de ce maréchal était arrivée sur le bord d'un ravin qui entoure la ville. En ce moment la garde impériale russe à pied et à cheval, embusquée dans ce ravin, se montre, charge la division française et lui fait perdre du terrain; mais à peine a-t-elle obtenu ce passager avantage que le général Dupont, du corps de Victor, la surprend dans le désordre du succès, la culbute malgré sa vive résistance et en fait un affreux carnage. Alors toute l'aile gauche de l'armée russe précipite sa retraite sur Friedland, où les colonnes françaises arrivent avec elle. La ville est forcée; ses rues sont jonchées de morts.

Jusque-là le maréchal Lannes et le maréchal Mortier n'avaient combattu que pour tenir en échec les corps russes qui étaient devant eux:

Ils y avaient complètement réussi. L'incendie de quelques maisons de Friedland avertit seul le centre de l'armée russe que son aile gauche n'existait plus. Après d'inutiles efforts contre le maréchal Mortier, les Russes se portèrent, avec un redoublement de vigueur, contre le maréchal Lannes. Leur fougue désespérée ne put que les conduire à une mort glorieuse sur les baïonnettes françaises. Des quatre divisions qui restaient encore sur la rive gauche de l'Alle, une seule parvint à gagner Friedland où elle voulut se faire jour l'épée à la main; mais, rencontrant une partie des troupes de Ney et de Victor, elle fut presque entièrement détruite. Les autres, coupées de cette ville dont le pont venait d'être brûlé, furent acculées à la rivière. Pressées à-la-fois par les corps des maréchaux Lannes et Mortier, elles n'eurent d'autre ressource que de chercher leur salut dans l'Alle; soit en s'y jetant au hasard et en s'abandonnant à la fortune, soit en y cherchant des gués au moyen desquels un petit nombre de régiments échappèrent; non sans laisser derrière eux beaucoup d'hommes et d'artillerie. Les Russes n'eurent pas moins de dix mille morts et de quinze mille blessés. Le plus grand nombre de ceux-ci resta au pouvoir des Français. L'armée française compta environ quatre mille blessés et quinze cents morts. Elle prit plusieurs drapeaux, quatre-vingts pièces de canon, un grand nombre de caissons et des magasins encore considérables, quoiqu'il ne restât que ceux que l'ennemi n'avait pas eu le temps d'incendier et de détruire. Le résultat était aussi décisif que prompt. Les batailles alors duraient quelques heures ; les campagnes, quelques journées. Dix jours après le renouvellement des combats, le sort de la guerre était décidé sans retour. L'armée russe était hors d'état de reparaître, de quelque temps, en ligne et de livrer de nouvelles batailles. Les causes de la perte de celle-ci, du moins avec de telles circonstances, appartenaient au général Benigsen, qui avait consumé la première moitié du jour, lorsqu'il n'avait devant lui que Lannes et Mortier, en mouvements indécis et sans résultat, tandis qu'avec plus de vigueur il eût pu rejeter assez loin l'aile gauche de l'armée française, pour s'assurer, à tout événement, une retraite libre, le long de l'Alle, sur Wehlau. Les prodiges de la résistance et l'abnégation généreuse, qui aimait mieux périr que de capituler, attestaient tout ce qu'eussent pu faire de pareils soldats conduits par des chefs plus habiles. Pour vaincre, grace à ses savantes manœuvres, Napoléon n'avait pas même eu besoin de toutes les forces qu'il avait sous la main. La garde impériale et deux divisions du premier corps[1] n'avaient point pris part au combat.

Le lendemain de la bataille, la cavalerie française poursuivit les Russes dans la direction de Wehlau, où ils passèrent la Prégel, en ayant soin de brûler les ponts. De là ils continuèrent leur retraite sur le Niémen.

Tandis que l'Empereur triomphait à Friedland, les corps qu'il avait détachés sur Königsberg exécutaient ses plans de ce côté avec un semblable bonheur. Le général prussien Lestocq qui, ayant sous ses ordres le corps russe de Kamenski, se trouvait à la tête de vingt-cinq mille hommes, avait voulu d'abord défendre les dehors de la place, mais bientôt il avait été obligé de se mettre à l'abri derrière ses remparts. Une colonne russe de douze cents hommes vint tomber au milieu du corps du maréchal Soult, qui la fit prisonnière. Le corps de ce maréchal et une partie de celui du maréchal Davoust investirent Königsberg jusqu'à la Prégel. Le grand-duc de Berg, avec son impétuosité ordinaire, eût voulu brusquer une attaque de vive force. Soult, plus prudent, refusa de sacrifier sans né-

---

[1] Les corps des maréchaux Ney, Lannes et Mortier, ne se composaient chacun que de deux divisions. Le premier corps seul en avait trois.

cessité une foule de braves, bien assuré que c'était Friedland qui réglerait la destinée de Kœnigsberg. Sa prévoyance ne tarda pas à être justifiée. Le 15 juin, à la nouvelle des événements du 14, Kamenski était parti pour rejoindre Benigsen, et Lestocq se mettait en mouvement pour le suivre. Les Français entrèrent, le 16, dans cette ville; ils y entrèrent avec ordre et sans violence; ils y surprirent un bataillon en retard, trouvèrent dans les hôpitaux dix à douze mille hommes, Prussiens et Russes, d'immenses magasins de vivres et de munitions de guerre, particulièrement cent soixante mille fusils qui n'étaient pas encore débarqués. Plus de deux cents bâtiments, presque tous anglais ou suédois, furent saisis dans le port.

Le grand-duc de Berg, attaché à la poursuite du corps prussien, harcelait et battait son arrière-garde. Davoust, qui avait passé la Prégel à Tabiau, faisait deux mille cinq cents prisonniers. Les corps d'armée qui avaient vaincu à Friedland ne s'étaient pas reposés après la victoire. Ils avaient marché, le 15, sur Wehlau, le corps du maréchal Victor formant la tête de colonne; le 16, ils avaient passé la Prégel sur des ponts de bateaux établis à Wehlau et à Lauditten. Le quartier-général de l'Empereur était à Schirrau le 17, ayant en avant et en arrière de ce village les corps de Lannes, Mortier, Davoust et la garde impériale. Le 18, on vit, pour la dernière fois, les Russes en-deçà du Niémen, qu'ils franchirent après quelques coups de canon que leur tira le général Victor. La guerre expira sur les bords de ce fleuve.

Le roi de Prusse n'avait plus de royaume. Mémel avec son territoire, le fort de Silberberg en Silésie, la place de Graudentz sur la Vistule, celle de Colberg sur la Baltique, voilà tout ce qui lui restait de cette longue et irrégulière étendue de provinces incohérentes qui avaient formé la monarchie prussienne. L'armée française était arrivée aux confins de la Russie. C'était pour l'Allemagne qu'Alexandre avait combattu, et il n'a plus d'armée quand la guerre touche à son territoire. L'illusion est évanouie; les deux souverains ont reconnu la nécessité de mettre à l'épreuve la générosité du vainqueur. Ce même jour 18, une lettre du prince Bagration, accompagnée de celle qu'il avait lui-même reçue du général Benigsen, fit connaître au major-général de l'armée française que les deux souverains désiraient mettre un terme à l'effusion du sang. Jamais, à aucune époque, l'Empereur Napoléon n'avait obtenu une supériorité aussi absolue sur ses ennemis; jamais il n'avait eu, contre des adversaires aussi épuisés, une armée plus belle, plus nombreuse, plus avide de gloire, plus capable d'entreprendre les conquêtes qui eussent pu tenter la plus vaste ambition. Il accueillit les propositions d'armistice qui lui étaient faites, et une suspension d'armes fut signée, le 21 juin, avec la Russie; le 25 avec la Prusse. Le thalweg du Niémen formait la limite des deux armées.

La signature de deux armistices distincts n'est rien moins ici qu'une circonstance indifférente. « On ignore, dit M. Schœll, les motifs « pour lesquels les alliés séparèrent leurs inté- « rêts dans un moment si important. » Cette séparation ne fut point le fait du choix des alliés. Elle annonce d'avance l'inégalité de faveur qui attend dans la négociation la Prusse et la Russie. Napoléon a divisé les deux causes, et l'empereur Alexandre n'a pas cru devoir élever, contre cette division, une remontrance qui eût pu être sans succès.

Le 22 juin, l'Empereur des Français avait, de son quartier-général de Tilsitt, adressé à son armée la proclamation suivante :

« Soldats,

« Le 5 juin, nous avons été attaqués dans nos « cantonnements par l'armée russe; l'ennemi

« s'est mépris sur les causes de notre inactivité.
« Il s'est aperçu trop tard que notre repos était
« celui du lion, il se repent de l'avoir oublié.

« Dans les journées de Guttstadt, d'Heilsberg,
« dans celle à jamais mémorable de Friedland,
« dans dix jours de campagne enfin, nous avons
« pris cent vingt pièces de canon, sept dra-
« peaux, tué ou blessé ou fait prisonniers
« soixante mille Russes, enlevé à l'armée enne-
« mie tous ses magasins, ses hôpitaux, ses am-
« bulances, la place de Königsberg, les trois
« cents bâtiments qui étaient dans ce port char-
« gés de toute espèce de munitions, cent
« soixante mille fusils que l'Angleterre envoyait
« pour armer nos ennemis.

« Des bords de la Vistule, nous sommes ar-
« rivés sur ceux du Niémen avec la rapidité de
« l'aigle. Vous célébrâtes à Austerlitz l'anniver-
« saire du couronnement; vous avez, cette an-
« née, dignement célébré celui de la bataille de
« Marengo qui mit fin à la guerre de la seconde
« coalition.

« Français, vous avez été dignes de vous et de
« moi. Vous rentrerez en France couverts de
« tous vos lauriers et après avoir obtenu une
« paix qui porte avec elle le gage de sa durée.
« Il est temps que notre patrie vive en repos;
« à l'abri de la maligne influence de l'Angle-

« terre. Mes bienfaits vous prouveront ma re-
« connaissance et toute l'étendue de l'amour que
« je vous porte. »

Dans cette proclamation toute en pensées et en faits, un seul mot appelle la censure : « Vous « avez été dignes de vous *et de moi.* » Mais à qui sur la terre l'orgueil dut-il jamais être permis, si ce n'est à l'Empereur Napoléon à Tilsitt?

CHAPITRE LXXII.

TRAITÉS DE PAIX ET D'ALLIANCE.

Négociation directe entre les deux empereurs. — Motifs des deux empereurs pour désirer une entrevue. — Entrevue sur le Niémen. — Rapprochement amical des deux armées. — Intimité des deux empereurs. — Désavantage de la position du roi de Prusse. — La reine de Prusse à Tilsitt. — Conclusion de traités de paix séparés avec la Russie et la Prusse. — — Substance du traité de paix avec la Russie. — Substance du traité de paix avec la Prusse. — Article secret avec la Prusse. — Substance de la convention du 12 juillet pour l'exécution du traité de paix avec la Prusse. — Traité d'alliance entre la France et la Russie. — Stipulations de l'alliance relatives à l'Angleterre. — Stipulations de l'alliance relatives à la Turquie. — Autres stipulations secrètes de Tilsitt. — Rapprochement des conditions souscrites, en 1807, par la Russie avec celles qu'elle avait refusé de ratifier en 1806.

Il était dans la destinée de Napoléon de donner aux négociations de la paix, comme à la conduite de la guerre, de nouveaux usages et des formes nouvelles. Austerlitz avait amené à son bivouac l'empereur d'Autriche. Friedland le met en contact avec Alexandre. Soldat couronné, il a rompu les habitudes des monarchies ; il a fait sortir les rois de leurs palais pour venir à sa rencontre sur le champ de bataille. Après les avoir appelés à combattre, il leur apprend à négocier par eux-mêmes. Ce ne sont plus seulement, ainsi qu'au dix-septième siècle, deux premiers ministres qui s'abouchent pour finir les querelles de la France et de l'Espagne. Ce sont les chefs des deux plus vastes empires de l'Europe qui vont, aux frontières de la Russie, régler les intérêts des puissances continentales, et discuter ceux des nations maritimes. Moins de formalités précédèrent leur entrevue qu'il n'en fallut, pour réunir dans l'île des Faisans, dom Louis de Haro et le cardinal de Mazarin[1].

Par qui l'entrevue fut-elle proposée ? Napoléon s'y prêta-t-il avec plus ou moins d'empressement ? D'une part, le prince Labanow se rend auprès de l'Empereur des Français ; de l'autre, le général

---

[1] Pour les conférences de ces deux ministres, en 1659, plus d'un mois se passa à arranger des difficultés sur la préséance, et à régler des cérémonies.

Duroc porte au quartier-général russe les ratifications de l'armistice, revient auprès de Napoléon et retourne auprès d'Alexandre. De quelle part fut l'initiative? Nous l'ignorons, et peu importe. L'entrevue devait être désirée par tous deux. Comme monarque, comme chargé du dépôt des intérêts de la France, Napoléon pouvait, sans un excès d'orgueil, croire à l'ascendant de son génie sur celui d'Alexandre. Homme et chef de dynastie, il pouvait lui convenir d'établir en fait, par un grand exemple, qu'il n'y avait nul souverain qui pût prétendre être plus que son égal. Pour Alexandre deux fois vaincu, sa place auprès de Napoléon dut lui paraître assez belle. Une réunion, où ils régleraient ensemble le sort de tant d'États, lui rendrait, au dénoûment de la guerre, un éclat que ne lui avaient point donné ses généraux. Jeune, ambitieux, ébloui de la gloire de son vainqueur, mais sentant en lui-même plus que l'avantage d'une grandeur héréditaire, fier d'entrer en rapport intime avec un grand homme, et assez sûr de ses propres forces pour ne pas craindre de se mesurer avec lui sous un point de vue politique, il prévoyait qu'entre eux il s'agirait d'un partage, et, dans sa position, le partage était une véritable conquête.

Au milieu du Niémen, par les soins du général français La Riboissière, il a été placé un large radeau sur lequel s'élève un pavillon destiné à recevoir les deux empereurs, et, à côté, un autre radeau, aussi avec un pavillon, pour leur suite. De chaque côté du fleuve, des bateaux sont prêts; le 25 juin, les deux souverains s'embarquent, Napoléon suivi du grand-duc de Berg, du prince de Neufchâtel, du maréchal Bessières, du général Duroc et du grand-écuyer Caulaincourt; Alexandre, accompagné du grand-duc Constantin, du général Benigsen, du général Ouwarof, du prince Labanow et du comte de Lieven. Les deux barques quittent la terre au même instant, mais celle qui porte Napoléon, conduite par des marins de sa garde, vole avec plus de rapidité; il s'élance sur le radeau et s'avance à la rencontre d'Alexandre; tous deux s'embrassent à la vue de leurs armées qui bordent les rives du Niémen, et dont les acclamations saluent à l'envi l'augure de la paix. Alexandre, en abordant Napoléon, a caressé d'un seul mot sa passion la plus vive et son intérêt le plus puissant. « Je hais les Anglais, lui dit-il, autant que vous « les haïssez : je serai votre second dans tout ce « que vous ferez contre eux. » — « En ce cas, ré- « pondit Napoléon, tout peut s'arranger et la paix « est faite. » Le dénoûment est prévu. Tout, de la part de Napoléon, va tendre à réaliser ce concours de la Russie contre le gouvernement anglais. Dans cette première conférence, les deux monarques restèrent deux heures ensemble. Le lendemain, ils se revirent au même lieu, et, à cette nouvelle réunion, le roi de Prusse était avec l'empereur Alexandre.

On était convenu que la moitié de la ville de Tilsitt serait neutralisée. Dans l'après-midi du même jour 26, l'empereur de Russie passa sur la rive gauche du Niémen où il fut reçu par l'Empereur Napoléon.

L'accord qui se manifestait entre les deux empereurs avait opéré un rapprochement semblable entre ces deux armées qui venaient de se combattre avec tant d'acharnement et d'animosité. La paix était même, pour ainsi dire, conclue par les troupes avant de l'être par les souverains. Des fêtes furent offertes par la garde impériale française à la garde de l'empereur de Russie et à celle du roi de Prusse. L'exemple de cette confraternité militaire fut surtout donné aux deux armées par le grand-duc Constantin et par le grand-duc de Berg. Tous ces guerriers qui, la veille, se lançaient la mort sans pitié, rivalisent aujourd'hui, vainqueurs ou vaincus, de délicatesse à honorer le courage de leurs adversaires. A la fin d'un banquet où la cordialité a été réciproque, on échange les habits pour exprimer mieux l'échange des affections et des sentiments : le casque ou l'épaulette française décorent l'uniforme russe ou prussien, tandis que l'uniforme français se pare d'une ceinture prussienne ou russe. Triste et admirable effet de la civilisation moderne ! Cependant que demain la volonté supérieure change, qu'un léger dissentiment sur une démarcation de limite rompe l'union naissante des souverains, et ces mains loyales, qui se pressent aujourd'hui en témoignage d'une estime mutuelle, ressaisiront à l'instant le glaive des combats pour immoler de nouvelles victimes aux combinaisons de l'ambition ou de la politique.

Chaque jour les deux empereurs dînaient et passaient de longues soirées ensemble. Des revues, des manœuvres militaires variaient les journées. Même à côté de sa garde, Napoléon admira celle de l'empereur de Russie. Suivant un écrivain militaire[1] généralement bien informé, à la vue d'une précision, d'un aplomb où d'autres auraient vu une roideur d'automates, Napoléon aurait exprimé le regret que les Français, à leur enthousiasme électrique, ne joignissent pas quelques-unes des qualités du soldat russe. « Les « soldats français, disait-il, aiment trop leur pays « pour faire les Macédoniens[2]. » Napoléon, en

---

[1] M. Jomini.

[2] Rien que de vraisemblable dans ce fait. En tout temps les

s'abstenant, cette année, de pénétrer en Russie, était plus sage que ne l'avait été le conquérant macédonien en s'aventurant dans l'Inde. Pour son malheur, le monarque français n'aura pas toujours la même réserve.

Quoique l'esprit de l'empereur Alexandre ne fût pas de la même portée que celui de Napoléon, ce prince était loin d'appartenir au vulgaire des rois. Des qualités aimables et brillantes avaient été développées en lui par une éducation bien dirigée. Tous deux se prirent, sinon d'une véritable amitié, du moins d'une certaine affection l'un pour l'autre, chose assez rare dans une si haute fortune et dans une telle différence de positions; Napoléon trouvant du charme à traiter en frère le chef héréditaire d'un empire rival; Alexandre, de son côté, éprouvant quelque orgueil de se voir, dans ses entretiens privés, au niveau d'un homme dont la gloire avait fasciné ses yeux; l'un et l'autre, dans ces combats de bienveillance et parfois de gaieté, ne

---

souvenirs du fils de Philippe pouvaient se présenter à l'esprit de Napoléon, mais à Finkenstein il s'était particulièrement occupé de la vie de ce prince. Il avait même, par une lettre du 2 mai, demandé au ministre de l'intérieur s'il n'existait pas à la bibliothèque impériale quelque histoire d'Alexandre en langue persane qui différât des histoires connues jusqu'alors.

négligeant ni le soin de leur politique ni les intérêts de leur empire. Dans leurs conférences secrètes, ils posaient les bases principales de la négociation que suivaient leurs plénipotentiaires.

Le mécompte en cette circonstance n'était que pour le roi de Prusse qui perdait auprès d'Alexandre tout le terrain qu'y gagnait Napoléon. Le monarque prussien était venu, le 28 juin seulement, occuper à Tilsitt le palais qui lui était préparé; mais la présence de ce prince, estimable sous tant de rapports, ne servit ni à diminuer les exigences ni à désarmer l'humeur de Napoléon. Trop peu de sympathie existait dans leurs caractères. A peine eussent-ils pu se convenir dans des temps plus heureux. Le malheur du roi et l'embarras, le mécontentement secret, inséparables du malheur, n'étaient pas propres à faire disparaître les dissonances qui empêchaient toute liaison entre eux. Les Mémoires de Sainte-Hélène racontent que plus d'une fois le roi était revenu sur la violation du territoire d'Anspach comme sur l'événement qui avait produit tous les malentendus de la Prusse et de la France. Pour quiconque a connu de près la cour de Berlin, le fait est très-vraisemblable. De cette époque dataient effectivement les plus grandes aberrations de cette cour. Le roi, dans cette allégation, ne cherchait probablement qu'une excuse au parti qu'il avait embrassé depuis, mais peut-être cette excuse blessait-elle surtout Napoléon par la maladresse qui s'attache à rappeler cette circonstance, tandis qu'il aurait pu expliquer sa conduite par d'autres raisons plus solides et mieux fondées. Le jeu naturel de l'Empereur des Français était de pousser au plus haut point la démonstration de son ressentiment contre la Prusse, de manière à faire valoir, comme un bienfait, le mal qu'il ne lui ferait pas et à montrer celui qu'il lui ferait comme restreint par un excès de modération, dû à la seule intervention de l'empereur Alexandre. Celui-ci flatté de l'intimité de ses rapports avec Napoléon, entraîné par le charme d'une conversation piquante, originale, où la politique était largement traitée avec l'apparence d'une franchise confidentielle, se trouvait, comme à son insu, singulièrement refroidi sur l'infortune d'un roi [1] qui aujourd'hui semble n'être plus à ses yeux qu'un ami d'un ordre inférieur comme monarque et comme homme.

La reine à son tour parut à Tilsitt [2]. Elle y

---

[1] Le roi de Prusse écrivait, le 16 juillet au roi de Suède : « Immédiatement après l'armistice, mon allié a conclu la paix pour lui seul. »

[2] Le 6 juillet.

arriva trop tard. L'effort dut être assez grand pour cette princesse et par plus d'une cause. Sa conscience ne pouvait lui dissimuler que cette impolitique et inopportune guerre, qui avait fait crouler l'édifice artificiel de la grandeur prussienne, avait été en grande partie son ouvrage. En même temps il lui était pénible de se montrer en suppliante à l'homme qui l'avait si cruellement offensée, quoique d'autre part un sentiment vrai lui laissât apercevoir l'avantage que pouvaient lui donner sur Napoléon les torts même qu'il avait eus avec elle. Sa confiance, sous ce dernier point de vue, ne sera pas heureuse. Au sein de la victoire, on se pardonne aisément les écarts auxquels on s'est, avant le combat, laissé emporter envers ceux qu'on a vaincus. Il est à croire que Napoléon éprouvait quelques regrets de sa conduite précédente, mais il ne se croyait pas tenu à expier, par des concessions de territoire, le langage incivil de ses bulletins. Il n'était pas homme à pousser le repentir jusqu'à donner Magdebourg pour faire agréer l'offre d'une rose[1]. La flatterie la plus

---

[1] On connaît cette anecdote. Napoléon offrant une rose à la reine, celle-ci, avant de la recevoir, lui dit : « *Au moins avec Magdebourg.* » La réponse était difficile pour qui n'entendait pas faire un pareil présent. Celle de Napoléon fut gauche, dure

adroite, les instances les plus délicates échouaient contre une ame livrée à des calculs généraux et matériels. « La gloire du grand Frédéric, disait « la reine, ses souvenirs, son héritage, avaient « trop gonflé le cœur de la Prusse et nous « avaient fait méconnaître un héros dont nous « eussions dû cultiver l'heureuse amitié.... » Le héros, peu ému de ces douces paroles, n'était occupé qu'à se défendre de toute formule de courtoisie, dans laquelle on eût pu voir une sorte d'engagement, et encore n'y parvint-il pas. Un reste de rigueur, suite de sa première injustice, lui a fait remarquer une teinte de solennité tragique[1] dans les manières et dans la coquetterie même de la reine. La remarque peut, sans emporter aucun blâme avec elle, n'être pas dénuée de justesse. La douleur même la plus sincère n'est pas toujours exempte d'une certaine exagération, et en Allemagne particulièrement on a pu, sans malveillance, reconnaître quelquefois que les femmes les plus spirituelles,

---

même, puisqu'il faisait sentir à la reine que c'était à lui d'offrir, à elle seulement d'accepter.

[1] « Napoléon dit que la reine le reçut comme mademoiselle « Duchenois dans *Chimène*, demandant, criant *justice*, renver- « sée en arrière; en un mot, tout-à-fait en scène, c'était de la « véritable tragédie. »

les plus intéressantes, laissent à désirer un peu plus de naturel dans l'expression de leurs sentiments les plus vrais. En réalité l'Empereur Napoléon et la reine de Prusse étaient à Tilsitt deux personnages en scène [1], l'une cherchant par les séductions bien légitimes de son esprit, de sa beauté et de ses graces, à intéresser, en faveur d'un État malheureux, la générosité d'un ennemi triomphant; l'autre, sur la défensive, attentif à se préserver de tout entraînement chevaleresque, bien résolu qu'il était de ne pas sacrifier de solides avantages à une vaine renommée de politesse et de galanterie. La reine, par ses vertus, par la sincérité de ses regrets sur des maux auxquels son imprudence avait contribué, eût mérité de trouver un vainqueur moins inexorable.

Peut-être si la reine de Prusse eût paru [2] à Tilsitt au premier moment de la réunion des em-

---

[1] « La reine déploya tout son esprit, elle en avait beaucoup; « toutes ses manières, elles étaient fort agréables; toute sa co« quetterie, elle n'était pas sans charmes. Il me fallut beaucoup « d'attention sur moi-même pour demeurer exempt de tout en« gagement et de toute parole douteuse. »
Mémoires de Las Cases.

[2] L'Empereur racontait que, si la reine de Prusse était arrivée au commencement des négociations, elle eût pu influer beaucoup sur leur résultat. Heureusement, lorsqu'elle arriva,

pereurs, sa présence eût-elle produit un résultat avantageux pour cette monarchie, parce qu'alors Napoléon aurait pu se croire obligé d'acheter, à ce prix, la condescendance d'Alexandre; mais du moment qu'il s'était, par quelques entretiens avec le monarque russe, assuré le concours de ce prince à ses vues, indépendamment du sort qui pouvait être réservé à Frédéric-Guillaume, l'arrivée de la reine devenait un embarras, sans porter avec elle aucune utilité. Il paraît même que sa participation aux débats, qui avaient lieu, ne fit que hâter des déterminations contraires aux intérêts qu'elle venait défendre. La reine en effet, ramenant avec beaucoup d'art dans la conversation les points non encore résolus qu'elle désirait faire décider d'une manière favorable, mettait l'Empereur Napoléon dans l'alternative ou de montrer une rigueur dont l'expression est toujours pénible envers une reine qui supplie, ou, lorsqu'il éludait les questions par des paroles moins fermes, de fournir à cette princesse le prétexte de voir une concession dans un demi-mot ou dans une réticence. De-là le lendemain des altercations sur les choses étaient tellement avancées qu'il put se décider à conclure aussitôt après.

Mémoires de Las Cases.

de prétendues promesses de la veille, altercations dans lesquelles l'empereur Alexandre fut plus d'une fois pris pour juge. Fatigué de ces querelles, Napoléon chargea son ministre de se montrer intraitable sur les articles contestés et de presser la conclusion. Une discussion plus longue eût pu être moins défavorable à S. M. prussienne.

Il en fut de la paix comme de l'armistice. Le traité de la France avec la Russie fut signé le 7 juillet; le traité avec la Prusse, le 9 seulement. La distinction de deux traités et la différence de leurs dates semblent avoir pour but de faire voir que la Prusse ne traite pas, qu'on a traité en son nom et qu'elle ne fait que subir les conditions réglées pour elle. Cet abaissement de la maison de Brandebourg est même formellement constaté par l'article 4 du traité entre la France et la Russie. « L'Empereur Napoléon, porte cet « article, par égard pour l'empereur de toutes « les Russies et voulant donner une preuve du « désir sincère qu'il a d'unir les deux nations « par les liens d'une confiance et d'une amitié « inaltérables, consent à restituer à S. M. le roi « de Prusse, allié de S. M. l'empereur de toutes « les Russies, tous les pays, villes et territoires « conquis et dénommés ci-après. » Ainsi rien n'est fait en faveur de la Prusse par considération pour elle ni pour son roi. En conséquence d'un faux principe qui changerait le droit de possession par le fait seul de la conquête, Napoléon dispose de la Prusse comme d'un pays vacant sur lequel il ne resterait de droit fondé à personne. Ce n'est point au roi vaincu, c'est à l'allié de la Russie, c'est pour prix de l'union de la Russie avec la France que le traité restitue à Frédéric-Guillaume la moitié de ses États. Si, du côté de Napoléon, le procédé est dur envers le roi, il s'explique au moins par une irritation qui n'est point éteinte. Comment expliquer, de la part d'Alexandre, l'acceptation d'un protectorat dont les termes sont si offensants pour son allié et son ami? Comment en expliquer surtout la stipulation dans un acte destiné à devenir public? L'oppresseur est bien condamnable, mais son complice! Le jugement de l'empereur de Russie était bien peu formé à cette époque, si ce prince pouvait croire qu'un appui d'une telle nature et dans une telle forme, donné à la Prusse, fût honorable pour le protecteur.

On se dispense d'énumérer ici les pays, villes et châteaux rendus au roi, c'était tout ce qu'il possédait sur la rive droite de l'Elbe, moins la Prusse méridionale et une petite portion de la Prusse occidentale, c'est-à-dire, moins les possessions qui étaient des démembrements de la

Pologne[1]. Une nouvelle destination était donnée à ces pays par l'article 5. Toutes les provinces qui, au 1er janvier 1772, faisaient partie de la Pologne et qui depuis avaient passé, à diverses époques, sous la domination de la Prusse, devaient être possédées par le roi de Saxe, sous le titre de duché de Varsovie.

De ces provinces polonaises, devenues prussiennes et qui vont être réunies en un gouvernement à part, une seule était détachée, article 9, pour être incorporée à l'empire de Russie; c'était la province de Bialystock, acquisition plus importante comme rectification de frontière que par sa population, montant à peine à deux cent mille ames. De son côté l'empereur de Russie faisait aussi une cession de territoire, mais une cession bien plus faible encore; il renonçait, article 16, en faveur de la Hollande, à la seigneurie d'Iever dans l'Ost-Frise. Est-ce le plénipotentiaire russe qui de lui-même, en demandant la province de Bialystock, a sacrifié, à un intérêt d'État, les scrupules de délicatesse personnels à l'empereur Alexandre? Ou bien est-ce

---

[1] Les dispositions des articles 4, 5, etc., jusqu'à l'article 13 inclusivement étaient réputées des concessions de la France à la Russie. Les articles 14, 15, etc., jusqu'à l'article 25 formaient les concessions de la Russie à la France.

le plénipotentiaire français qui, en faisant une de ces propositions si rarement rejetées, a fait entrer l'empereur de Russie en communauté de spoliation avec la France et d'une spoliation plus odieuse de sa part, puisqu'elle porte sur un allié? Les deux cabinets ont pu avoir la même volonté par des motifs différents. Comme, de toute manière, la question d'honneur ne devait pas rester complètement intacte pour la Russie, son cabinet s'est dit probablement que l'injustice s'oublie, la honte passe et la possession reste.

L'article 6 rétablissait la ville de Dantzig dans son ancienne indépendance, ce qui, pour un certain temps du moins, devait en faire un poste français sur la Baltique. L'article 7 stipulait l'usage d'une route militaire, à travers les États prussiens, pour les communications du roi de Saxe avec le duché de Varsovie, et, par l'article 8, il était interdit au roi de Prusse, au roi de Saxe et à la ville de Danzig, d'entraver, par des droits de péage, la navigation de la Vistule.

Les ducs d'Oldenbourg et de Mecklembourg étaient, article 12, remis dans la pleine et paisible jouissance de leurs États, mais les ports de ces duchés devaient continuer à être occupés par des garnisons françaises jusqu'à la paix définitive entre la France et l'Angleterre. Au reste l'Empereur Napoléon exprimait le désir de négocier incessamment la paix avec la cour de Londres, et il acceptait dans ce but, article 13, la médiation de l'empereur Alexandre, pourvu que cette médiation fût aussi acceptée par le gouvernement anglais, un mois après l'échange des ratifications du présent traité.

Par les articles 15, 16, 17 et 18, le traité était déclaré commun à tous les alliés de la France ; l'Empereur de Russie reconnaissait les trois frères de Napoléon, Joseph, Louis et Jérôme, comme rois de Naples, de Hollande et de Westphalie ; il reconnaissait la confédération du Rhin, l'état actuel de possession de ses membres, les titres qui leur avaient été donnés, et promettait de reconnaître pareillement, sur les notifications de l'Empereur des Français, les souverains qui seraient appelés plus tard à en faire partie.

L'article 19 statuait que le royaume de Westphalie serait composé des provinces, cédées par le roi de Prusse à la gauche de l'Elbe et d'autres États possédés par l'empereur Napoléon.

La disposition, qui serait faite de ces pays par Napoléon, serait, article 20, reconnue par l'empereur Alexandre.

Les articles 21, 22, 23 et 24, relatifs à la guerre des Turcs et des Russes, stipulent la cessation des hostilités entre les deux empires ;

les troupes russes doivent évacuer la Moldavie et la Valachie, mais ces provinces ne pourront être occupées par les troupes ottomanes qu'après la conclusion de la paix définitive entre les cabinets de Pétersbourg et de Constantinople. A cet effet l'empereur de Russie accepte la médiation de la France et des plénipotentiaires respectifs seront incessamment nommés pour ouvrir les négociations.

Enfin les deux Empereurs de France et de Russie se garantissent mutuellement, article 25, l'intégralité de leurs possessions et celles des puissances comprises au traité; on se rend, article 16, les prisonniers en masse et sans échange; les relations de commerce entre l'Empire français, le royaume d'Italie, les royaumes de Naples et de Hollande et les États confédérés du Rhin, d'une part, et l'Empire de Russie, de l'autre, sont, article 27, rétablis sur le même pied qu'avant la guerre; le cérémonial entre les cours de Pétersbourg et de Paris est, article 28, soumis au principe d'une égalité et d'une réciprocité parfaites.

Quoique chacune des dispositions du traité, dont nous venons de présenter la substance, porte en elle-même l'indication des motifs qui l'ont dicté, nous examinerons plus tard les considérations qui justifient ou expliquent du moins ce qu'elles ont, au premier coup-d'œil, d'inattendu et d'extraordinaire. Nous rechercherons aussi en quoi ont consisté les dispositions secrètes qui ont pu accompagner le traité patent.

Quant au traité du 9 juillet, entre la France et la Prusse, toutes les conditions onéreuses pour ce dernier royaume, consenties par l'empereur Alexandre, y sont naturellement reproduites à peu près dans les mêmes termes. Le roi de Prusse reconnaît aussi les rois de Naples, de Hollande et de Westphalie, ainsi que les membres de la confédération du Rhin, avec les titres qui leur ont été donnés; mais là ne se bornent pas les obligations imposées à ce monarque. L'article 27 rompt toute relation commerciale entre l'Angleterre et les États prussiens jusqu'à la paix définitive entre la France et l'Angleterre.

Un article séparé et secret portait, en outre, l'engagement pour la Prusse de faire cause commune avec la France contre l'Angleterre si, au 1er décembre, l'Angleterre n'avait pas consenti à conclure la paix à des conditions réciproquement honorables et conformes aux vrais principes du droit maritime.

L'article 28 renvoie à une convention, qui doit être incessamment conclue, le réglement de l'époque à laquelle aura lieu la remise des places destinées à être rendues à S. M. Prussienne, convention qui, signée le 12 juillet par le maréchal Berthier et le feld-maréchal Kalkreuth, devient un malheur pire que le traité même, car en expliquant quelques-unes de ses dispositions, elle les aggrave par des clauses nouvelles.

D'après ce dernier arrangement, toute la Prusse jusqu'à l'Elbe devait être évacuée au 1er octobre, à l'exception de Stettin, où il devait rester provisoirement une garnison de six mille Français; mais cette évacuation était subordonnée à l'accomplissement d'une condition très-difficile ou même à peu près inexécutable. Suivant l'article 4, elle devait avoir lieu « dans le cas où les « contributions frappées sur le pays seraient ac- « quittées. » Elles seraient censées l'être, quand il aurait été fourni à l'intendant-général de l'armée française des sûretés reconnues suffisantes ou valables. Or il allait se présenter, entre la Prusse et la France, un premier point de discussion sur lequel on ne pourrait s'entendre, c'était la fixation de la quotité des contributions dues encore par la Prusse. Ce litige amènera la prolongation de l'occupation militaire, et ensuite la signature de conventions nouvelles, qui laisseront presque indéfiniment au pouvoir des Français les places de Stettin, Custrin et Glogau. Ainsi se termina, pour la monarchie prussienne, une guerre de passion et non de calcul; guerre de cour et non de cabinet, guerre brusquement entreprise, même sans avoir fait la paix avec l'Angleterre, même sans avoir concerté le moment de l'attaque avec la Russie, dont cependant le secours était assuré, guerre où la légèreté des femmes et la présomption de la jeunesse militaire avaient entraîné et associé à leurs rêves orgueilleux et les hommes d'État et les vieux compagnons de Frédéric. Jamais, depuis la révolution française, la victoire, quoique souvent rigoureuse, n'avait, au jour de la conclusion de la paix, imposé, à la puissance vaincue, d'aussi immenses sacrifices. Par le traité de Tilsitt, la Prusse perdait quatre millions [1] deux cent trente-six mille ames, presque la moitié de la population de cette monarchie.

Dans les premiers mots que l'empereur Alexandre avait dits à Napoléon, il y avait, non-seule-

---

[1] Les pays cédés par la Prusse étaient, *à l'est de l'Elbe*,

Le cercle de Kottbus	33,500
— de la Prusse occidentale et du district de la Netze	262,286
Prusse méridionale	1,282,189
Nouvelle Prusse orientale	904,518
A reporter le *total de la perte à l'est de l'Elbe.*	2,482,493

ment un traité de paix, mais un traité d'alliance, et l'alliance[1] en effet fut signée le même jour que la paix. L'alliance était offensive et défensive. Elle devait particulièrement avoir son application contre deux grandes puissances, l'Angleterre et la Turquie, mais cette application ne devait avoir lieu qu'après avoir préalablement

Report de la *perte à l'est de l'Elbe*.... 2,482,493

Perte à l'ouest de l'Elbe.

Le cercle de la Vieille-Marche et de la Prignitz.....	112,000
Duché de Magdebourg et dépendances............	250,039
Principauté d'Halberstadt, id.	148,232
Principauté d'Hildesheim, id.	130,069
Principautés d'Eichsfeld, Erfurth, etc...........	164,690
Principauté de Minden et Ravensberg............	159,776
Principautés de Paderborn, Münster, Lingen et Tecklembourg..........................	268,542
Comté de la Marche, abbayes d'Essen, Elten et Werden	162,101
Principauté d'Ost-Frise............................	119,803
Principauté de Baireuth............................	238,560
Total général................	4,236,305

Les pays conservés par le roi de Prusse présentaient une population de 5,043,504 habitants.

[1] Si l'on excepte quelques dispositions de ce traité, dont l'existence a été nécessairement trahie par les actes publics qui ont dû en être la suite, le reste en était jusqu'à ce jour demeuré secret et renfermé entre les cabinets seuls de Paris et de Pétersbourg.

fait les démarches nécessaires pour amener l'une et l'autre puissance à conclure la paix. La Russie offrait sa médiation auprès de l'Angleterre; la France offrait la sienne auprès du cabinet ottoman.

Pour toute guerre européenne que la Russie ou la France serait dans le cas d'entreprendre ou de soutenir, les alliés devaient faire cause commune soit par mer, soit par terre, soit enfin par mer et par terre.

Ils se réservaient, le cas de l'alliance survenant, de régler le mode et le lieu de leur action respective, mais dès le moment même ils convenaient d'employer, au besoin, la totalité de leurs forces.

« Si l'Angleterre n'acceptait [1] pas la médiation
« de la Russie ou si, l'ayant acceptée, elle n'a-
« vait point, au 1ᵉʳ novembre, consenti à con-
« clure la paix en reconnaissant *que les pavil-*
« *lons de toutes les puissances doivent jouir d'une*
« *égale et parfaite indépendance sur les mers,* et en
« restituant les conquêtes faites sur la France et
« ses alliés *depuis* 1805, » la Russie devait, dans le courant de novembre, notifier au gouvernement anglais que, sur son refus de conclure la paix aux conditions susdites, S. M. l'empereur

[1] Article 4.

Alexandre ferait cause commune avec la France. Elle demandait pour le premier décembre une réponse catégorique, et l'ambassadeur de Russie à Londres aurait l'ordre éventuel de quitter l'Angleterre.

Dans le cas où le cabinet britannique n'aurait pas fait à la notification russe une réponse satisfaisante, la France et la Russie sommeraient les trois cours [1] de Copenhague, de Stockholm et de Lisbonne de fermer leurs ports aux Anglais, de rappeler de Londres leurs ambassadeurs et de déclarer la guerre à l'Angleterre.

Les alliés ne se permettaient pas de stipuler une pareille sommation pour la cour de Vienne, mais ils s'engageaient à insister avec force auprès de cette cour pour qu'elle adoptât leurs principes et s'associât à leurs mesures, afin d'en assurer le triomphe.

Si l'Angleterre accédait aux conditions qui lui étaient offertes [2], le Hanovre lui serait restitué en compensation des colonies françaises, hollandaises et espagnoles.

En examinant les conditions auxquelles les alliés sont prêts à faire la paix avec l'Angleterre, on conçoit difficilement les refus que fera cette

---

[1] Article 5.
[2] Article 7.

puissance. Deux bases sont posées, l'indépendance des mers et la restitution par l'Angleterre de ce qu'elle a conquis depuis 1805. Sans doute le principe de l'indépendance des mers répugne beaucoup au cabinet britannique; mais il était impossible à la France de ne pas chercher à faire prévaloir un principe, vital pour elle et pour toutes les nations maritimes, consacré une seconde fois par la confédération du Nord de 1800; qui, momentanément abandonné par l'empereur Alexandre dans la crise de son avénement au trône, avait été peu après ressaisi par ce prince et stipulé entre lui et la France dans les articles secrets du traité d'octobre 1801. Ce n'est pas là d'ailleurs ce qui probablement aura détourné l'Angleterre d'accéder aux propositions des alliés. La reconnaissance d'un principe dans un traité eût été pour elle comme une lettre morte, puisque, cette condition étant de sa nature une de celles qui n'ont point d'application pendant la paix, ce n'était en définitive qu'un ajournement de la difficulté à une nouvelle guerre.

S'il y avait une exigence dans cette clause, il y avait, à côté, une importante concession. La clause suivante, en restreignant les restitutions de l'Angleterre à celles des conquêtes faites depuis 1805, emportait la conservation des conquêtes d'une date antérieure. A la vérité cette concession semblait révoquée ou paralysée du moins par l'article 7, portant que le Hanovre serait rendu à l'Angleterre en échange des colonies françaises, espagnoles et hollandaises; mais, de ces deux articles plus ou moins concordants, il sortait toujours la preuve d'une disposition des deux nouveaux alliés à donner une juste satisfaction au cabinet de Londres. Lorsque ce cabinet fermera toute voie à un rapprochement, il semble que, dans ce cas, il voudra la guerre pour la guerre et rejettera la paix par la haine de la paix ou, si l'on veut, par la crainte de ne pas trouver dans la paix, telle qu'il pourrait la faire, les avantages que lui offre la guerre.

Après les articles qui concernaient l'Angleterre, un seul exprimait tout ce qui regardait la Turquie, l'article 8. Il était ainsi conçu :

« Pareillement, si, par suite des changements
« qui viennent de se faire à Constantinople, la
« Porte n'acceptait point la médiation de la France,
« ou si, après l'avoir acceptée, il arrivait que,
« dans le délai de trois mois après les négocia-
« tions, elles n'eussent pas conduit à un résultat
« satisfaisant, la France fera cause commune avec
« la Russie contre la Porte-Ottomane, et les deux
« hautes parties contractantes s'entendront pour
« soustraire toutes les provinces de l'empire ot-

22.

« tomán, en Europe, *la ville de Constantinople*
« *et la province de Romélie exceptées*, au joug et
« aux vexations des Turcs. »

Ainsi l'engagement hypothétique de la France
contre les Turcs forme la contre-partie de l'engagement de la Russie contre les Anglais; mais,
en ce qui concerne l'Angleterre, il ne s'agit que
de l'obliger à des restitutions; il s'agit, à l'égard
des Turcs, de leur enlever des provinces dont ils
sont, depuis quatre siècles, les légitimes pos-
sesseurs. La stipulation qui les regarde, exprimée dans un seul article, est l'une des plus har-
dies qui aient jamais trouvé place dans un traité
entre deux puissances, et cependant telle est la
masse des forces dont ces deux puissances dis-
posent, que ce qu'elles viennent d'admettre
comme hypothèse, il dépendrait d'elles de le
réaliser. Cet accord, quoique purement éventuel,
était une grande déviation de l'ancienne politique
de la France. La nouvelle seule des événements
survenus à Constantinople avait pu y déterminer l'Empereur Napoléon. L'Empereur avait conçu
de l'estime et une sorte d'affection pour le sultan Sélim; il prenait un vif intérêt à sa prospérité et aux efforts qu'il faisait pour civiliser son
empire. Par malheur, le caractère de Sélim n'é-
tait pas assez fort pour une telle entreprise. On
sait que, dans le dessein de préparer la dissolu-

tion de la milice turbulente des Janissaires, ce prince avait organisé, sous le nom de Nisam-Gedittes, plusieurs régiments réguliers suivant la méthode des nations chrétiennes. Le mécontentement des Janissaires ne lui permit pas de pousser plus loin son ouvrage. Cette dernière troupe, qui comptait dans ses rangs la presque totalité de la population turque, communiqua l'esprit de révolte dont elle était animée aux ulémas, qui sont les chefs du clergé et de la magistrature. L'alliance fut prompte, ceux-ci étant eux-mêmes irrités de la diminution de leur influence sous le présent règne. La conspiration prit rapidement beaucoup de consistance. L'ambassadeur de France en fut informé et en avertit le sultan Sélim. Le seul moyen de salut pour ce prince eût été de se rendre à l'armée, et de s'entourer des corps dans lesquels il pouvait mettre une juste confiance. Vainement le général Sébastiani lui en donna le conseil, et s'efforça de lui faire adopter cette résolution décisive. Sélim manquait de ce courage d'esprit sans lequel rien de grand ne peut s'accomplir. Il s'abandonna, sans résistance, au sort que lui préparait une rébellion, forte seulement de sa faiblesse. Une bande de séditieux posa la question suivante : « Tout pa-
« discha qui, par sa conduite et ses lois, combat
« les principes consacrés par l'Alcoran, mérite-

« t-il de rester sur le trône ? » Le mufti répondit : *Non* : et un chef de révoltés proclama le sultan Mustapha comme légitime empereur des Osmanlis. Sélim fut enfermé dans l'intérieur du sérail[1]; ses ministres furent presque tous massacrés; ses partisans forcés à la fuite. La position de l'ambassadeur lui-même n'était pas sans danger. On pouvait craindre du moins que le nouveau sultan ne rompît l'alliance de Napoléon pour se joindre à ses ennemis. Telles étaient les notions parvenues à l'Empereur au moment où il négociait encore la paix avec Alexandre. La chute d'un allié dévoué, utile, lui inspira un vif ressentiment contre les Turcs, et les traités de Tilsitt se ressentirent de cette impression.

Indépendamment de l'article 8 de l'alliance dont nous avons donné le texte précis, a-t-il existé, comme on l'a prétendu, d'autres articles secrets qui aient déterminé la portion de territoire turc assignée à chacune des parties co-partageantes ? des articles formels et revêtus des formes diplomatiques ? Non ; mais qu'il y ait eu à

---

[1] Dans le peu de temps qui précéda sa mort, Sélim eut pour compagnon de sa captivité le sultan Mahmoud dont les consolations adoucirent son infortune. Nous avons vu ce dernier, monté à son tour sur le trône, exécuter l'entreprise vainement tentée par Sélim.

cet égard un accord conditionnel entre les deux empereurs, nul doute sur ce point. Plus d'une fois nous en retrouverons la preuve, particulièrement dans le langage de l'empereur Alexandre. Nous le verrons plus tard, invoquant les souvenirs de Tilsitt, prétendre que c'est l'Empereur Napoléon lui-même qui a désigné son propre lot, celui de la Russie, celui de l'Autriche : « Quel« que chose à l'Autriche, pour satisfaire son « amour-propre plutôt que son ambition. » Tels seront les termes dans lesquels le fait sera rappelé par l'empereur Alexandre. Dans les actes de Napoléon, nous trouverons de même l'indication d'un projet d'arrangement, mais nulle trace d'un arrangement consommé. Ainsi, par exemple, afin d'apprécier ce que vaudrait pour lui et pour la Russie la possession respective des territoires qui pourraient leur tomber en partage, il charge le général Marmont, qui commande en Dalmatie, « de lui faire connaître[1], par des officiers « sûrs, géographiquement et administrativement, « ce qu'il pourrait se procurer sur la Bosnie, la « Macédoine, la Thrace, l'Albanie, etc. Quelle « population turque? quelle population grec« que? Quelles ressources ces pays offriraient en

---

[1] Lettre du 8 juillet, le lendemain de la signature des traités de paix et d'alliance.

« habillement, vivres, argent, enfin quel revenu
« on pourrait tirer de suite au moment de l'oc-
« cupation, car les améliorations sont sans bases. »
Outre ce premier travail de statistique générale,
l'Empereur veut un mémoire militaire, et il pose
les questions qui doivent être traitées. « Si deux
« armées entraient à la fois, l'une par Cattaro et
« la Dalmatie dans la Bosnie, l'autre par Corfou,
« quelles devraient être les forces de toute arme,
« pour être certain de la réussite? Quelle espèce
« d'arme serait la plus avantageuse? Comment
« passerait l'artillerie? Comment se recruterait-
« on? Quel serait le meilleur temps pour agir? »

Dans sa correspondance avec son ambassadeur
à Constantinople, l'Empereur Napoléon s'expli-
quait encore plus clairement. Voici la substance
des faits résultant à cet égard de ses communications avec son ambassadeur. Comme il y aurait
impossibilité de donner à aucune grande puissance européenne la possession de l'Hellespont
et du Bosphore, la première condition de l'arrangement à faire devrait être que la pointe de
la Thrace, en tirant une ligne de Bourgas, sur
la Mer Noire, jusqu'au golfe d'Énos dans l'Archipel,
continuerait, y compris Andrinople, d'appartenir à la Porte-Ottomane. La Russie obtiendrait
la Moldavie, la Valachie, toute la Bulgarie jusqu'à la rive gauche de l'Hèbre, appelé par les

Turcs Marizza. La Servie formerait le lot de l'Autriche; la Bosnie, l'Albanie, l'Épire, le Péloponèse, l'Attique, la Thessalie, celui de la France. Cette dernière part était sans doute propre à flatter un esprit qui ne connaissait point de bornes, mais la meilleure part, la plus compacte, par conséquent la plus solide et la plus sûre, était celle qui devait échoir à la Russie. En transmettant ces indications au général Sébastiani, l'Empereur le chargeait de rédiger un mémoire pour régler, sur ces bases, la délimitation précise des trois puissances.

D'après ces faits et les autres notions que nous avons pu recueillir, nous sommes fondés à croire qu'il n'y eut pas, à Tilsitt, d'autres stipulations, arrêtées par écrit, concernant la Turquie, que celles de l'article 8 du traité d'alliance, dont nous avons donné le texte littéral. Les articles secrets, relatifs à un démembrement de cette puissance, publiés comme authentiques par plusieurs écrivains français et étrangers, articles mis en circulation par l'Angleterre et portés par elle à Constantinople, comme ayant été convenus entre Napoléon et Alexandre, approchent plus ou moins de ce qui avait été ébauché dans les entretiens des deux Empereurs, mais rien à cet égard n'avait été signé en leur nom ni par eux-mêmes, et les excursions de leur esprit sur la possibilité d'un partage n'avaient été qu'une hypothèse essentiellement subordonnée à un événement qui ne se réalisa pas, le refus de la médiation de la France par la Porte-Ottomane. L'Empereur Napoléon ne tarda pas à se désenchanter d'un projet dont il jugea que le principal avantage ne serait pas pour lui. Au moment où l'ordre qu'il avait donné au général Sébastiani parvint à Constantinople, cet ambassadeur avait déja regagné auprès du sultan Mustapha une partie de l'influence dont il avait joui auprès de Sélim. Le nouveau prince, encore mal affermi, avait senti le besoin de se ménager, sinon la faveur, du moins la neutralité de la France; il avait donc, dans la crainte de lui déplaire, repoussé les tentatives faites en faveur de l'Angleterre et de la Russie. L'alliance française était respectée. L'opinion personnelle du général Sébastiani était pour le maintien de cette alliance et pour la conservation intégrale de l'Empire ottoman. Le mémoire qu'il rédigea fut contraire à toute idée de partage.

S'il n'a pas existé d'articles secrets, signés par des plénipotentiaires français et russes ou même par les deux Empereurs, ayant pour objet un démembrement hypothétique de la Turquie, il a cependant été signé à Tilsitt, indépendamment du traité de paix et du traité d'alliance, des articles séparés et secrets d'une haute gravité, mais qui, presque tous, renfermaient des concessions de la Russie au profit de la France.

Le premier de ces articles stipulait la remise aux troupes françaises du pays connu sous le nom de Cattaro.

D'après le deuxième, les Sept-Iles devaient être possédées en toute propriété et souveraineté par l'Empereur Napoléon qui consentait (art. 3) à ne point rechercher les sujets de la Sublime-Porte prévenus d'avoir pris part à des hostilités contre lui.

Par l'article 14 du traité de paix, l'empereur Alexandre avait reconnu Joseph Napoléon comme roi de Naples. Il s'engageait, par le quatrième des articles secrets, à reconnaître ce prince comme *roi de Sicile*. Cette reconnaissance devait avoir lieu aussitôt que Ferdinand IV aurait une indemnité, telle que les îles Baléares ou l'*île de Candie*, ou toute autre de même valeur.

L'alternative des îles Baléares ou de l'île de Candie est liée évidemment à l'hypothèse d'un partage éventuel de la Turquie d'Europe.

Le cinquième de ces articles secrets portait la fixation de traitements annuels et viagers dont devaient jouir, ainsi que leurs épouses, plusieurs princes souverains dépossédés de leurs

États, les chefs des maisons de Hesse-Cassel, Brunswick-Wolfenbuttel et Nassau-Orange.

Ainsi non-seulement l'empereur Alexandre admet, à Tilsitt, les dispositions générales du traité patent et de la convention secrète, signés à Paris par M. d'Oubril le 20 juillet 1806, traité et convention qu'à cette époque il avait refusé de ratifier, mais il subit en outre des conditions nouvelles auxquelles alors la France n'aurait pas osé prétendre. En 1806, ce prince avait conclu ou du moins un ministre bien inspiré avait conclu en son nom un traité de paix. L'Angleterre eût été obligée de suivre son exemple, et l'Europe aurait pu se reposer dans une paix générale. En 1807, il signe de plus un traité d'alliance, et bientôt il va se trouver en guerre avec le gouvernement anglais. En 1806, les deux empereurs reconnaissaient la république des Sept-Iles, mais la Russie pouvait y laisser quatre mille hommes, ce qui mettait en réalité cette république sous sa tutelle. En 1807, les Sept-Iles deviennent un département français. En 1806, les Français s'étaient engagés à évacuer dans un délai de trois mois toute l'Allemagne. En 1807, une armée française reste, pour un temps à peu près indéterminé, dans le nouvel État formé en Pologne, et dans les places prussiennes de l'Oder. Onze mois sont écoulés à peine et tels sont les sacrifices par lesquels l'empereur de Russie a expié son fatal refus de ratification. Joignez-y encore la destruction de ses plus belles armées et la ruine de la monarchie prussienne; car, c'est un fait incontestable, quel que fût l'aveuglement de la cour de Berlin, jamais cette cour n'eût entrepris la guerre sans la certitude de l'appui de la Russie. En échange de tant de pertes, qu'a obtenu l'empereur Alexandre? Une éventualité, qui se trouve détruite aussitôt que posée; et cependant, au mépris de toute la sagesse des calculs humains, par suite d'événements nouveaux et de l'incroyable direction de circonstances ultérieures, cette paix de Tilsitt, où tout est réglé à l'avantage de Napoléon, c'est pour l'empereur Alexandre qu'en définitive elle aura les plus utiles résultats! Mais il n'est pas dans l'ordre de la justice de l'apprécier d'après ses effets imprévus. C'est en raison de la situation présente du monde politique que nous allons l'examiner.

CHAPITRE LXXIII.

EXAMEN DES TRAITÉS DE TILSITT.

Pensée dominante des traités de Tilsitt. — Reproches faits à Napoléon à l'occasion des traités de Tilsitt. — Reproche de n'avoir point rétabli la Pologne. — Reproche d'avoir abandonné la cause de la Turquie. — Reproche d'avoir affaibli la Suède. — Reproche d'avoir fait trop ou trop peu à l'égard de la Prusse. — Paroles de Napoléon à des députations de la Prusse. — Débats sur les contributions à payer par la Prusse. — Intervention de l'Empereur Alexandre en faveur de la Prusse. — Avantages des traités de Tilsitt pour la France. — Diversité des motifs qui ont déterminé la conduite de l'empereur de Russie. — Justification du ministère anglais sur sa conduite envers la Russie. — Dispositions des deux empereurs au moment de leur séparation. — Napoléon a-t-il négligé de s'appuyer sur les peuples? — Statut constitutionnel du duché de Varsovie. — Constitution du royaume de Westphalie.

Comme c'est l'Empereur Napoléon qui est présumé avoir réglé en maître les conditions des traités de Tilsitt, c'est à lui que s'adressent tous les genres de reproche sur les causes qui déterminèrent les conditions alors adoptées et sur les effets qui ont suivi leur application. Nous exposerons les motifs de sa conduite; on pourra juger jusqu'à quel point ils la justifient.

Il est un fait évident, hors de toute contestation, c'est que le désir de forcer l'Angleterre à la paix a été pour Napoléon le premier, l'unique mobile de tous ses actes. Le point auquel étaient arrivées, lors de leur rupture, les négociations de 1806 entre les cabinets de Paris et de Londres, lui permettait de croire à la possibilité d'une paix maritime. Sur les questions qui touchaient directement la Grande-Bretagne, il avait poussé les concessions à un tel degré que, de l'aveu même du dernier négociateur, lord Lauderdale, l'Angleterre était satisfaite pour son propre compte. Elle n'avait continué la discussion qu'afin de faire prévaloir les demandes de la Russie, et c'était faute de n'avoir pu y réussir qu'elle avait rompu la négociation. Le prétexte a disparu; la Russie est en paix avec la France. Pourquoi donc les querelles de l'Angleterre et de la France seraient-elles maintenant inconciliables?

Quoique l'Empereur Napoléon ait eu avec la Russie l'avantage des armes, cet avantage a ses limites. Jusqu'à présent, le territoire russe n'est pas entamé; la France n'a donc encore le droit de rien imposer à la Russie, pas même la paix. Tant que Napoléon n'est pas entré en conquérant dans les États de l'empereur Alexandre, celui-ci peut se refuser même à la paix et rester en guerre, comme après la bataille d'Austerlitz. Un état prolongé de guerre, quoique sans action, ou même la conclusion d'un traité qui n'aurait d'autre résultat que de mettre un terme aux combats, ne satisferait que médiocrement l'Empereur Napoléon. Ce n'est pas tout pour lui d'avoir un ennemi de moins; ce qui lui importe, c'est d'acquérir un allié de plus. La Russie a cessé de le combattre; il faut qu'elle combatte pour lui; qu'elle combatte l'Angleterre, sinon par des armées, du moins par des mesures qui lui ferment l'accès du continent. C'est donc sur l'esprit, sur la volonté d'Alexandre qu'il est essentiel d'agir. Peut-être la politique bien entendue de ce prince serait de rester neutre; c'est un rôle actif que Napoléon veut lui faire prendre, et la conquête d'un secours aussi important n'est pas de celles qui puissent se faire sans quelques sacrifices. Ceux auxquels se prête Napoléon sont-ils disproportionnés à l'intérêt du but qu'il se propose? Toute la question du traité d'alliance de Tilsitt est là. Elle ne peut être résolue que par l'examen des diverses accusations produites contre l'Empereur à l'occasion de ce traité.

On l'accuse d'avoir manqué l'occasion de rétablir la Pologne, d'avoir séparé sa cause de celle de la Turquie, d'avoir poursuivi et ensuite sacrifié la Suède. On blâme de même sa conduite envers la maison régnante de Prusse, qu'il eût fallu, dit-on, ou détrôner ou ne pas laisser dans une situation qui faisait nécessairement d'elle, et pour long-temps, un ennemi secret de la France.

De tous ces torts, vrais ou faux, le plus généralement reproché à l'Empereur, quoique le moins fondé, est d'avoir manqué l'occasion de rétablir la Pologne. Ce prétendu grief est mis en avant par divers auteurs de mémoires, par plusieurs historiens, et même par des hommes qui ont écrit l'histoire de cette époque dans l'esprit le plus opposé. « Si Napoléon, dit Montgail-
« lard que je cite de préférence parce qu'il est
« toujours le plus tranchant, avait une politique
« vraiment grande,.... il profiterait de la con-
« joncture pour demander à la Russie et négocier
« avec l'Autriche la restitution des territoires
« polonais échus à ces deux puissances en 1795. »
A cette réflexion se joignent des citations historiques dans lesquelles figurent la Hollande et le Portugal, Richelieu, Mazarin et Henri IV. Rien

de plus inexact que l'application de ces exemples à ce qui concerne la Pologne, mais des esprits peu attentifs peuvent se laisser prendre à ces déclamations. Ne dirait-on pas que *demander à la Russie et négocier avec l'Autriche* la restitution des provinces polonaises qui leur sont respectivement échues en partage, soit l'opération la plus simple et la plus facile ? Souvent l'Europe a été en feu pour une ville, pour quelques villages, et on suppose que la Russie dont le territoire est intact, que l'Autriche, qui peut disposer de la plénitude de ses forces, vont, de plein gré et gratuitement, céder plusieurs millions d'ames incorporées à leur empire ! La cession, en effet, serait nécessairement gratuite; car il n'existe aucun moyen d'échange. Mais on objectera que, dans ce cas, Napoléon se serait abstenu de créer un royaume de Westphalie. Et serait-ce avec le royaume de Westphalie, avec les provinces prussiennes de la rive gauche de l'Elbe, qu'on pourrait indemniser la Russie et l'Autriche ? Ou bien faudrait-il reléguer le roi de Prusse à la rive gauche de l'Elbe, et, en compensation des provinces polonaises cédées, établir la Russie à Königsberg et l'Autriche à Berlin ? Ces hypothèses absurdes sont cependant l'expédient inévitable auquel il faut recourir, si l'on veut trouver une possibilité quelconque d'accomplir un ouvrage dont l'exécution est présentée comme dépendant de la volonté seule de Napoléon. Mais, d'une part, si la Russie s'y refuse, et son refus n'est pas douteux[1], il faudra donc l'y contrain-

---

[1] Aussitôt qu'il s'était formé dans la Pologne prussienne des corps de troupes sous les ordres de Dombrowski, du prince Poniatowski et de Zaionscheck, il était accouru sous leurs drapeaux près de douze mille hommes des provinces polonaises russes de Lithuanie, Wolhynie, Podolie et Ukraine. Ni la distance, ni la difficulté du passage, ni la crainte des persécutions n'avaient arrêté leur généreuse ardeur. Pour contre-balancer ce mouvement, l'empereur Alexandre eut l'idée de faire un appel à une espèce de *Pospolite Ruszenié* (levée en masse) de Lithuaniens, à laquelle il donnerait un Polonais pour commandant en chef. Le général Kniaziewicz, qui se trouvait alors en Wolhynie, et que l'on supposait avoir quitté, par suite d'un mécontentement particulier, le service de France, fut appelé au quartier-général impérial à Taurogen. L'empereur Alexandre, après des démonstrations bienveillantes et de flatteuses promesses pour l'avenir des Polonais, lui communiqua son projet de lever une armée lithuanienne et de lui en confier le commandement. La réponse de Kniaziewicz ne pouvait pas être douteuse. Il fit entendre à l'empereur qu'il était impossible que S. M. eût de lui une assez mauvaise opinion pour le croire capable de conduire ses compatriotes contre ses compatriotes. Il ajouta qu'il ne pourrait accepter un commandement que dans un système qui aurait pour objet l'indépendance de la Pologne. L'empereur rendit justice aux sentiments de ce général et peut-être, après les revers d'Heilsberg et de Friedland, sa juste inquiétude sur l'esprit des provinces polonaises de sa domination fut-elle une des causes qui le décidèrent à la paix.

dre par les armes? Ainsi arrivé au bord du Niémen, Napoléon devrait recommencer une guerre nouvelle, dans un nouveau but, pour un résultat tout-à-fait étranger jusqu'alors à la lutte de la France avec la Prusse et la Russie. D'un autre côté, il aura aussi à faire violence à la neutralité de l'Autriche qu'il a eu tant de peine à maintenir, et il lui faudra forcer cette puissance à descendre à son tour sur le champ de bataille. Les écrivains sans nombre, qui ont présenté comme possible une hypothèse impraticable, paraissent avoir oublié ou ignoré que la cour de Vienne, neutre en apparence, a toujours continué ses armements, qu'elle s'est préparée pour la chance d'une guerre, que le seul soupçon de tentatives indirectes sur la fidélité des provinces polonaises qui lui sont soumises, a déjà plus d'une fois excité ses réclamations et ses plaintes; qu'enfin les Envoyés d'Angleterre, de Russie et de Prusse, soutenus à Vienne par une oligarchie ennemie de la France, sont impatients de trouver un prétexte pour décider cette cour à se déclarer contre Napoléon. Telles eussent été les nouvelles épreuves qu'il aurait eu à subir, si, entraîné à Tilsitt par le désir imprudent de rétablir la Pologne, il eût perdu tous les avantages de sa position sans conclure une glorieuse paix, et qu'il se fût embarqué dans un nouveau conflit dont les complications et l'issue eussent été impossibles à prévoir. Que de reproches fondés n'eussent pas eu à lui faire, dans ce cas, ceux qui lui en ont fait de si injustes pour sa détermination contraire !

Et d'ailleurs n'est-ce donc pas déja un usage assez étendu de son influence du moment, que d'avoir fondé, sur la frontière de la Russie, un État nouveau, ayant deux millions cent mille ames de population, qui, créé et protégé par la France, est pour elle un poste avancé tout à la fois contre l'Autriche et contre la Russie? Le choix même du souverain donné à ce nouvel État, du roi de Saxe, descendant de princes qui avaient régné sur la Pologne, appelé lui-même précédemment au trône par le vœu des Polonais, n'est-il pas une menace vivante, destinée à tenir en respect les cours de Vienne et de Pétersbourg? Si l'on en croit un écrivain russe, M. de Boutourlin, « Alexan-
« dre ne pouvait méconnaître l'esprit de ces dis-
« positions, mais les circonstances malheureuses
« où se trouvait l'Europe lui prescrivaient d'éloi-
« gner la guerre à tout prix. » Napoléon avait donc déja beaucoup fait pour les Polonais par la création d'un État qui avait Varsovie pour capitale. De ce qu'un jour ce nouvel État deviendra une occasion de ruine pour la France, il n'en avait pas moins été fondé avec raison comme un

moyen probable de grands avantages, et il remplira, pendant plusieurs années, cette destination, en servant de point d'appui aux corps français qui continueront d'occuper Danzig et les forteresses prussiennes de Stettin, Custrin et Glogau.

Outre que le cabinet autrichien, inquiet pour ses provinces polonaises, avait plus d'une fois laissé voir le mécontentement qu'il éprouvait à la seule idée de l'émancipation de la Pologne prussienne, à peine ce cabinet eut-il reçu la nouvelle de la bataille de Friedland, qu'il fit partir l'un de ses généraux, M. de Stutterheim, pour se rendre au quartier-général de l'Empereur Napoléon, avec la mission ostensible de donner suite à l'offre de médiation que sa cour avait déja faite, mais en réalité pour prévenir, de la part des deux Empereurs, toute combinaison qui pût porter le moindre dommage à l'état existant de la monarchie autrichienne. Le général Stutterheim, accueilli au quartier-général français avec la distinction due à un Envoyé de l'empereur d'Autriche, ne fut point initié aux négociations suivies entre Napoléon et Alexandre ; mais sa présence n'en était pas moins une protestation anticipée pour le cas où on eût voulu adopter quelque disposition grave, dont le gouvernement autrichien eût pu avoir à se plaindre. De tous les griefs élevés contre Napoléon, le moins légitime est donc celui qui se rapporte à la Pologne. En est-il de même de ceux qui regardent la Turquie et la Suède ?

A l'égard de la Turquie, la conduite de l'Empereur présente d'abord de moins valables excuses, et cependant, en le jugeant par les faits, on trouve que ses torts, s'il en eut, ne furent que temporaires et forcés. Lorsque, dans ses communications avec les quartiers-généraux russe et prussien, il avait demandé l'admission de la Turquie avec la France au Congrès projeté de Copenhague, c'était dans l'hypothèse que l'Angleterre y serait de même admise avec la Russie. Par son alliance récente avec le cabinet ottoman, il n'avait pas voulu s'engager à ne faire la paix que de concert avec ce cabinet. Il avait donc pu traiter seul, mais son devoir était de veiller aux intérêts de son allié. A-t-il ou non rempli ce devoir à Tilsitt ? Sans doute il est probable qu'alors, en passant le Niémen, au risque d'avoir à faire une nouvelle guerre sur le territoire russe, Napoléon eût pu contraindre Alexandre à conclure la paix avec les Turcs, en replaçant les deux États dans la position où ils étaient avant l'ouverture des hostilités, mais la fidélité du Divan au système français était-elle assez assurée pour déterminer l'Empereur à une si délicate entreprise? Sans la vigueur du général Sébastiani, Sélim ne se serait-il pas naguère livré lui et tout son empire à la discrétion de la Russie et de l'Angleterre? D'ailleurs ce prince même, personnellement ami des Français, n'existe plus. Qui sait quelle marche va suivre le successeur qu'on lui a donné? Napoléon doit-il renoncer à des avantages certains en considération d'un cabinet qui peut-être demain va échapper à son alliance? Cependant il n'a point oublié d'ouvrir aux Turcs les voies d'un arrangement convenable. Par les articles 22, 23 et 24 de son traité patent avec Alexandre, il a stipulé que les Russes évacueraient les provinces de Moldavie et de Valachie. Seulement la réoccupation de ces provinces par les Turcs est ajournée jusqu'à la conclusion de la paix entre Pétersbourg et Constantinople, et il accepte la médiation pour la conclusion de cette paix définitive. Cette même réserve se trouve aussi comprise dans son traité d'alliance. Une convention provisoire doit être signée pour régler les délais dans lesquels les troupes des deux parties « se retireront des pays qu'elles doivent « quitter. » Si, à cet égard, il ne rencontre pas d'obstacle dans le cabinet ottoman, la disposition menaçante de l'article 8 du traité d'alliance se trouve sans application, et avec elle s'évanouissent les projets éventuels de partage qui ont fait, à Tilsitt, la matière des entretiens, mi-partis de philantropie et de politique, des deux Empereurs.

Pour s'assurer des sentiments des Turcs, l'Empereur Napoléon fit, le 9 juillet, partir de Tilsitt le général Guilleminot, avec un officier russe, pour porter la notification des articles du traité de paix relatifs à la Turquie tant au général russe Michelson qu'au grand-visir ou au pacha qui commande l'armée ottomane. De là cet officier doit se rendre à Constantinople, où l'ambassadeur Sébastiani insistera pour que la Porte déclare positivement si elle accède ou non « aux conditions « du traité de paix qui la concernent. » Dans le cas de l'affirmative, le général Guilleminot a ordre de retourner auprès du général Michelson, afin de présider à la conclusion de l'armistice et à tous les arrangements provisoires à faire entre la Porte et la Russie conformément au traité de paix. Il lui est recommandé de ne pas perdre de vue que l'Empereur est dans l'intention « d'extrême- « ment ménager la Russie tant dans les choses « que dans les formes. » Le grand-visir et le général Michelson s'étant prêtés à l'exécution des articles adoptés à Tilsitt, une convention d'armistice est signée entre eux, le 24 août, à Slobosie, en présence du général Guilleminot. D'après l'article 3 de cet armistice, les troupes russes et les troupes ottomanes doivent également quitter la Moldavie et la Valachie dans le délai de trente-cinq jours.

La médiation française ayant obtenu ce premier succès, l'Empereur Napoléon ne songea plus qu'à faire donner suite à l'armistice du 24 août et à favoriser la conclusion de la paix entre les Russes et les Turcs. Alors s'ouvrit entre les deux empereurs une sorte de controverse dont les détails, que nous aurons ultérieurement à exposer, confirmeront l'exactitude de nos récits sur la nature de leurs arrangements et de leurs projets de Tilsitt.

Un jour, lorsque les Turcs, entraînés par l'Angleterre ou cédant à d'autres motifs, feront la paix avec les Russes à une époque où la cessation de la guerre sur le Bas-Danube sera un malheur pour la France, on prétendra que la Turquie, par cette détermination soudaine, n'aura fait que punir Napoléon d'avoir, en 1807, abandonné sa cause. On sera dans l'erreur. Quand Napoléon aurait, à Tilsitt, fait davantage pour la Porte-Ottomane, rien n'autorise à croire qu'il eût été mieux garanti contre l'inconstance ou la vénalité du ministère turc. Tout se réduit donc à savoir quel était, en 1807, le parti le plus utile à la France, où de procurer à la Turquie une complète satisfaction, ou de faire entrer la Russie dans le système continental. Le choix alors ne pouvait pas être douteux. Ainsi s'explique la conduite de Napoléon. On voudrait que, tout en s'assurant, pour la plus importante de ses entreprises, l'appui du cabinet de Pétersbourg, il se fût refusé envers ce cabinet à la moindre condescendance qui pût déplaire à Constantinople. En réalité le pouvait-il ? Loin de se plaindre qu'il ait demandé trop peu à l'empereur Alexandre, on doit s'étonner qu'il en ait tant obtenu.

Quant au reproche fait à l'Empereur Napoléon d'avoir contribué à l'affaiblissement de la Suède, le fait de cet affaiblissement sera sans contredit l'une des suites de l'alliance formée entre les cabinets de Pétersbourg et de Paris; mais ce n'est pas la Suède que la France eût voulu atteindre ; c'est l'allié opiniâtre de l'Angleterre. Tout en désirant le maintien de l'intégralité de la monarchie suédoise, que peut faire Napoléon avec un prince qui ne veut entendre à aucun accommodement ; qui, dans un moment où il connaît la bataille de Friedland, la suspension d'armes conclue entre les Français et les Russes, l'ouverture des négociations de Tilsitt, a l'imprudence de dénoncer l'armistice de Schlatkow, et de défier seul l'armée victorieuse dont un faible détachement suffirait à sa ruine? L'arrivée d'un corps anglo-hanovrien, sous les ordres de lord Cathcart, la réunion de cinq à six mille Prussiens, sous les ordres du général Blücher, persuadent à ce prince que c'est à lui seul qu'il est réservé de changer les destinées de l'Europe.

Du reste, parfois la fortune capricieuse prend plaisir à réaliser, après un certain laps de temps, ce qui, pendant plusieurs années, avait paru être le rêve d'un esprit en démence. Gustave-Adolphe IV en est un éclatant exemple. Ce prince, dont les fautes conduiront ses sujets à le détrôner, seul dans toute l'Europe persiste à regarder le rétablissement des Bourbons comme devant être le premier objet de toute guerre contre la France. En témoignant au roi de Prusse, par une lettre du 2 juin, son désir de concourir au rétablissement de l'ordre général, il ajoute : « Pour « atteindre ce but important, on doit, je crois, « s'intéresser à la cause légitime de la maison de « Bourbon en se déclarant publiquement pour « elle et en ne perdant pas de vue les principes « et les droits sur lesquels est fondée l'existence « de tous les gouvernements légitimes et de « leurs sujets. » Quand l'Europe entière oublie une dynastie renversée, il y a de la grandeur dans l'obstination courageuse qui combat cet abandon universel. Il est seulement à regretter que cet héroïsme de persévérance n'éclate que dans un caractère d'ailleurs inconsistant et variable sous tous les autres rapports.

Le roi de Prusse, tout malheureux qu'il est lui-même, n'a point négligé à Tilsitt de faire quelques efforts dans l'intérêt de Gustave IV. Il désire empêcher que la dénonciation d'armistice, faite le 3 juillet par ce prince, n'amène la reprise des hostilités, et il invite Napoléon à charger ses généraux de renouer la négociation avec le roi de Suède. « Napoléon, écrit-il le 16 juillet à « Gustave, a paru écouter ma proposition, et m'a « engagé à m'employer pour que les hostilités « cessent entre V. M. et lui; ce qu'il regarde « comme également agréable pour les deux par- « ties, parce que la Suède, par sa position géo- « graphique, ne pouvait jamais être une ennemie « de la France. » Cette disposition de l'empereur était sincère, malgré le ressentiment personnel que pouvait lui inspirer le monarque suédois. Ce dernier, dans une entrevue, le 4 juin, avec le maréchal Brune, avait proposé le rôle de Monck à ce maréchal. Cette proposition, à quelque principe qu'on la rapporte, attestait alors une ignorance absolue des temps, des hommes et des choses. Elle valut au roi, de la part du maréchal Brune, le reproche public « d'avoir[1] pro-

[1] Ordre du jour du 10 juillet.

« fané la majesté royale en se chargeant directe-
« ment de tentatives de corruption qui désho-
« norent toujours l'agent chargé de les faire
« autant que ceux qui les ordonnent. » Napoléon,
distinguant la Suède de son roi, écrivait au maréchal Brune : « Vous parlerez[1] de ce souverain
« comme d'un homme plutôt fait pour régner sur
« les petites-maisons que sur la brave nation sué-
« doise. » Relativement à la Suède, l'Empereur ne
montre point, du moins à cette époque, d'intention hostile contre elle, et s'il commande d'occuper la Poméranie et d'assiéger Stralsund, c'est
« afin d'avoir par là une province qui servirait
« de compensation, quand on serait dans le cas
« de faire la paix avec l'Angleterre. » Il est encore
à remarquer que, dans une circonstance où tout
prescrit à Gustave de salutaires lenteurs, lorsque
le maréchal français invoque un article additionnel conclu avec le général Essen, article portant
que les hostilités ne recommenceront qu'un mois
après la dénonciation de l'armistice, c'est le roi
qui, pressé de courir à sa perte, se refusant à
l'exécution de cet article, consenti par le général
en chef de ses troupes, veut renouveler les combats dans un délai de dix jours. Il obtient cette
triste satisfaction. Le 13 juillet, l'armée française

---

[1] Lettre du 4 juillet.

passe la Peene sur quatre points; le 14 elle prend position devant Stralsund; le 15, elle achève l'investissement de cette place. Dans le même moment, le général Blucher se retire avec les troupes prussiennes en conséquence de la paix de Tilsitt, et les troupes anglaises, peu jalouses de défendre un allié malheureux, l'abandonnent à sa mauvaise fortune, se réservant elles-mêmes pour une destination plus digne de la politique actuelle de leur cabinet. Le 20 du mois d'août, Stralsund ouvre ses portes; le 7 septembre, Gustave, pressé dans l'île de Rügen et menacé de la révolte des habitants, fait signer une capitulation pour la reddition de cette île aux Français. Aux dépouilles célèbres déjà réunies dans Paris par la victoire, vont se joindre le sceptre et le bâton de commandement du premier vainqueur de Lutzen, de Gustave-Adolphe. Jusque-là, dans la querelle de la Suède et de la France, les torts sont-ils du côté de l'Empereur?

En ce qui concerne la Prusse, je suis loin d'excuser la rigueur des procédés de Napoléon. L'expliquer est moins difficile. D'ordinaire, les haines politiques s'éteignent dans les batailles. Ici les haines survivent à la guerre. La paix n'est que nominale; elle est inscrite dans le traité; elle n'est pas entrée dans les ames ni pour la Prusse ni pour la France. La meilleure explication peut-être de cette triste exception, c'est que la guerre a été une guerre contre nature; que Napoléon l'a regardée comme telle et faite à regret; que c'était un allié qu'il aurait voulu avoir dans la Prusse, et qu'en le forçant à renverser cette puissance, on l'a obligé en quelque sorte à se mutiler lui-même. C'est encore que la guerre n'a point été, du côté de la cour de Berlin, une guerre de politique contre la puissance française, mais une guerre de passion personnelle contre l'Empereur. C'est l'homme qui a été attaqué; c'est l'homme que l'on maudit encore, c'est l'homme qui se venge. La cour de Mémel ne pardonne pas plus sa défaite à Napoléon que celui-ci ne lui pardonne la nécessité où il a été mis de combattre. Cette cour est vaincue; elle n'est pas changée. Les personnes qui sont le plus avant dans la confiance du roi et de la reine sont celles qui voulaient contre Napoléon une guerre à mort. Il le sait, et son ressentiment conserve toute sa violence. Quatre jours après la signature de la paix, ses bulletins ont encore la même aigreur[1] qu'au commencement de la campagne. Les traits de sa colère tombent sur le général Ruchel, qui, blessé à Iéna, soigné, laissé libre par les vainqueurs, s'est depuis conduit d'une

---

[1] Bulletin du 13 juillet.

manière odieuse envers des prisonniers français; mais dans Ruchel c'est la cour même qu'il veut atteindre, parce qu'il voit, dans la conduite de ce général, l'esprit dont la cour est toujours animée.

A son retour par la Saxe, Napoléon reçoit à Dresde deux députations prussiennes, l'une de la ville même de Berlin, l'autre du comité des États de la Marche de Brandebourg. Ces deux députations[1] reviennent de leur mission l'ame navrée de désespoir. Elles ont personnellement reçu un bienveillant accueil, mais Napoléon leur a laissé voir à l'égard du roi une disposition d'esprit qui les a autant affligées que la perte d'une nouvelle bataille. « Je ne sais, dit Napoléon, « quel homme est votre roi. Je le détrônais si « l'empereur de Russie avait tardé encore trois « jours à faire la paix.... Je vous eusse donné une « constitution, et qui sait si vous eussiez été « moins heureux ?.... Plus de dix fois je lui ai « offert la paix. Cet hiver, je voulais le ramener « dans sa capitale, mais il a préféré se faire aide-

---

[1] Au sortir de l'audience de l'Empereur, elles consignèrent dans un procès-verbal tout ce qui s'y était passé. On omit seulement quelques paroles trop dures pour le roi, à qui sans doute on se proposait de faire un rapport; mais on les recueillit dans un extrait à part. J'ai entre les mains copie de ces deux pièces.

« de-camp de l'empereur de Russie et se jeter
« dans les bras des Cosaques.... Je n'ai point
« voulu la guerre, *j'ai assez du Rhin*.... Vous ne
« m'appartenez plus; vous étiez mon peuple par
« droit de conquête, vous avez cessé de l'être;
« c'est à moi d'ôter à votre roi tous les moyens
« de me faire la guerre dans six mois.... Car je ne
« doute pas qu'il ne finisse par faire de nouvelles
« fautes. Votre roi a été mal conseillé, jamais il
« n'eut de système ferme. Quand je le croyais
« mon ami, il ne m'aidait pas; je préfère l'avoir
« pour ennemi; c'est alors une autre affaire et je
« sais quel parti prendre. » On conçoit combien
de loyaux sujets du roi, sincèrement attachés à
ce prince malheureux, durent être affligés d'entendre un pareil langage. Quant à l'objet spécial
des réclamations concernant les contributions à
payer par la Prusse, Napoléon l'avait écarté en
déclarant qu'il ne demandait rien à aucune province en particulier, et que c'était une question
directe à traiter entre le roi et lui.

Le malheur de la Prusse était que la quotité
de ces contributions n'avait point été fixée par
le traité même. On s'était borné à convenir que
cette fixation serait faite par des commissaires
que nommeraient les deux parties, mais on voit
d'avance que, dans une telle manière de procéder, la discussion est inégale. L'Empereur ré-

clame à la fois et le montant des contributions extraordinaires qu'il a frappées sur le pays et le montant des impôts ordinaires qu'il a entendu faire percevoir dans leur intégralité par l'administration française établie à Berlin. La Prusse voudrait que les réquisitions faites sur le pays fussent admises en déduction de la contribution extraordinaire, mais l'Empereur rejette bien loin de lui cette proposition. On part ainsi de deux points tellement éloignés qu'il n'est guère aisé de s'entendre. Les commissaires prussiens, le baron de Stein et le conseiller Sack, comme s'ils ignoraient le prix du temps, s'amusent à entasser péniblement des volumes de chiffres qu'on ne lira pas, pour établir que la dette de la Prusse, tant en impôts ordinaires qu'en contribution extraordinaire, n'est plus que de dix-neuf millions de francs. C'était un mauvais système que de pousser la réduction à un tel degré. Napoléon s'en irrite et, sans entrer dans un combat de calculs interminables, il fixe sa demande à cent cinquante millions [1]. Il avait même écrit, quelque temps auparavant [2] : « Si on peut « faire monter cette somme à deux cents mil- « lions, tant mieux [3]. » Pour former les cent

---

[1] Lettre du 29 juillet.
[2] Lettre du 22 juillet.
[3] Dans l'histoire de cette époque écrite par un Prussien,

cinquante millions, il en veut quinze avant l'évacuation du pays, quatre-vingt-dix en lettres-de-change, et, pour les quarante-cinq autres millions, il eût accepté des domaines. Chacune

probablement l'intendant-général de l'armée et des pays conquis, M. Daru, et moi-même qui le secondais comme administrateur-général des domaines et finances de la Prusse, nous serons représentés comme des agents impitoyables dont le zèle barbare aura, pour plaire à l'Empereur, volontairement exercé sur la Prusse les plus rigoureuses exactions. L'accusation sera injuste. Tout en servant l'Empereur avec dévouement, M. Daru ne lui soumettait que des propositions raisonnables et modérées. « Je « ne puis admettre, lui écrivait Napoléon, l'estimation que « vous faites des revenus d'une année à trente-trois millions. » Cette estimation, pour la portion de territoire à laquelle on l'appliquait, était cependant exacte. Sans avoir égard à ces données qui lui étaient soumises, l'Empereur, faisant un compte à sa manière, concluait : « Tous ces calculs me conduisent à « penser que le roi de Prusse me doit cent cinquante millions, » et il ordonnait de les exiger. C'était une mesure de haute politique, un ordre de cabinet. Que pouvait faire l'intendant-général? Pour ce qui me concernait personnellement, un souvenir heureux de Berlin, où j'avais, en des temps meilleurs, été traité avec beaucoup de bienveillance, me faisait vivement désirer d'alléger les charges du pays. Souvent j'ai réclamé contre leur excès, mais j'avais aussi des devoirs à remplir. Rien de plus franc que ma conduite avec les autorités prussiennes. Je leur communiquais les demandes de l'Empereur et cherchais avec elles le moyen de le satisfaire, en tâchant de ne faire au pays que le moins de mal possible.

de ses lettres à cette époque renferme des traits blessants pour le gouvernement prussien. « Il « me semble [1], écrit-il le 26 septembre, que l'on « fait à Mémel de mauvaises plaisanteries..... « Le roi de Prusse n'a pas besoin d'entretenir « une armée, il n'est en guerre avec personne...» Cependant il ne faut pas s'y tromper. Ce n'est pas une simple avidité d'argent qui dicte l'exagération de ces demandes. Elle a un but plus important. Par l'impossibilité où est le roi d'y satisfaire, Napoléon est autorisé à demander des gages, et ces gages, ce sont les trois places de l'Oder, qu'il gardera jusqu'à ce que la Prusse soit entièrement libérée; condition pénible, à laquelle le roi finira par être obligé de souscrire.

Au milieu de ces débats, le roi de Prusse, on le pense aisément, ne cesse de fatiguer de ses plaintes l'empereur de Russie, et d'implorer son intervention auprès du gouvernement français. Alexandre n'est pas insensible aux souffrances de son allié; mais livré à des idées nouvelles, il ne réclame en sa faveur que d'une voix faible et timide. « Assurément on ne pense pas à « rien changer de tout ce qu'il plaira à l'Empe- « reur (Napoléon) d'imposer à la Prusse, » mais Alexandre se rappelle « que c'est à ses instances

---

[1] Lettre à M. Daru.

« qu'il a bien voulu conserver l'existence de ce
« malheureux pays..... Il lui coûte d'avouer ce
« qu'il éprouve de peine à penser que ce n'est
« peut-être pas contre la Prusse que l'Empereur
« prend des sûretés en gardant les forteresses
« prussiennes...... » Lorsque la Russie, en même
temps qu'elle se déclare contre l'Angleterre,
abandonne ainsi la Prusse même à la merci de
Napoléon, celui-ci est-il donc si condamnable
d'avoir fait au cabinet de Pétersbourg quelque
concession du côté de la Turquie ?

En rendant compte du traité de Tilsitt, tous les historiens, et même les plus acharnés contre l'Empereur, lui font honneur de sa modération pour avoir restitué au roi de Prusse la moitié de ses États. Quelques-uns seulement n'y voient qu'une modération relative. Je suis moins indulgent, et, je crois, plus juste qu'eux tous. Il n'y a là ni modération relative, ni modération absolue. Pour avoir triomphé d'un ennemi, pour être maître de son territoire par les armes, on n'en a pas acquis la possession légitime, et lorsque, sur neuf millions d'ames, on en enlève près de la moitié à un souverain, on ne peut pas se prétendre modéré ni être cité comme tel; on a poussé le droit de conquête aussi loin qu'il peut s'étendre dans les temps modernes.

Le reproche le plus plausible qu'on ait élevé

contre l'Empereur est d'avoir, à l'égard de la Prusse, fait trop ou trop peu. Il fallait, a-t-on dit, détrôner le roi ou s'en faire un allié sûr. L'un et l'autre de ces partis extrêmes offrait plus de difficultés qu'on ne paraît le croire. D'abord l'empereur Alexandre peut bien tolérer la diminution de la puissance prussienne ; mais eût-il consenti de même à l'expulsion du roi, à l'exhérédation de sa dynastie ? Sa complaisance ne pouvait pas aller jusque-là. En second lieu, un roi, privé de tous ses États ; une famille nombreuse et aimée de sa nation, des princes jeunes et militaires dès leur jeunesse, par cela seul qu'ils eussent existé en Europe, eussent été des prétendants redoutables pour le nouveau possesseur, et heureusement nous ne sommes plus aux siècles où la politique suivait sans scrupule la commode maxime de faire périr toute une famille déchue pour la sécurité de l'usurpation. Assis sur un trône rétréci, relégué sur la rive droite de l'Elbe, Frédéric-Guillaume était pour l'Europe un personnage moins intéressant que s'il eût été errant, fugitif, dépouillé de la totalité de sa monarchie. En lui laissant la moitié de ses États, Napoléon assurait la libre possession du reste au nouveau prince qu'il lui plairait d'y établir. La prétendue modération de l'Empereur n'avait donc été qu'une rigueur bien entendue.

Était-il en sa puissance de se montrer généreux de manière à se concilier la reconnaissance, l'affection de la nation prussienne et de son gouvernement? Un tel essai de générosité eût été une tentative hasardeuse, imprudente peut-être, par cela seul que le succès eût été douteux. Outre qu'il fallait à la France un large dédommagement de ses dépenses et de ses sacrifices, il est fort probable que la cour de Prusse, rétablie dans ses États jusqu'aux bords du Rhin, n'eût jamais été qu'une puissance humiliée, rancuneuse, secrètement ingrate, à laquelle eût pesé le bienfait même de sa conservation. D'ailleurs il ne faut pas oublier que, dans ses ennemis du continent, c'est toujours l'Angleterre que l'Empereur combat, et, par l'établissement de garnisons françaises tant à Danzig que dans les places prussiennes de l'Oder, il assure la rigoureuse exécution du système continental jusqu'à la frontière de Russie. En tout état de cause, du moment que la cour de Prusse, en s'agrandissant par l'amitié de la France, depuis 1800 jusqu'à 1805, n'a pas voulu être pour elle un allié utile, Napoléon a pu croire qu'au lieu de mettre dans cette cour une confiance qui pourrait être encore trompée, il valait mieux former, à ses dépens, un État nouveau, destiné à rester nécessairement sous sa dépendance.

De plus, pour se concilier sincèrement la Prusse, il eût donc fallu aussi lui rendre ces provinces polonaises, dont les troupes venaient de combattre si vaillamment dans notre armée! L'Empereur n'avait rien promis à la Pologne; mais il avait accepté les secours de la portion de cet ancien royaume dévolue à la Prusse; il lui avait donné un gouvernement provisoire. Vainqueur, il lui devait l'indépendance; il se devait à lui-même la conservation d'un auxiliaire qui ne pourrait manquer de lui être fidèle, car il lui serait toujours enchaîné par le lien de l'espérance. L'abbé de Montgaillard est peut-être le seul homme au monde qui ait pu dire que le résultat de la guerre devait être d'agrandir la Prusse, de conquérir, à force de générosité, l'affection de son gouvernement, comme si, en relevant sa puissance après l'avoir abattue, en plaçant de nouvelles armes dans ses mains, la France eût pu avoir la certitude qu'il ne les tournerait pas contre elle. Ces étranges raisonnements semblent n'avoir pour but que d'amener la comparaison de la situation du roi de Prusse avec celle de Porus; mais, si Napoléon avait suivi un tel exemple, ne l'eût-on pas blâmé, et avec beaucoup plus de raison, de manquer aux règles d'une politique raisonnable, pour jouer un faux héroïsme et parodier le guerrier macédonien?

Dans tout ce qui a été arrêté à Tilsitt, il y a, dit-on, du gigantesque, du colossal, mais rien de complet ni d'achevé. On a raison sous ce rapport. Rien sur le continent ne pourra être achevé et complet, tant qu'on ne parviendra pas à la paix générale. La France, comme l'Angleterre, est lancée dans les voies d'un envahissement sans bornes. Il faut que chacune de ces deux puissances continue à s'accroître, jusqu'à ce que l'autre soit obligée de fléchir. C'est le malheur des temps, ce n'est pas une position de choix. Pour son compte, Napoléon en ressent l'embarras, il en connaît le danger, mais il n'est pas en son pouvoir de s'y soustraire. Moins que personne, il ne s'abuse sur les périls attachés à une extension aussi prodigieuse; mais, s'il est maître du continent, il ne saurait espérer la paix maritime. Peut-être dans le fond de son irritation contre la Prusse se trouve-t-il la pensée que, si cette puissance eût voulu s'unir à lui de 1800 à 1805, il n'aurait eu à faire ni la campagne d'Austerlitz, ni celles d'Iéna et de Friedland, et que dès long-temps la masse de puissance, qu'il a épuisée dans ces guerres, portée ailleurs, eût forcé l'Angleterre à la paix.

La diversité des questions que je viens de parcourir, soit qu'on approuve ou non la manière dont je les ai envisagées, aura toujours eu l'avantage de faire passer en revue les causes qui, à Tilsitt, purent agir sur l'esprit de Napoléon et les différents intérêts qu'il eut à balancer entre eux. Pour parvenir à l'accomplissement de la grande pensée qui absorbait toutes les autres considérations, la paix maritime, c'était bien le moins qu'en échange de l'appui d'un grand empire, il eût abandonné, à l'imagination de l'empereur Alexandre, des rêves indéterminés sur la Turquie. Ce n'était pas là encore le seul fruit qu'il en retirait. Par la reconnaissance de Joseph comme roi de Naples, l'empereur Alexandre abjurait le protectorat que son père et lui-même avaient été jusqu'alors si jaloux d'exercer en Italie; par celle de la confédération du Rhin, il livrait l'Allemagne tout entière, moins l'Autriche, à la domination française. L'édifice élevé à Tilsitt, quoique ce ne pût être qu'un ouvrage partiel et temporaire, ne manquait pas cependant de solidité, puisque malgré la guerre d'Autriche en 1809 et l'interminable guerre d'Espagne, il se soutiendra près de six années, et ne sera détruit que par la guerre de 1812.

Quant au système de Napoléon tendant à soulever le continent contre l'Angleterre pour la forcer à la paix, le succès pouvait-il être regardé comme certain ou seulement comme probable? Le développement des événements qui ont eu lieu depuis autorise l'affirmative, mais, le système eût-il été mauvais, faux, inexécutable, était-il en la puissance de Napoléon d'en avoir un autre? Lorsqu'on est condamné à la guerre, il faut bien multiplier, généraliser les alliances jusqu'à laisser, s'il est possible, son ennemi seul contre le monde entier.

Quelles sont les causes qui avaient disposé l'empereur Alexandre à un rapprochement aussi complet avec Napoléon? Généralement on n'a voulu en reconnaître qu'une seule, son mécontentement contre la cour de Londres de qui il n'avait reçu dans cette guerre qu'un misérable secours de quatre-vingt mille livres sterling. Dans le changement de ce prince, il entra cependant encore des motifs d'une autre espèce; et le plus noble de tous, fut un juste repentir du sacrifice qu'il avait fait à la nécessité au commencement de son règne, en abandonnant les principes de neutralité maritime si énergiquement défendus par son aïeule et par son père. Si, dans son association au gouvernement anglais, il avait pu fermer les yeux sur des mesures dirigées contre la France, alors leur ennemi commun, sa raison et sa justice avaient cependant toujours été blessées des violences exercées par l'Angleterre contre les nations neutres, et dont le pavillon russe avait lui-même eu souvent à souffrir. Il n'est pas douteux que Napoléon et lui n'eussent plus d'une fois traité cette question dans leurs entretiens, et qu'Alexandre, réconcilié avec un despotisme continental dont il devenait le complice, n'ait vu une tâche honorable à remplir dans la protection des nations commerçantes contre l'iniquité des prétentions britanniques et la barbarie des moyens employés pour les faire prévaloir.

Relativement au peu d'assistance fourni, dans cette guerre, à la Russie, une foule d'écrivains ont accusé la politique de l'Angleterre qui, au lieu d'envoyer des troupes dans le Nord, au lieu de donner de riches subsides à la Russie et à la Prusse, prodiguait son argent et ses soldats dans des expéditions étrangères à la cause des alliés, en Égypte, à Buénos-Ayres et à Monte-Video. C'est ainsi que s'est exprimé l'Empereur Napoléon, et ainsi le voulait sa politique; il a confondu à dessein, et tous les historiens ont, comme lui, confondu ce qui ne devait pas l'être. En cette circonstance, je ne joins point ma voix à ce concert d'accusations contre l'Angleterre. Alexandre a pu avoir raison sans que celle-ci eût tort. Du côté du monarque russe, la plainte est fondée. Il voulait des subsides ou des emprunts garantis par le gouvernement anglais. Le ministère de M. Fox, continué par les lords Howick et Grenville, n'entendant pas être, comme les ministères précédents, le trésorier des coalitions continentales, refuse les emprunts et les subsides, ou n'y consent qu'à des conditions qui sont rejetées. Faut-il blâmer ses refus? Oui, d'après les principes du ministère de M. Pitt et des ministères Canning ou Castlereagh, c'est-à-dire, d'après les doctrines d'une guerre d'extermination contre la France; non, d'après ceux d'une politique humaine qui veut par la guerre arriver à la paix. Les expéditions de l'Amérique du sud n'appartiennent pas au ministère de M. Fox. On sait comment elles ont commencé [1]; mais, commencées une fois, on n'avait pu se dispenser d'y donner suite. Pour l'expédition d'Alexandrie, elle est bien l'ouvrage direct de l'administration Grenville et Howick, car elle est l'expression formelle de leur système, c'est-à-dire qu'elle avait pour seul but un intérêt spécial de l'Angleterre, au lieu de suivre la fausse politique

---

[1] Lord Popham, qui, sans autorisation préalable, avait envahi Buénos-Ayres, allégua plus tard, pour sa justification, qu'il n'avait fait qu'exécuter un projet de M. Pitt.

des ministères précédents qui ne tendaient qu'à écraser la France, sans se mettre en peine si, ce ne serait pas transporter à Pétersbourg ou à Vienne cet excès de puissance qu'on ne voulait pas supporter à Paris. Dès que lord Grenville et lord Howick sont tombés, on a repris aussitôt les voies de M. Pitt, on a conclu des traités de subsides avec la Suède, avec la Prusse; et une expédition est partie pour l'île de Rügen, sous les ordres de lord Cathcart. Mais aussi la nouvelle administration est revenue à la déloyauté de cette même politique. A peine voit-on le roi de Suède seul sur le champ de bataille qu'on l'abandonne indignement, et que les troupes anglo-hanovriennes, sans avoir tiré un coup de fusil pour sa défense, se rembarquent sur les vaisseaux qui les ont apportées. L'administration des lords Grenville et Howick n'aurait rien promis, rien envoyé. Celle de M. Canning envoie des troupes; mais dès qu'elles ne peuvent plus servir qu'à protéger un allié malheureux, elle les rappelle et nous verrons bientôt pour quel usage. La justice réclamait ces éclaircissements. Nous avons dû d'autant moins les négliger que, dans toute la durée de la guerre de 1793 à 1814, cette circonstance est la seule où il y ait eu lieu à faire, en faveur d'un ministère anglais, une distinction honorable, par cela seul que, la ruine de la France n'ayant pas été, comme pour les autres ministères, son objet exclusif, la paix avec lui n'était pas impossible.

Est-il vrai, comme le prétendent quelques auteurs de Mémoires [1], que, dès l'entrevue de Tilsitt, Napoléon se soit assuré la tolérance de l'empereur de Russie pour un changement de dynastie en Espagne? Nous aurons à rechercher plus tard si même, quelques jours avant les événements de Bayonne, il y avait sur ce point une résolution arrêtée. Comment le projet en eût-il existé en 1807? Comment surtout l'Empereur aurait-il hasardé la confidence anticipée d'un dessein dont l'exécution devait être subordonnée à des chances nombreuses, et dont toutefois on lui eût fait d'avance acheter l'approbation [2]?

Après vingt jours passés ensemble, les deux empereurs se séparèrent avec toutes les démonstrations d'un mutuel attachement. Étaient-ils de bonne foi dans ces démonstrations ainsi que dans les engagements qu'ils avaient pris? Sous le rapport personnel, il y eut, du moins tout auto-

---

[1] Notamment le duc de Rovigo.

[2] Selon le chanoine espagnol Escoiquiz, Napoléon lui aurait dit à Bayonne que ses projets sur l'Espagne avaient été approuvés à Tilsitt par l'empereur Alexandre. Ce propos prouve, non qu'un tel concert ait existé, mais qu'il convenait à Napoléon que telle fût la croyance des Espagnols.

rise à le croire, sincérité de bienveillance réciproque. Napoléon avait trouvé dans Alexandre plus de lumières, de mérite solide et réel qu'il ne lui en supposait peut-être; et de son côté Alexandre, sans cesser de sentir la supériorité de Napoléon, avait pu aimer, dans le personnage historique qu'il admirait, une simplicité vraie et un abandon séduisant qui lui attachaient toutes les personnes admises à son intimité. Quant à leurs engagements politiques, un fait est au moins certain, c'est que l'un et l'autre étaient fermement résolus à tout faire pour éviter d'avoir désormais à se combattre, Alexandre en secondant, autant qu'il le pourrait, Napoléon contre l'Angleterre; Napoléon, en s'abstenant d'instances trop vives pour l'évacuation de la Moldavie et de la Valachie.

Le 13 juillet, l'Empereur des Français quitta Tilsitt, visita Königsberg, passa par Posen et arriva, le 20, à Dresde. D'après l'article 5 du traité, le duché de Varsovie devait être régi par un statut constitutionnel qui, « en assurant les « priviléges et les libertés des peuples, se conciliât avec la tranquillité des États voisins. » Une commission d'illustres Polonais[1] était réunie

---

[1] Stanislas Malachowski, président; Gutakowski; Stanislas Potocki; Dzialynski; Wybicki; Bielinski; Sobolewski; Luszczewski, secrétaire.

auprès du roi de Saxe. De concert avec ce prince, elle avait rédigé un projet de statut constitutionnel. Fondateur de ce nouvel État, c'était à Napoléon d'en être le premier législateur. Le 22 juillet, il approuva le projet qui lui fut présenté par la commission.

Un écrivain [1] qui a mis l'Empereur en scène et qui lui prête un monologue toujours intéressant, quoique en quatre volumes, pose en question si, au lieu de chercher sa force dans son union avec les gouvernements étrangers, Napoléon n'aurait pas dû s'appuyer sur les peuples. A cette occasion il lui fait expliquer les raisons qui l'ont empêché de donner une organisation démocratique à la Prusse.

Un fait que j'ai rapporté [2] précédemment justifie jusqu'à un certain point la discussion élevée à ce sujet. Peu de jours après son entrée à Berlin, l'Empereur me dit : « Il y a ici des jaco- « bins, n'est-ce pas? j'y ferais volontiers une ré- « publique. » Sur une simple remarque de ma part, cette idée passa comme un éclair, et il est probable qu'elle ne se représenta jamais à son esprit. Du moment que le roi conservait la moitié de ses États, l'Empereur n'avait nul titre à se

---

[1] Le général Jomini.
[2] Voyez chapitre 65, page 59, de ce même volume.

mêler de l'administration intérieure du pays resté au pouvoir de ce prince. Il n'avait un tel droit qu'à l'égard des portions de territoire détachées de la monarchie prussienne, comme le duché de Varsovie et le royaume de Westphalie. Voyons comment il usa de ce droit à l'égard de ces deux nouveaux États et s'il est vrai, comme une injuste préoccupation l'en accuse, que non content d'exercer une véritable dictature en France, il ait été au-dehors le fauteur du pouvoir absolu. Pour le duché de Varsovie, la couronne ducale est déclarée héréditaire, dans la personne du roi de Saxe et de ses descendants. Le roi exerce, dans leur plénitude, les fonctions du pouvoir exécutif et il a l'initiative des lois; il se fait représenter par un Vice-roi ou par un Président du conseil des ministres. Ainsi qu'en France, il existe un conseil d'État qui est une des parties les plus actives du gouvernement. Ce conseil rédige les projets de lois de finances et autres qui doivent être présentés à la Diète générale.

La Diète générale est formée de deux chambres, celle du Sénat et celle des Nonces. Le Sénat se compose de dix-huit membres, six évêques, six palatins, six castellans; la chambre des Nonces, de soixante Nonces nommés par les Diétines ou assemblées des nobles, et de quarante Députés des villes. Les chambres nomment des commissions pour examiner les projets qui leur sont soumis. La discussion est soutenue, pour le gouvernement, par les conseillers d'État, et, pour chaque chambre, par les membres de ses commissions[1]. Sans doute cette constitution est extrêmement aristocratique, puisque la noblesse, qui forme à peu près seule la chambre du Sénat, a encore la majorité dans la chambre des Nonces; mais cette disproportion n'a rien que de raisonnable dans un pays où quelques villes seulement offrent une très-faible partie de population que l'on puisse comparer à ce qu'on appelait en France le tiers-état, et où la population des campagnes, qu'affranchit le statut constitutionnel, ne peut pas perdre en un jour les habitudes et l'empreinte de la servitude; mais par cela seul que l'article 5 de ce statut proclame « l'abolition de l'esclavage, « l'égalité des droits et place l'état des person- « nes sous la sauvegarde des tribunaux, » dans une contrée qui touche à la Russie, à l'Autriche et à la Prusse, un grand pas est fait dans l'intérêt de l'humanité. Outre que l'article 5 du traité de Tilsitt commandait une grande circon-

---

[1] C'est cette même forme que Napoléon introduisit en France à son retour de Dresde.

spection, ces divers avantages auxquels il faut joindre l'introduction du code civil de la France, la publicité des procédures en matière civile et criminelle, l'établissement de justices de paix, surtout une Diète générale votant les impôts et discutant les lois, enfin une tribune élevée à Varsovie au milieu de l'atmosphère silencieuse des gouvernements voisins, sont tout ce que permettent les circonstances, tout ce que comportent l'état existant et les besoins réels de la population.

Si nous examinons de même la constitution donnée au royaume de Westphalie, royaume composé de populations enlevées à différents maîtres, mais précédemment soumises à tous les abus du régime féodal, n'est-ce pas pour elles un bienfait immense qu'une constitution qui « consacre l'égalité de tous les sujets devant « la loi ; » qui supprime « tous priviléges de cor-« poration, tous priviléges individuels, tout « servage, sous quelque dénomination que ce « soit ; » qui conserve la noblesse dans ses divers degrés, mais « sans qu'elle donne ni droit ex-« clusif à aucun emploi, à aucune fonction ou « dignité, ni exemption d'aucune charge publi-« que ? » N'est-ce pas un service important pour ces pays que de leur donner le « système moné-« taire, le système des poids et mesures de la

« France, le code civil français, la publicité des « jugements et le jugement par jury en matière « criminelle? » Les États du pays appelés à voter les impôts et les lois doivent se composer de cent membres, nommés par les colléges de département. Sur ce nombre, soixante-dix sont choisis parmi les propriétaires fonciers, quinze parmi les commerçants et fabricants, quinze dans la classe des hommes lettrés ou autres ayant bien mérité de l'État. La dernière de ces distinctions en faveur des sciences, des arts ou des services éclatants rendus au pays, disposition déja heureusement appliquée en 1802 à la république italienne, était surtout bien entendue dans un pays où les Universités jouent un rôle trop honorable pour n'être pas représentées dans les assemblées délibérantes.

Dans ces constitutions données et au duché de Varsovie et au royaume de Westphalie, on a voulu voir des combinaisons hostiles qui, sous quelque apparence de liberté pour les peuples, offraient en effet pleine latitude au pouvoir pour tout envahir. Sans doute dans ces constitutions comme dans toute autre le pouvoir ne manquera pas de chercher à s'étendre; mais enfin l'abolition de l'esclavage dans le duché de Varsovie et du servage en Westphalie, l'égalité devant la loi, la suppression de tout privilége, l'admissibilité de tous à tous les emplois, la publicité des jugements, tous ces premiers besoins de l'homme, une fois établis par des chartes même incomplètement exécutées, sont de précieuses semences qui ne périssent jamais. On peut les étouffer pour un temps, et les faits le prouvent, mais elles vivent au fond des ames, elles y fermentent, elles demandent à se produire, et l'habileté des princes devra consister désormais à ne point contrarier par la violence leur inévitable développement. Les cabinets des monarchies absolues, plus justes sous ce rapport envers Napoléon, ne s'y sont point trompés, et ce n'est pas sans une appréciation réfléchie du passé et de l'avenir que le cabinet autrichien, juge compétent dans une telle cause, a vu en lui *le représentant de la révolution.*

CHAPITRE LXXIV.

POLITIQUE INTÉRIEURE ET POLITIQUE EXTÉRIEURE.

Changements opérés dans la constitution française. — Suppression du Tribunat. — Organisation nouvelle du Corps législatif. — Circonstances qui favorisent l'accroissement de l'autorité impériale. — Discours de Napoléon au Corps législatif. Exposé de la situation de l'empire. — Retour de la Russie aux principes de la neutralité maritime. — Offre de médiation de la Russie au gouvernement anglais et réponse de ce gouvernement. — Expédition anglaise préparée dès le mois de juillet contre le Danemark. — Abandon du roi de Suède par l'Angleterre. — Négociation dérisoire de l'Angleterre avec le Danemark. — Débarquement de l'armée anglaise. — Proclamation du prince royal de Danemark. — Bombardement et capitulation de Copenhague. — Joie barbare en Angleterre. — Manifeste de l'Angleterre. — Tentatives inutiles de négociation de l'Angleterre avec le Danemark. — Mesures du Danemark contre les Anglais. — Violences des Anglais contre les bâtiments des États-Unis. — Attaque d'une frégate américaine par les Anglais. — Déclaration du gouvernement américain. — Tendance respective de l'Empereur Napoléon et de l'empereur Alexandre. — Envoi du général

Savary à Pétersbourg. — Opposition de la noblesse russe au système français. — Situation délicate de l'Empereur Alexandre. — Langage de l'empereur Alexandre au chargé d'affaires de France. — Discussion entre la Russie et l'Angleterre sur les événements de Copenhague. — Déclaration de la Russie portant rupture de tous ses rapports avec l'Angleterre. — Retard de la Russie à évacuer les provinces turques. — Accord parfait des deux Empereurs sur les autres questions. — Communications confidentielles d'Alexandre relatives aux Bourbons. — Départ de S. M. Louis XVIII de Mittau pour l'Angleterre. — Résolution du ministère anglais d'assigner l'Écosse pour résidence à Louis XVIII. — Refus de Louis XVIII de se rendre en Écosse. — Motifs du ministère anglais à l'appui de sa résolution. — Asile accordé à S. M. Louis XVIII dans le comté d'Essex. — Point culminant de la grandeur de Napoléon. — Résumé des principaux événements qui ont eu lieu depuis le 18 brumaire. — Sévérité des jugements des Français pour leur propre gouvernement et indulgence pour les gouvernements étrangers. — Impossibilité pour la France d'être une puissance circonscrite quand l'Angleterre, la Russie, l'Autriche, ne le sont pas. — Acharnement de l'Angleterre à repousser la France dans ses anciennes limites. — Principe de la perte de Napoléon enfermé dans les engagements de Tilsitt.

L'Empereur Napoléon vient de donner à deux États étrangers des constitutions essentiellement libérales relativement aux pays auxquels il les applique. Pourquoi faut-il que, par une sorte de fâcheuse compensation, lorsqu'il ouvre à des nations esclaves les routes de la liberté, il impose une restriction de plus aux libertés de la France et resserre encore l'action politique des citoyens déjà renfermée dans un cercle si étroit? Par le premier discours qu'à son retour il adresse au Corps-Législatif[1], il annonce le projet « de sim-« plifier et de perfectionner les institutions. » La simplification consiste à supprimer le Tribunat; le perfectionnement, à transporter dans le Corps-Législatif la discussion préalable des lois dont auparavant les sections du Tribunat étaient chargées.

Trois corps avaient jusqu'à cette époque pris part à la confection des lois. Préparés par le Conseil d'état, examinés et votés par le Tribunat, les projets de loi étaient portés devant le Corps-Législatif, juge muet qui devait prononcer après avoir entendu les orateurs du Conseil d'État pour la défense des projets, les orateurs du Tribunat pour ou contre leur adoption. En remplacement du Tribunat supprimé, trois commissions[2] sont établies dans le Corps-Législatif,

---

[1] Le 16 août.
[2] Sénatus-consulte du 19 août.

là première de législation civile et criminelle; la seconde, d'administration intérieure; la troisième, de finances. Par un sénatus-consulte de 1802, le Tribunat avait été, de cent membres, réduit à cinquante et divisé en sections; par un autre de 1804, une partie de ses attributions lui avait été enlevée et reportée au Sénat. Après l'avoir successivement dépouillé de tout ce qui faisait sa force, on s'arme maintenant de sa faiblesse et de son peu d'utilité pour arriver à son entière destruction. Ainsi disparaît, de la constitution française, le dernier élément de démocratie qui s'y trouvait encore. La logique du pouvoir ne manquait pas de justesse: L'article 87 du sénatus-consulte de 1804 portait que « les « sections du Tribunat constituaient les seules « commissions du Corps-Législatif. » En 1807 on s'aperçoit que « c'est une chose sans exemple [1] « et même contraire à la nature des choses que « les commissions d'un corps soient composées « de membres d'un corps différent. » On a raison; seulement la remarque aurait pu être faite trois ans plus tôt. Le moment alors n'en était pas venu. Aujourd'hui on félicite le Corps-Législatif de n'être pas réduit au simple vote de la loi, mais de concourir à sa formation.

[1] Discours de l'orateur du gouvernement, du 18 septembre.

Si, dans la suppression totale du Tribunat, le but évident de l'Empereur n'eût pas été d'affranchir le pouvoir de tout obstacle même éventuel, peut-être le changement opéré ne serait-il pas en lui-même digne de réprobation et de blâme. Jusqu'à un certain point il est permis de douter si ce changement fut la suite d'une intention antérieurement arrêtée dans l'esprit de l'Empereur ou un effet accidentel d'une cause étrangère. Nous venons de le voir à Dresde approuver ou plutôt dicter une constitution pour le duché de Varsovie. Le mode d'organisation qu'il introduit dans le Corps-Législatif de France est précisément celui qu'il vient de donner à la Chambre des Nonces dans le nouvel État formé en Pologne. Pour cet État nouveau, entouré de monarchies absolues, l'Empereur Napoléon devait, d'après les engagements pris à Tilsitt, éviter tout système qui pût donner la moindre inquiétude aux puissances voisines. En élevant une tribune à Varsovie, il n'avait, pour y prévenir la violence des discussions, accordé la parole qu'aux seuls membres des commissions législatives, administratives et financières. Pour Varsovie, la précaution pouvait être raisonnable; elle pouvait même être un devoir; mais à Paris était-elle nécessaire? Soit que la restriction nouvelle des droits politiques des Français appartînt à une volonté déja ancienne dont Napoléon avait été préoccupé à Dresde, soit que l'organisation faite par lui à Dresde du duché de Varsovie lui eût inspiré la pensée d'appliquer en France le même mode au Corps-Législatif, toujours est-il vrai que ce furent les succès de la guerre qui le conduisirent à opérer cette modification sans rencontrer aucune ombre de résistance. Tel est pour les peuples, et déja nous en avons fait la remarque, l'inconvénient d'avoir dans le chef de l'État leur généralissime. Sans décider s'il ne conviendrait pas que jamais roi ou empereur commandât ses armées, il nous semble qu'il serait dans l'intérêt des nations que du moins le monarque ne pût les commander au-delà des frontières de ses États. Lorsque au-delà des frontières il combat pour conquérir, on peut toujours craindre qu'il n'abuse, contre ses peuples, des triomphes qu'il aura obtenus sur les puissances étrangères. Les soldats prenant l'habitude d'une obéissance aveugle pour le chef sous lequel ils sont accoutumés à vaincre, ce chef est aisément tenté de substituer, même dans l'intérieur du pays, la force militaire à la force légale; et les peuples eux-mêmes, fiers du haut rang où ils se voient élevés, s'abandonnent avec plus de facilité à la discrétion d'un prince qui les éblouit de sa puissance et les couvre de sa gloire.

A la vérité, pour ce qui concerne le Tribunat en France, depuis plusieurs années l'opposition de ce corps aux volontés impériales était à peu près nulle, mais son existence seule était toujours pour le gouvernement une barrière de plus. Un vote négatif du Tribunat pouvait, en de certaines circonstances, devenir d'un grand poids auprès du Corps-Législatif et entraîner ses résolutions. Il y a donc, dans sa suppression absolue, un dommage réel pour la liberté des Français; mais ce n'est pas là le seul effet fâcheux du sénatus-consulte du 19 août. Un article qui s'y trouve furtivement introduit, et qui passe comme inaperçu sans examen ni discussion, fixe à quarante ans accomplis l'âge nécessaire pour faire partie du Corps-Législatif. Jusque-là pour ce Corps, l'âge était fixé à trente ans; pour le Tribunat, il ne l'était qu'à vingt-cinq. Reculer si loin l'époque où un citoyen peut être admis à la formation des lois était une précaution bien inutile. Ce n'était pas dans une organisation pareille à celle qui existait que la chaleur de la jeunesse pouvait elle-même être beaucoup à craindre. Cette innovation dans l'âge de l'éligibilité et la suppression même du Tribunat, qui maintenant sont des faits si graves à nos yeux, furent à peine senties en 1807. Napoléon qui ne devinait pas la possibilité d'un balancement parfait des diverses branches de la puissance législative tel que nous cherchons aujourd'hui à l'affermir en France, paraissait croire et peut-être croyait de bonne foi servir le pays lorsqu'il fortifiait l'autorité; lorsque, réprimant les éclats de la tribune, mais fidèle à respecter l'égalité des droits, il réalisait, par une application journalière, le principe de l'admissibilité de tous à tous les emplois militaires et civils; lors même que créant des distinctions et des titres héréditaires, il les présentait comme une consécration nouvelle du principe de l'égalité, en les rendant accessibles à tous. Du moment que la constitution de l'an VIII n'avait pas en elle-même un degré de force suffisant pour arrêter le premier envahissement de l'autorité consulaire, il était impossible, surtout avec un état de guerre permanent, avec un guerrier et un guerrier heureux pour chef de l'État, que le Premier Consul ou l'Empereur ne réunît pas dans sa main toutes les attributions du pouvoir le plus illimité. Il est cependant une explication qui justifie jusqu'à un certain point le peuple français de sa condescendance pour le monarque. Au-dedans, un accord parfait les unissait entre eux. La nation ne voyait le gouvernement occupé que de travaux utiles, d'améliorations importantes, de projets tendant tous à multiplier pour elle les sources de richesse et de prospérité. Les lois étant en général conformes à l'esprit public, on oubliait plus aisément qu'elles n'avaient pas été discutées par une véritable représentation directement élue, et peut-être est-il vrai de dire que le Conseil d'état qui les rédigeait offrait à la France une réunion d'hommes éclairés et habiles, telle que jamais aucun autre pays n'eût pu en offrir une semblable. Ces hommes appartenaient à toutes les parties de la France, où leurs talents fussent restés obscurs, si la révolution ne les eût mis au grand jour, et, comme pour Napoléon il n'était pas d'homme d'un mérite réel qui n'eût droit à être distingué, la France, en retrouvant dans le conseil du prince les éléments de ses diverses assemblées démocratiques, s'apercevait moins, à la vue des mêmes hommes, qu'elle n'était plus gouvernée d'après les mêmes doctrines de liberté politique.

Est-il extraordinaire qu'au retour de Tilsitt, Napoléon, entouré des trophées d'Iéna et de Friedland, tenant à la main un traité de paix qui lui conservait les principales conquêtes de la guerre, n'ait entendu en France que les accents

de la louange et de l'admiration? On a recueilli quelques-uns des discours qui lui furent adressés, comme des modèles d'une adulation inouïe. On a eu raison de condamner ces écarts, répréhensibles dans tous les temps et surtout si déplacés alors. C'est pour les princes vulgaires que la flatterie doit réserver ses mensongères hyperboles. Napoléon n'en avait pas besoin, lorsque, le 16 août, il disait au Corps législatif : « Depuis
« votre dernière session, de nouvelles guerres,
« de nouveaux traités de paix ont changé la face
« de l'Europe politique.

« Si la maison de Brandebourg, qui la première
« se conjura contre notre indépendance, règne
« encore, elle le doit à la sincère amitié que m'a
« inspirée le puissant empereur du Nord.

« Un prince français régnera sur l'Elbe ; il
« saura concilier l'intérêt de ses nouveaux sujets
« avec ses premiers et ses plus sacrés devoirs.

« La maison de Saxe a recouvré, après cin-
« quante ans, l'indépendance qu'elle avait per-
« due.

« Les peuples du duché de Varsovie, de la ville
« de Danzig, ont recouvré leur patrie et leurs
« droits....

« La France est unie aux peuples de l'Alle-
« magne par les lois de la Confédération du Rhin;
« à ceux des Espagnes, de la Hollande, de la

« Suisse et des Italies, par les lois de notre sys-
« tème fédératif. Nos nouveaux rapports avec la
« Russie sont cimentés par l'estime réciproque
« de ces deux grandes nations.....

« Je désire la paix maritime : aucun ressenti-
« ment n'influera jamais sur mes déterminations;
« je n'en saurais avoir contre une nation, jouet
« et victime des partis qui la déchirent, et trom-
« pée sur la situation de ses affaires comme sur
« celles de ses voisins.

« Français, votre conduite, dans ces derniers
« temps, où votre empereur était éloigné de plus
« de cinq cents lieues, a augmenté mon estime
« et l'opinion que j'avais conçue de votre ca-
« ractère. Je me suis senti fier d'être le premier
« parmi vous....

« Vous êtes un bon et grand peuple.

« Les comptes de mes ministres des finances
« et du trésor public vous feront connaître l'état
« prospère de nos finances. Mes peuples éprou-
« veront une considérable décharge sur la con-
« tribution foncière.

« Mon ministre de l'intérieur vous fera con-
« naître les travaux qui ont été commencés ou
« finis; mais ce qui reste à faire est bien plus im-
« portant encore, car je veux que, dans toutes
« les parties de mon empire, même dans le plus
« petit hameau, l'aisance des citoyens et la valeur

« des terres se trouvent augmentées par l'effet du
« système d'amélioration générale que j'ai conçu. »

Les promesses sont faciles aux princes, surtout dans les jours de leur prospérité. Napoléon tiendra-t-il ce qu'il annonce? Tout dit qu'il en a la volonté et le pouvoir. En écoutant l'exposé que présente son ministre, on a peine à concevoir que ce soit le récit des opérations civiles de cette terrible année de guerre dont nous avons rapporté les mémorables événements. Dans ce compte rendu par le ministre, toutes les branches du service public sont passées en revue. Partout l'Empereur cherche à féconder le bien ou à détruire le mal. Partout il répare, il perfectionne ou il crée. Énumérer toutes les questions traitées dans ce rapport serait un long ouvrage. Je n'indiquerai que les faits principaux.

« Les administrations bienfaisantes des hospi-
« ces, les congrégations charitables destinées à
« soulager la souffrance, les essais faits pour la
« répression de la mendicité ont été les premiers
« objets des plus actifs encouragements....

« Treize[1] mille quatre cents lieues de route
« ont été entretenues, réparées.... Les deux plus
« grands ouvrages exécutés depuis plusieurs siè-

---

[1] La France dans sa circonscription actuelle n'a guère que huit mille lieues de routes à entretenir.

« cles, les routes du Mont-Cenis et du Simplon,
« monuments de l'art, dignes de ces monuments
« de la nature que l'art a vaincus, sont accomplis
« après six années. Parmi les routes d'un autre
« ordre, celle d'Espagne en Italie se poursuit....
« L'Apennin devient le siége de travaux qui lie-
« ront le Piémont à la Méditerranée, et com-
« plèteront l'union de la Ligurie avec la France...
« Dix-huit fleuves ou rivières principales ont vu
« leur navigation s'améliorer ou se prolonger
« même par des écluses, leurs chemins de ha-
« lage restaurés, leur cours contenu par des di-
« gues.... Quatre ponts ont été achevés pendant
« la dernière campagne. Dix autres sont en pleine
« activité... Dix canaux [1], presque tous commen-
« cés sous ce règne, sont en activité et se pour-
« suivent.... Les ports maritimes offrent aussi des
« créations nouvelles.... Anvers, qui n'était plus
« rien, devient un centre de marine militaire....
« Pour la première fois, cette partie de l'Escaut
« voit flotter des vaisseaux de 74 et de 80 canons;
« quatorze sont sur le chantier, plusieurs ont été

---

[1]. En 1814, un écrivain, homme de mérite, a dit : « Au re-
« tour de la paix, il fallait craindre de voir toute la France
« mise en embellissements et en canaux. » Lorsqu'on examine
tout ce qui reste à faire en ce genre, une telle accusation n'est-
elle pas un éloge?

« lancés et sont arrivés à Flessingue..... Ce der-
« nier port a vu élargir son écluse, creuser ses
« bassins, et se trouve en état de recevoir une
« escadre..... A Dunkerque, à Calais, des jetées
« ont été reconstruites.... A Cherbourg, les deux
« môles sont élevés..... A Rochefort, à Marseille,
« s'exécutent également d'importants ouvrages...
« L'existence de nos fabriques de coton étant
« consolidée, on s'est occupé à reconnaître les
« lieux où la culture du coton pourrait être in-
« troduite.... L'amélioration des laines a été l'ob-
« jet d'une constante sollicitude.... La restaura-
« tion des haras a été très-avancée.... Les écoles
« vétérinaires peuplent, de sujets instruits, les
« armées et les campagnes.... Leur enseignement
« a reçu une nouvelle extension. Dans leur sein
« s'ouvrent des écoles pratiques d'économie ru-
« rale.... Un code se prépare pour le commerce...
« La loi rendue sur les prud'hommes a produit
« des effets salutaires.... L'école des arts et mé-
« tiers de Compiègne a été transférée à Châlons ;
« celle de Beaupréau sera formée incessamment,
« et celle de S.-Maximin ensuite.... L'école pra-
« tique des mines de Pezai obtient les succès les
« plus complets. Une autre école pratique se pré-
« pare à Geislautern, dans la Sarre.... Des élèves,
« tirés de l'école des arts, sont instruits à Paris,
« aux frais du gouvernement, dans la fabrication

« des instruments de physique devenus aussi
« parfaits que ceux d'Angleterre.... L'Italie offre
« au commerce français des débouchés plus con-
« sidérables.... Les mers du Levant rappellent les
« marchandises françaises.... La guerre actuelle
« n'est que la guerre de l'indépendance du com-
« merce.... Chacune de ses conquêtes, en fermant
« un débouché à l'Angleterre, a été une conquête
« future pour le commerce de la France.... Il y a
« vingt mois, nos filatures étaient menacées d'une
« inaction entière, leur voix fut entendue du chef
« de l'état, le décret du 22 février leur rendit
« l'espoir..... Les manufactures ne prospèrent que
« chez les nations où une sorte d'esprit public
« s'est établi en leur faveur. Cet esprit, nos an-
« ciennes institutions l'empêchèrent trop long-
« temps de naître ; le gouvernement actuel n'a
« rien négligé pour le développer.... » À cette occasion, le ministre rend compte de l'exposition
des produits qui a eu lieu pendant l'absence de
l'Empereur, et des progrès qu'ont faits les diverses branches d'industrie. « L'Empereur, ajoute-
« t-il, a voulu que sa capitale, devenue la pre-
« mière capitale de l'univers, répondît par son
« aspect à une si glorieuse destination. A une des
« extrémités de Paris, un pont est achevé, le
« pont d'Austerlitz; à l'autre, un pont commencé,
« celui d'Iéna.... Le Louvre avance, marquant, à

« la suite les uns des autres, les siècles de Fran-
« çois Ier, de Henri IV, de Louis XIV, ranimés à
« la voix de Napoléon.... Des fontaines sans nom-
« bre coulent jour et nuit dans tous les quartiers
« de la ville, montrant aux dernières classes du
« peuple le souvenir que son Empereur a de ses
« moindres besoins.... Deux arcs de triomphe sont
« érigés ou fondés ; l'un près de ce palais habité
« par le génie de la victoire; l'autre, à la plus
« belle avenue de la plus belle ville du monde....
« Le tombeau de Desaix est assis sur le sommet
« des Alpes, non moins étonnées de voir pour la
« première fois un monument sorti du ciseau de
« nos artistes qu'elles ne l'ont été du passage sans
« exemple d'une armée traînant, à bras d'hom-
« mes, sa nombreuse artillerie. L'école française
« est occupée presque entière à retracer sur le
« marbre ou sur la toile les principales époques
« de ce règne glorieux.... L'école des beaux-arts
« de Lyon a pris naissance cette année.... Les in-
« térêts de l'enseignement sont une des pensées
« habituelles de l'Empereur.... Les douze écoles
« de droit sont organisées.... Des écoles gratuites
« de médecine pratique ont été établies dans les
« villes d'Amiens, Besançon, Bruges, Bruxelles,
« Gand, Clermont-Ferrand, Angers, Grenoble et
« Poitiers..... L'observatoire du Panthéon a été
« rétabli; celui de Turin, rendu à l'astronomie....

« L'Empereur désire que les belles-lettres parta-
« gent, sous son règne, l'impulsion donnée à
« tout ce qui est grand, utile et honorable à la
« nation; que la littérature trouve, dans l'alliance
« du goût avec la morale, le principe le plus cer-
« tain de ses succès.... Le clergé offre plus qu'à
« aucune autre époque des mœurs pures, une
« piété tolérante, un grand désintéressement,
« une application constante à ses devoirs.... Les
« divers cultes vivent dans une union digne de
« l'esprit qui leur est commun.... Un grand San-
« hédrin, assemblée dont les Juifs, depuis plu-
« sieurs siècles, n'avaient point vu d'exemple, a
« solennellement déclaré que la loi de Moïse,
« loin d'autoriser ses sectateurs à devenir habi-
« tants d'un État sans en adopter les intérêts,
« sans en reconnaître les autorités, sans en sui-
« vre les lois, leur prescrit au contraire et les sen-
« timents qui les attachent à leur patrie adoptive,
« et l'obéissance à toutes ses institutions, et le
« devoir de s'armer pour sa défense.... Les res-
« sources de l'État se sont accrues au-delà de ses
« besoins; les caisses sont pleines; les paiements
« se font à point nommé; les ordonnances sur le
« trésor public sont devenues les lettres de change
« les plus sûres. »

Après avoir représenté les résultats politiques
de la dernière guerre et la France, au-delà des

Alpes et des Pyrénées, de l'embouchure de l'Elbe jusqu'aux sources de l'Inn, de la mer du Nord jusqu'au golfe de Tarente, environnée d'une vaste chaîne de peuples amis, le ministre rassemble en quelques traits la substance du compte qu'il vient de rendre. « Plusieurs bran-
« ches de l'administration perfectionnées, les fi-
« nances dans l'état le plus heureux; la France,
« seule entre tous les États de l'Europe, n'ayant
« pas de papier-monnaie; son commerce, au mi-
« lieu d'une stagnation inévitable, conservant
« toutes ses espérances et préparant les germes
« de sa prospérité future; nos colonies mainte-
« nues dans un état qui doit un jour enrichir la
« métropole; les armes de la France portées, par
« une suite de succès sans exemple, jusqu'aux
« extrémités de l'Europe; son influence s'éten-
« dant au-delà du Bosphore et jusqu'au milieu
« du continent d'Asie; le plus grand ordre, la
« plus profonde tranquillité régnant dans son
« intérieur, lorsque son souverain a été pendant
« dix mois éloigné de six cents lieues; l'Europe
« étonnée, nos ennemis confondus; l'Angleterre
« restant seule chargée du fardeau de la guerre
« et de la haine des peuples; telles sont les opé-
« rations d'une année et les espérances de celle
« qui va suivre. »

Sans contredit, on peut critiquer avec justice,

dans ce compte rendu par le ministre de l'intérieur, la solennité, la pompe du langage ; mais, à part les ornements dont ils sont embellis, les faits restent, les faits sont sous les yeux de l'Europe, et l'enthousiasme n'est pas sans excuse. En tout autre pays qu'en France sous le gouvernement de Napoléon, ce tableau des actes d'une année ne semblerait-il pas celui des événements de tout un règne ?

Une foule de détails d'ordre intérieur réclameraient ici notre attention, mais nous remettons à nous en occuper plus tard pour ne point perdre trop long-temps de vue le développement des conséquences amenées par les engagements de Tilsitt.

Du jour où les Empereurs se sont séparés, chacun d'eux a songé au parti qu'il pourrait tirer des promesses de l'autre. Napoléon, pour conduire la Russie à se déclarer contre l'Angleterre ; Alexandre, pour obtenir la tolérance de Napoléon sur les projets russes contre la Turquie. Aux yeux de l'Empereur des Français, l'un des grands résultats de Tilsitt est d'avoir ramené la Russie au principe de la neutralité maritime de 1780 ; d'avoir posé, comme base de l'alliance des deux empires et comme condition de paix avec le gouvernement britannique, l'obligation pour ce gouvernement de reconnaître

« que les pavillons de toutes les puissances doi-
« vent jouir d'une égale et pleine indépendance
« sur les mers. » De toutes les stipulations arrêtées entre les deux empereurs et acceptées par le roi de Prusse [1], il n'y en a aucune qui soit aussi honorable, parce qu'il n'y en a point qui soit aussi juste, aussi légitime. Il faut ajouter qu'elle était en même temps la plus naturelle et, pour ainsi dire, la plus inévitable. Si, à son avènement au trône, Alexandre, entouré d'intrigues anglaises, avait abandonné des principes dont la proclamation avait fait la gloire de son aïeule et dont la courageuse défense avait coûté la vie à son père, peu de temps après, le jeune empereur s'était hâté d'y revenir dans sa convention secrète avec la France en octobre 1801. Il était donc impossible qu'en 1807 le rapprochement de la France et de la Russie ne donnât pas une nouvelle sanction à ces principes également précieux pour les deux États et que réclament à

---

[1] Lorsqu'une foule d'écrivains, même de ceux qui semblent devoir être le mieux informés, présenteront la déclaration de guerre de la Russie et de la Prusse à l'Angleterre comme un effet d'exigences nouvelles de Napoléon, et, en ce qui regarde la Prusse, comme une aggravation des charges qui lui avaient été imposées, ce sera au moins une erreur. C'était à Tilsitt qu'avait été convenue entre les trois princes l'adoption de ce système.

l'envi toutes les nations commerçantes, excepté l'Angleterre qui seule les repousse et les proscrit. De la part de cette dernière puissance, la guerre va devenir plus barbare que jamais et ce sera en haine des droits des neutres. L'Angleterre va de nouveau déclarer qu'il y a incompatibilité entre les droits des neutres et son existence, car, selon ses hommes d'État, l'existence pour elle, c'est la domination exclusive de l'Océan, c'est le règne de l'arbitraire le plus illimité, c'est la destruction, la mort de toute indépendance de pavillon autre que le sien.

Conformément à l'article 4 de l'alliance de Tilsitt, le cabinet de Pétersbourg s'était empressé d'annoncer à la cour de Londres la conclusion des traités qui avaient ramené la paix sur le continent, et de lui offrir sa médiation pour rétablir aussi la paix entre elle et la France, en lui faisant connaître que déja cette médiation était acceptée par le gouvernement français. La réponse du ministère britannique ne décelait pas une grande disposition à un prompt rapprochement. « S. M., disait M. Canning, attend « avec la plus vive sollicitude la communication « du traité conclu à Tilsitt et l'énonciation des « équitables principes [1] sur lesquels S. M. impé-

---

[1] The statement of those equitable and honorable principles

« riale exprime la confiance que la France désire
« faire la paix avec la Grande-Bretagne. Elle se
« plaît à croire que la paix de Tilsitt et les prin-
« cipes sur lesquels la France est prête à négo-
« cier sont de nature à inspirer à S. M. britan-
« nique un juste espoir de parvenir à une paix
« honorable et sûre. » Dans ce cas, le roi accepterait volontiers la médiation de la Russie; mais,
avant d'avoir reçu ces importantes et nécessaires
communications, il est impossible de faire une
réponse plus explicite [1] à la note de M. d'Alopéus.

Dans le moment où le cabinet de Londres
semblait ainsi subordonner l'acceptation de la
médiation de la Russie aux communications ultérieures que pourrait lui faire cette puissance,
il avait commencé déjà et se préparait à consommer l'une des violences les plus iniques par
lesquelles il a signalé la dernière guerre. Aux
yeux d'un cabinet composé d'hommes appartenant à l'école de M. Pitt, le gouvernement européen le plus odieux était, après le gouvernement français, celui qui avait toujours défendu

---

upon wich his I. M. expresses his belief that France is desirous of concluding a peace with great Britain.

Note de M. Canning à M. d'Alopéus, en date du 5 août.

[1] More specific. *Même note de M. Canning.*

avec le plus de vigueur les droits de la neutralité maritime, c'était le Danemark. A la seule nouvelle de l'entrevue de Tilsitt, le ministère anglais prévit la possibilité d'une nouvelle réunion des puissances du Nord pour faire revivre les doctrines de 1780 et de 1800. Dès-lors il n'a qu'un seul objet en vue, c'est de plier à son joug ou de frapper à mort celle des puissances dont il redoute le plus la généreuse énergie.

La flotte déja préparée se compose de vingt-trois vaisseaux de guerre, neuf frégates, vingt-deux autres bâtiments moindres et cinq cents bâtiments de transport. Le corps expéditionnaire doit être de trente-cinq mille hommes. On retire de la Poméranie, pour les faire entrer dans ce corps, les légions anglo-hanovriennes mises à la disposition du roi de Suède. Peu importe que ce prince succombe. Ce n'est pas à défendre un roi qui ne peut plus la servir que l'Angleterre tient à employer ses troupes; elle en a besoin contre un roi qui ne l'attaque pas, mais dont elle craint que l'union avec d'autres puissances ne vienne contrarier son despotisme maritime. La flotte fut mise sous les ordres de l'amiral Gambier; l'armée de terre, sous ceux de lord Cathcart, le même que l'on venait de rappeler de la Poméranie en abandonnant ce pays à la merci de la France.

Dès le 3 août, l'amiral Gambier était, avec les troupes de débarquement à l'entrée du Sund devant le château de Cronborg ; une division de sa flotte, sous les ordres du commodore Keats, s'était dirigée vers le Grand-Belt pour couper toute communication entre les îles et les possessions continentales du Danemark. En ce moment, le gouvernement anglais ouvrit une de ces négociations dérisoires à l'usage du brigand, pourvu de toutes ses armes et placé en embuscade, contre la faiblesse désarmée et sans défense, négociation où l'Angleterre ne peut reprocher au gouvernement danois ni un fait ni même une intention hostile, mais seulement la crainte de son adhésion plus ou moins prochaine aux projets de la France. Le crime du Danemark est dans la pensée de Napoléon. Lorsque l'expédition a fait voile d'Angleterre dans le mois de juillet, il y avait impossibilité [1] morale et physique que le cabinet de Londres eût connaissance de ce qui avait été convenu entre

---

[1] C'est ce que déclara formellement lord Sidmouth en relevant le choquant anachronisme qui attribuait une expédition faite dans le mois de juillet à des informations qu'on n'aurait pas pu recevoir avant le 8 août. Il s'indignait qu'on eût mis une telle assertion dans la bouche de S. M. : *Into the sacred mouth of his majesty.*

les deux empereurs, à plus forte raison impossibilité qu'il eût dès-lors des griefs fondés contre le Danemarck, qui lui-même n'avait encore reçu aucune communication des deux souverains; mais on dira que la prévoyance est permise, qu'elle est de bonne guerre, qu'un soupçon plus que probable équivaut à une certitude. Oui, sans doute. J'admets ce raisonnement; j'ai approuvé le soupçon, la prévoyance dans Napoléon en 1805. Je ne les blâmerai pas dans l'Angleterre en 1807. Qu'a fait, en 1805, l'Empereur Napoléon? Prévoyant qu'il serait bientôt attaqué par l'Autriche, il est entré en discussion avec elle, il l'a interrogée sur ses intentions; il a répondu à ses armements par des armements, et il s'est disposé à lui faire une loyale guerre. Encore même a-t-il été devancé par elle. Aujourd'hui encore comment procede-t-il avec le Portugal qu'il sait dévoué à l'Angleterre et qu'il voudrait détacher de cette puissance? Il parle, il parle de loin, il fait ses offres, ses sommations, si l'on veut; mais il les fait de Paris à Lisbonne. Le gouvernement portugais est averti, et, si la guerre a lieu, elle ne sera pas une surprise, le Portugal aura eu tout loisir de préparer ses armes; mais la prévoyance, qui porte un cabinet à présumer que tel gouvernement pourra se déclarer contre lui, l'au-

torise-t-elle à s'élancer à l'improviste sur ce gouvernement, à envahir, à brûler sa capitale dans l'état de paix le plus absolu, lorsqu'il est encore éloigné de toute idée de guerre, lorsqu'il n'a encore pris aucun engagement dont on puisse lui faire un crime? L'autorise-t-elle surtout à lui faire la guerre la plus affreuse, à préluder au combat par la proposition de la plus odieuse alternative : « Livrez-nous votre flotte, ou nous al-
« lons incendier Copenhague. » Ainsi s'exprima le plénipotentiaire anglais Jackson envoyé auprès du prince royal. Cet agent, expédié de Londres le 1er août, était arrivé à Kiel, le 6, et avait sur-le-champ rempli son message. Le lendemain, ayant appris par M. Bernstorf que le prince royal était parti pour Copenhague, il se mit en route afin de l'y rejoindre, mais lorsqu'il y arriva, le prince avait quitté cette capitale. Après avoir donné des ordres malheureusement trop tardifs et mis la personne du roi en sûreté, il était retourné dans le Holstein où se trouvait l'armée danoise. Rien à Copenhague n'était préparé pour la défense; il n'y avait pas dans l'île un seul bataillon; pas dans la ville, une seule batterie, montée sur les remparts, tant on était loin d'attendre aucune attaque de ce côté. C'était dans les possessions continentales du roi que se trouvait son armée toute entière; là

qu'était portée l'attention de son cabinet; là qu'on semblait disposé à une vigoureuse résistance, si on avait eu à repousser une injuste agression. C'était la France qui, dans cette réunion de l'armée danoise sur le continent, pouvait voir une menace éventuelle pour le cas où la fortune eût été plus favorable à ses ennemis.

A Copenhague, M. Jackson s'étant adressé au comte Joachim Bernstorf, frère du ministre principal, et chargé, en son absence, du portefeuille des affaires étrangères, qui lui déclara qu'il ne pouvait que recevoir ses propositions et les transmettre à Kiel, l'injurieuse négociation n'eut pas d'autre suite. Le plénipotentiaire anglais se rendit sur la flotte, et celle-ci commença une guerre digne de la négociation qui l'avait précédée. Le 16 août, le débarquement de l'armée anglaise s'opéra au village de Webeck; la ville fut bientôt investie par terre et le blocus formé par la flotte du côté de la mer. Une proclamation fut adressée aux Danois par l'amiral Gambier et le commandant de l'armée, lord Cathcart. Par une insolente méprise qui prouve la précipitation passionnée du ministère britannique, on n'avait pas même eu pour la nation danoise l'attention de lui parler sa langue. La proclamation publiée au nom de l'Angleterre était en langue allemande. De son côté le prince

royal appela les Danois à sauver du moins l'honneur. « Placé entre le danger et la honte, disait-
« il, le gouvernement danois n'a pas eu à choi-
« sir. La guerre a éclaté. Le Danemark ne se fait
« pas illusion sur les malheurs dont il est me-
« nacé par cette guerre. Surpris de la manière
« la plus insidieuse, attaqué dans une province
« isolée et dépouillée de tout moyen de défense,
« forcé d'entrer dans la lutte la plus inégale, il
« doit s'attendre à des désavantages des plus
« sensibles ; mais son premier devoir est de con-
« server intacts et son honneur et l'estime des
« puissances européennes qu'il croit avoir méritée
« par une irréprochable conduite ; il croit qu'il
« y a plus de gloire dans la résistance de celui
« qui succombe sous la force que dans les vic-
« toires faciles de celui qui en abuse. » La voix
du prince ne fut point méconnue ; les campagnes
coururent aux armes ; au bout de quelques
jours, dix mille hommes de milice se présen-
tèrent pour renforcer la ville, mais ces milices
furent arrêtées et dispersées par la légion hano-
vrienne. Après avoir fait quelques sommations
inutiles, les Anglais commencèrent le bombardement le 2 septembre ; ils le continuèrent pendant trois jours avec une exécrable activité,
l'effet en fut terrible ; le feu fit de rapides progrès. Une grande partie de la ville fut réduite

en cendres. Laisser la destruction aller plus loin n'eût pas empêché un funeste dénoûment. Le 7 septembre, le général Peymann consentit à capituler. La base de la capitulation exigée par les Anglais fut la remise de la flotte danoise entre leurs mains. Un ordre du prince royal avait été expédié pour prévenir ce malheur. « Brûlez « plutôt la flotte que de la livrer, » avait écrit ce prince, mais l'ordre n'avait pu parvenir dans la place. Le général Peymann n'eût-il pas dû le deviner? Dix-huit vaisseaux, quinze frégates, six bricks et vingt-cinq chaloupes canonnières tombèrent au pouvoir des Anglais. La capitulation fut exécutée par eux avec une barbarie conforme au caractère de l'expédition. Pour justifier plus tard l'espèce de rage avec laquelle ils avaient détruit les objets de marine qu'ils ne pouvaient emporter, ils alléguèrent que ces munitions navales trouvées dans l'arsenal de Copenhague appartenaient au gouvernement français.

Un cri d'indignation retentit dans toute l'Europe et, pour l'honneur de l'humanité, cette fois l'iniquité d'une politique infame tournera contre elle-même. A la vérité, la populace anglaise, et, quand il s'agit d'anéantir chez toute autre nation les moindres éléments de puissance maritime, la populace anglaise remonte bien haut, salua par des acclamations l'entrée des vaisseaux danois dans les ports britanniques, comme elle avait applaudi à l'aspect des frégates espagnoles, enlevées et ensanglantées de même en pleine paix; mais dans l'Angleterre même il s'élèvera cependant des voix généreuses qui protesteront [1] contre les écarts de leur gouvernement. Nous devons ici devancer le temps et dire, comment cette expédition sera défendue. Tous les principes de morale, de droit des gens, seront foulés aux pieds. M. Canning proclamera hautement quels sont les crimes passés, les crimes présents, les crimes à craindre du gouvernement danois. Les efforts qu'a déjà faits ce gouvernement en faveur des droits des neutres, il est capable de les faire encore. Pour de tels crimes, point de pardon. L'indulgence, en pareil cas, serait la ruine de l'Angleterre. D'ailleurs à toutes les objections, M. Canning opposera un argument, selon lui, sans réplique; il posera en fait que l'expédition de Copenhague

---

[1] Dans la discussion ouverte par le duc de Norfolk, le 8 février, lord Sidmouth demanda que les vaisseaux danois fussent entretenus en bon état pour être restitués ultérieurement. La motion du duc de Norfolk et la proposition de lord Sidmouth furent rejetées par 105 voix contre 51. Ainsi générosité, loyauté dans le langage de l'opposition, et mépris de tous les droits dans les actes de la majorité.

« a diminué[1] les moyens de l'ennemi et augmenté
« la sécurité de l'Angleterre. » L'argument est
faux ; outre qu'il est immoral, mais il sera reçu
comme décisif et victorieux par un parlement
entièrement soumis aux volontés ministérielles.
Après avoir reproduit cette pensée sous plusieurs
formes et l'avoir délayée dans les flots d'une
verbeuse éloquence, M. Canning appellera,
comme Scipion[2], le peuple anglais au Capitole
pour y remercier les dieux.

Cependant, à la fin de septembre, le ministère anglais, qui n'avait point publié de manifeste avant d'attaquer le Danemark, s'était cru
obligé de tenter au moins une sorte de justification. Il avait fait paraître une déclaration[3] de

---

[1] By the expedition to Copenhague, the means of the enemy
had been reduced, and the security of the country augmented.

[2] M. Canning, qui comprenait très-bien toute la portée du
système continental, assurait que l'Empereur Napoléon échoue-
rait dans ses efforts pour rendre le commerce européen indépendant de l'Angleterre en forçant toute terre à porter tout
produit :

Omnis feret omnia tellus.

M. Canning était faux prophète. En 1830, le continent européen se fournira par lui-même la plupart des produits que lui
fournissait autrefois l'industrie anglaise. De là et pour long-
temps, la misère de la Grande-Bretagne !

[3] En date du 25 septembre.

ses motifs, tellement conçue qu'au lieu d'excuser sa conduite, elle en faisait mieux ressortir encore toute l'atrocité. « L'état et les circonstan-
« ces actuelles du monde, disait-il, avaient
« exigé des mesures de *propre conservation*. »
Cet argument, le plus fort qu'ait imaginé M. Canning, prouve seul que l'Angleterre elle-même reconnaît qu'il n'y a que la nécessité urgente de *propre conservation* qui puisse, jusqu'à un certain point, excuser de certaines violences. Cette excuse de la nécessité a-t-elle existé pour le gouvernement anglais? Est-ce de la flotte danoise que pouvait dépendre la conservation de ce gouvernement? Par les inquiétudes qu'il lui plaît de concevoir ou d'affecter, peut-il se croire fondé en droit à détruire, anéantir, ou conduire dans ses ports la marine de toute puissance qu'il aura la faculté d'atteindre ou par surprise ou par force? En vain M. Jackson, dans l'idée que l'affreux succès de Copenhague ferait craindre au prince royal l'extension des conquêtes anglaises, essaya de renouer la négociation. Le prince royal, informé de l'apparition de ce plénipotentiaire à Nyeborg, ordonna d'empêcher son débarquement. La mission d'un autre agent britannique, M. Merry, n'eut pas plus de succès. Quoi qu'en ait dit M. Canning, l'expédition de Copenhague n'eut pas pour l'Angleterre la triste jus-

tification de l'utilité. Elle trouva, il est vrai, dans la guerre faite au Danemark encore un autre prétexte de spoliation. Les colonies danoises de Sainte-Croix et de Saint-Thomas devinrent sa proie, mais en Europe les résultats ne furent pas à son avantage. L'Angleterre n'avait voulu, disait-elle, que préserver *son droit maritime*, et par ces mots de droit maritime on sait ce qu'elle entend. Elle avait elle-même remis en discussion la durée de ce prétendu droit auquel un incroyable aveuglement lui fait attacher son existence. Elle avait affermi le gouvernement danois dans les principes de la neutralité maritime de 1780, proclamés de nouveau par Napoléon et Alexandre; elle avait autorisé le Danemark aux mesures les plus rigoureuses, devenues justes à titre de représailles, l'arrestation de tous les Anglais, le séquestre de toutes les sommes dues à des Anglais, la confiscation de toutes les propriétés anglaises, la peine de mort pour toute correspondance avec l'Angleterre. Auxiliaire imprudent de Napoléon, elle avait jeté le Danemark dans ses bras, et légitimé, sanctifié le système continental. Si son but naturel avait dû être d'ôter à ses ennemis la possibilité de lui fermer la Baltique, elle avait au contraire consommé la clôture de la navigation de cette mer pour ses bâtiments. Sa conquête de la Séelande ne fut et ne pouvait être que la conquête d'un jour. Les forces qui avaient suffi pour bombarder Copenhague ne suffisaient pas pour conserver la possession de l'île. Ce fut une nécessité pour la flotte et pour les troupes anglaises de s'éloigner avant que le prince royal, secondé par la saison, vînt leur faire subir leur juste châtiment.

Non-seulement l'Angleterre a trahi une première fois Gustave IV, en rappelant, pour les employer contre le gouvernement danois, les troupes anglo-hanovriennes qui auraient dû défendre ce prince; elle le trahit encore en mettant le Danemark dans le cas de se déclarer contre la Suède conjointement avec la France et la Russie. Ce fut là en effet une des bases du traité d'alliance, signé à Fontainebleau, le 30 octobre, entre la France et le Danemark.

Ce n'est pas seulement en Europe que les violences anglaises donnent des alliés ou du moins des amis à la France. Depuis plusieurs années l'Angleterre causait le plus grand dommage au commerce de l'Amérique du Nord, tout à la fois par ses propres écarts et par les représailles[1] de

---

[1] « En mai 1806, dit un écrivain américain, Brackenbridge, « la Grande-Bretagne mit en vigueur son système de blocus « *nominal*. Le but de ce système, qui ne portait que sur nous, « seuls neutres alors, était de nous interdire tout commerce

l'Empereur Napoléon. Par ses *ordres du Conseil* qui avaient amené le décret de Berlin, le gouvernement anglais s'arrogeait le droit de *presse* sur les bâtiments des États-Unis, prétention absurde, car mettre le pied sur les bâtiments d'un autre État, sous prétexte d'y prendre des déserteurs, est, en fait, violer un territoire étranger pour y faire des arrestations. C'est encore là une de ces différences que l'Angleterre s'attache à maintenir entre le droit des gens sur terre et le droit des gens sur mer, ne se faisant nul scrupule de pratiquer sur mer ce qu'elle réprouve sur terre. Au reste, quelle que soit l'absurdité de cette différence, si le principe est admis sur mer, du moins doit-il l'être pour tous les États maritimes et avec réciprocité. L'Angleterre ne l'entend pas ainsi. Il lui en faut le monopole [1].

« avec la France et les pays qui en dépendaient. Le décret de « Berlin, que *par suite le chef du gouvernement français* « *rendit le 6 novembre*, fut communiqué à notre ministre à « Londres...... La France prétendait que nous nous laissions « voler avec plus de patience par sa rivale que par elle, et l'An-« gleterre déclarait hautement qu'à elle seule appartenait le « droit de nous piller. » Ainsi, de l'aveu des nations neutres, c'est du côté de l'Angleterre qu'est l'initiative de l'oppression dont elles ont à se plaindre.

[1] Loin de permettre que des bâtiments des États-Unis puissent venir eux-mêmes reprendre leurs déserteurs sur des bâtiments

Plusieurs exemples de bâtiments américains, *pressés* par les Anglais, jusque dans les eaux et la juridiction des États-Unis; l'horrible agression d'un bâtiment américain à l'entrée même du port de New-Yorck et le meurtre du capitaine de ce bâtiment avaient soulevé l'indignation générale; le cri de guerre contre les Anglais retentissait de toutes parts. Cependant telle était la circonspection du gouvernement américain, telle était sa crainte, peut-être très-raisonnable, d'une première guerre avec les Anglais qu'il affecta de se montrer satisfait par une réparation illusoire [1]. Enfin sa patience fut vaincue par un nouvel attentat, et cette fois ce n'était plus seulement sur les bâtiments de commerce, c'était sur un bâtiment de l'État, la frégate *la Chesa-*

---

anglais, l'Angleterre se refuse à la remise de ces déserteurs, lorsque la demande lui en est faite de la manière la plus amicale. Dix matelots américains ont quitté la frégate *la Constitution* qui se trouvait à Gibraltar et ont passé à bord d'un vaisseau anglais. Le capitaine de la frégate prie le capitaine anglais de les lui renvoyer. Celui-ci répond qu'il ne les rendra pas, quoiqu'ils soient Américains. Ils sont entrés au service d'Angleterre, et le pavillon britannique saura les protéger. A merveille; mais le pavillon américain devrait avoir la même vertu.

[1] Le meurtrier du capitaine américain fut jugé, mais il fut déclaré non coupable et bientôt après récompensé par un commandement supérieur.

peake[1], que l'Angleterre avait fait l'application de l'horrible droit qu'elle s'attribue et qu'elle ne reconnaît que pour elle-même. « Une frégate « des États-Unis, dit le président Jefferson, par-« tie pour un service éloigné et naviguant sur « la foi des traités, a été surprise et attaquée « par un vaisseau anglais d'une force supérieure « et faisant partie de l'escadre *qui mouillait dans* « *ce moment-là même sur nos rivages* et couvrait « cet attentat. Notre frégate a été mise hors de « service en se défendant et un grand nombre « de nos matelots tués ou blessés..... Cette at-« taque a été faite non-seulement sans provoca-« tion, mais avec l'intention avouée d'enlever « de force, à ce bâtiment de guerre, une partie « de ses équipages. Après cette horrible exécu-« tion, le vaisseau anglais *est venu tranquille-« ment se mettre à l'ancre sur nos rivages* avec « l'escadre dont il faisait partie. » Malgré ce nouvel outrage, c'est toujours une réparation que se borne à demander le Président. Les ports américains sont fermés aux bâtiments de guerre anglais; on fortifie les côtes, on forme des milices, et partout éclate le désir de la vengeance, mais ce n'est point encore la guerre; on négocie, on négociera long-temps. Toutefois l'irrita-

[1] Le 22 juin 1807.

tion du peuple américain est un puissant renfort pour la France. Ainsi dans le même moment l'Angleterre allume les haines du Nouveau-Monde comme celles de la vieille Enrope, et toujours, et uniquement pour consacrer, perpétuer, étendre sa tyrannie sur les mers. Nous verrons bientôt l'impression que produisit à Pétersbourg l'incendie de Copenhague. Nous devons auparavant nous occuper des rapports qui avaient eu lieu entre les deux empereurs depuis leur séparation à Tilsitt.

Comme, du côté de Napoléon, la pensée dominante est d'accélérer la rupture de la Russie avec l'Angleterre, l'objet principal du monarque russe est en revanche d'obtenir l'assentiment de la France à la prolongation du séjour des troupes russes dans les principautés de Moldavie et de Valachie. En attendant l'envoi d'ambassades respectives, un agent français, long-temps employé comme consul-général en Russie, M. Lesseps, y est retourné pour remplir les fonctions de chargé d'affaires. De plus, un aide-de-camp de Napoléon, le général Savary, s'est rendu aussi à Pétersbourg comme intermédiaire confidentiel entre les deux empereurs. Celui-ci a été mis au courant de l'alliance secrète de Tilsitt, et ses instructions font connaître la mission qu'il doit remplir. D'après le traité d'alliance, la France ayant offert sa médiation à la Turquie, et, en vertu de cette médiation, un armistice ayant été conclu entre les Russes et les Turcs, les Russes auraient dû évacuer les provinces ottomanes. Cette évacuation n'ayant pas encore eu lieu, le général Savary doit la demander, mais avec modération et de manière à ne pas blesser l'empereur Alexandre. Napoléon ne met pas un obstacle absolu à la continuation du séjour des Russes dans les principautés; il n'y met qu'un obstacle conditionnel. Il y donnerait son consentement sous la réserve d'un avantage égal. Par ces indications seules on voit déjà quelles sont les dissidences qui occuperont bientôt les cabinets de Paris et de Pétersbourg. La Russie insistera pour l'évacuation de la Silésie; la France, pour celle des provinces turques; mais d'autres intérêts plus pressants appellent l'attention des deux monarques. Le premier de tous consiste dans l'exécution de l'article 4 du traité d'alliance, notifications à faire au gouvernement anglais et, pour le cas de l'inutilité de ces notifications, rappel de la légation russe, suivi immédiatement d'une rupture formelle entre les deux puissances. Cet objet est le plus essentiel de ceux qui ont été confiés à la surveillance du général Savary.

L'accueil le plus bienveillant attendait cet

officier, mais auprès d'Alexandre seul ou presque seul. Si ce prince, soit conviction et calcul, soit séduction et entraînement, a embrassé de bonne foi le système français, ce qui l'entoure ne suit ce mouvement qu'à regret et à contrecœur. L'esprit des coalitions est encore l'esprit régnant dans les sociétés de Pétersbourg. Dès Tilsitt, quelques-uns des serviteurs intimes d'Alexandre, notamment M. de Nowosilsof, pour le détourner de l'alliance française, lui avaient représenté le mécontentement inévitable de la cour, de toute la noblesse. On lui avait même fait entrevoir pour issue dans cette nouvelle route le sort de son père. Ces craintes n'étaient rien moins que chimériques. Le parti anglais ne prenait nullement la peine de dissimuler son improbation de la conduite de l'empereur. Dans certains salons on portait la liberté du langage jusqu'à l'inconvenance. C'était une révolte ouverte contre la volonté impériale. Des pronostics effrayants pouvaient faire craindre pour la vie de ce prince. Pétersbourg avait, selon l'usage, son écho à Vienne. Dans la colonie anglo-russe de l'Autriche, on parlait publiquement de l'assassinat prochain de l'empereur Alexandre comme d'un événement infaillible, naturel et presque nécessaire. Les correspondances de Russie avec l'Allemagne faisaient connaître et probablement exagéraient cette fâcheuse disposition des hautes classes à Pétersbourg. Des lettres où se manifestaient ces sinistres présages ayant été interceptées par les Français, le maréchal Soult en fut tellement frappé, que, bien assuré de répondre aux sentiments de l'Empereur Napoléon et sans attendre ses ordres, il en donna sur-le-champ connaissance au général Savary, afin de mettre l'empereur Alexandre en garde contre les périls dont il était entouré. Le danger était réel. L'empereur Alexandre, tout en le bravant, ne douta pas de son existence. Il sut gré de l'avertissement et prit lui-même quelques précautions. D'autres furent concertées avec les personnes de son intérieur qui lui étaient le plus sincèrement attachées. Tel est le partage habituel de ce pouvoir sans bornes tant désiré par les rois. La vie d'un Tzar est en jeu, dès qu'il contrarie les intérêts ou même les passions souvent insensées de l'aristocratie dont il est environné. Ces despotes superbes qui se jouent de tous les droits des peuples, sont, en certaines circonstances, des esclaves couronnés sur lesquels chaque noble a droit de vie et de mort. L'autocratie russe est la monarchie absolue, tempérée par l'assassinat.

Quelle distance de cette royauté de caprice à la royauté vraie dans un gouvernement représentatif!

Napoléon connaît la position d'Alexandre. Il y aura plus d'une fois égard et trop peut-être pour l'intérêt de la France. Alexandre a pris son parti avec franchise. La perspective menaçante qui s'offre à ses yeux ne fait point impression sur son esprit. Subjugué à Tilsitt par la supériorité de Napoléon, par des démonstrations amicales qui peut-être aussi ne manquaient pas de sincérité, il espère trouver dans les avantages qui résulteront pour lui de l'alliance française le moyen de ramener les Russes à son système, et l'alliance en effet ne sera pas stérile pour la Russie. « Les armées françaises et russes, « disait un jour ce prince à M. Lesseps, ont ap- « pris réciproquement à s'estimer. J'ai passé des « moments bien précieux avec l'Empereur. Je « n'oublierai jamais les bons avis qu'il m'a don- « nés. Enfin nous nous sommes connus, nous « voilà amis et nous le serons toujours. On dit « qu'une flotte anglaise est entrée dans la Balti- « que. Croit-on m'intimider? Eh bien! on n'y « réussira pas. » C'était effectivement une mesure faite pour attirer toute l'attention de la Russie que le seul envoi d'une flotte anglaise vers le Sund, lorsque nul indice n'avait annoncé la moindre mésintelligence entre des puissances du Nord et l'Angleterre.

Le ministère russe s'empressa d'inviter lord Lewisson-Gower à faire connaître les motifs qui avaient pu engager le gouvernement britannique « à des procédés si extraordinaires contre le « Danemark. » La réponse de cet ambassadeur se composa des mêmes arguments que le manifeste précédemmment cité. L'existence de l'Angleterre était menacée; la flotte danoise pouvant servir à l'exécution du projet de descente formé par les Français, S. M. britannique avait dû prendre les moyens indispensables pour la sûreté de son empire. Bientôt on apprit à Pétersbourg et les sommations faites au Danemark, et les courageuses résolutions du prince royal, et l'incendie de Copenhague. Cet événement y souleva, comme partout, un sentiment naturel d'indignation, mais ce sentiment ne fut vif et durable que chez l'empereur Alexandre et le nouveau ministre des affaires étrangères qu'il venait de se donner, le comte de Romansof. Une note de ce ministre à l'ambassadeur britannique lui fit connaître l'impression douloureuse qu'avait éprouvée S. M. I. à la nouvelle des malheurs qui venaient de frapper un prince auquel il était uni par les liens du sang et par ceux d'une longue amitié. Garant de la tranquillité de la Baltique, l'empereur se doit à lui-même de ne pas rester indifférent à ce qui peut la troubler. Lorsque l'Angleterre a envoyé une flotte et des forces considérables pour atttaquer le Danemark, comment se fait-il qu'aucune communication n'ait été donnée à S. M. ? « Ce « silence, cette extrême réserve pouvaient ser- « vir de preuve que le cabinet de Saint-James « jugeait lui-même que ce qu'il entreprenait « était directement contraire aux intérêts de la « Russie. » Lord Lewisson-Gower ne désespérait pas encore de ressaisir l'influence prête à lui échapper. Il crut qu'un langage ferme pourrait être de saison et il alla jusqu'à l'inconvenance. A son tour il se faisait accusateur. Insistant pour la communication des articles du traité de Tilsitt, restés jusqu'alors inconnus, il renvoyait ironiquement à M. de Romansof les termes dont s'était servi ce ministre. « Le silence[1] de la Rus- « sie sur les articles secrets, son extrême réserve « pouvaient servir de preuve que le cabinet im- « périal jugeait lui-même que ces arrangements « étaient directement contraires aux intérêts de « la Grande-Bretagne. » Lord Gower ne tarda pas à reconnaître qu'une telle conduite n'était plus de saison. Grace à la nomination de M. de

[1] Note du 12 septembre.

Romansof, il y a maintenant dans le cabinet russe deux hommes qui tiennent à l'alliance française, et c'en est assez. Sur ces entrefaites était arrivé à Pétersbourg le colonel Wilson, chargé de dépêches pour lord Gower, et surtout de libelles contre la marche actuelle du cabinet impérial; mais en vain l'ambassadeur anglais, le colonel Wilson et leurs partisans s'agitent pour effrayer l'empereur; en vain lord Gower fait de *basses et brillantes* propositions; les propositions sont rejetées, les intrigues échouent, et les libelles ne servent qu'à nourrir une haine impuissante. Les sujets anglais, saisis d'une juste inquiétude, songent à leur sûreté, et leurs bâtiments dans les ports russes se hâtent d'en sortir.

Après l'attentat commis contre le Danemark, le cabinet de Londres n'a pas craint d'inviter l'empereur Alexandre à intervenir « pour rappe- « ler [1] le prince royal à une appréciation moins « passionnée des véritables intérêts de ce pays. » A une telle demande, la Russie fit la seule réponse [2] qui convînt alors à sa dignité par la rupture de toute communication avec l'Angleterre, par celle de tous les liens qui avaient précédemment existé entre les deux puissances. Cette

---

[1] To a more dispassionate consideration of the real interests of his country.

[2] Note de M. de Romansof, du 27 octobre—9 novembre.

rupture étant un des grands événements du commencement du siècle, et ayant contribué à favoriser, pendant cinq années, la domination de la France sur le continent, le manifeste russe est un document essentiel dont nous croyons devoir citer les principaux passages.

« Deux fois l'empereur a pris les armes dans
« une cause où l'intérêt le plus direct était celui
« de l'Angleterre; il a sollicité en vain qu'elle y
« portât une coopération conforme à son pro-
« pre intérêt; il ne lui demandait pas de joindre
« ses troupes aux siennes, il désirait qu'elle fît
« une diversion; il s'étonnait de ce que, dans sa
« propre cause, elle n'agissait pas de son côté;
« mais, froide spectatrice du sanglant théâtre de
« la guerre, qui s'était allumée à son gré, elle
« envoyait ses troupes attaquer Buénos-Ayres;
« une partie de ses armées, qui paraissait desti-
« née à faire une diversion en Italie, quitta fi-
« nalement la Sicile où elle était assemblée; on
« avait lieu de croire que c'était pour se porter
« sur les côtes de Naples. On apprit qu'elle était
« occupée à essayer de s'approprier l'Égypte.

« Mais ce qui toucha sensiblement le cœur
« de S. M. I., c'était de voir que, contre la foi,
« contre la parole expresse et précise des traités,
« l'Angleterre tourmentait sur mer le commerce
« de ses sujets, et à quelle époque? Dans un

« moment où le sang des Russes coulait dans ces
« combats glorieux qui retenaient et fixaient
« contre les armées impériales toutes les forces
« militaires de S. M. l'Empereur des Français avec
« qui l'Angleterre était et est encore en guerre. »

Ici le cabinet russe rappelle l'offre de médiation qu'il a faite récemment au gouvernement anglais pour amener la paix générale, les réponses évasives de ce gouvernement, l'acte inouï de violence auquel il vient de se porter contre une puissance tranquille, modérée, distinguée par une longue et inaltérable sagesse, placée au premier rang par sa dignité morale dans le cercle des monarchies, le tout pour exercer la plus inique et la plus odieuse spoliation.

L'Empereur Alexandre s'indigne qu'après l'avoir blessé lui-même dans l'intérêt de ses peuples, dans ses engagements avec les cours du Nord, en violant une mer fermée, dont la tranquillité a été garantie par les puissances riveraines, l'Angleterre ait porté l'inconvenance jusqu'à lui proposer de se faire l'apologiste d'un attentat qu'il réprouve, et de rallier le Danemark soumis, dégradé, à la puissance britannique. Il rend hommage aux nobles sentiments du prince royal qui repousse avec horreur l'avilissement auquel l'Angleterre voudrait le faire descendre.

« Touché de la confiance que ce prince met
« en lui, ayant considéré ses propres griefs contre
« la Grande-Bretagne, ayant mûrement examiné
« les engagements qu'il avait avec les puissances
« du Nord, engagements pris par l'impératrice
« Catherine et par feu S. M. l'empereur Paul,
« tous deux de glorieuse mémoire, l'empereur
« s'est décidé à les remplir.

« S. M. I. rompt toute communication avec
« l'Angleterre; elle rappelle toute la mission
« qu'elle y avait et ne veut pas conserver près
« d'elle celle de S. M. B. Il n'y aura dorénavant
« entre les deux pays aucun rapport.

« L'empereur déclare qu'il annulle, et pour
« toujours, tout acte conclu précédemment en-
« tre la Grande-Bretagne et la Russie, et nom-
« mément la convention faite en 1801, le 5—17
« du mois de juin.

« Il proclame de nouveau les principes de la
« neutralité armée, ce monument de la sagesse
« de Catherine, et s'engage à ne jamais déroger
« à ce système.

« Il demande à l'Angleterre de satisfaire com-
« plètement ses sujets sur toutes leurs justes ré-
« clamations de bâtiments et de marchandises,
« saisis ou retenus contre la teneur expresse des
« traités conclus sous son propre règne.

« L'empereur prévient que rien ne sera réta-

« bli entre la Russie et l'Angleterre que celle-ci
« n'ait satisfait le Danemark.

« L'empereur s'attend à ce que S. M. B., au
« lieu de permettre à ses ministres, comme elle
« vient de le faire, de répandre de nouveau les
« germes de la guerre, n'écoutant que sa pro-
« pre sensibilité, se prêtera à conclure la paix
« avec S. M. l'Empereur des Français, ce qui
« étendrait, pour ainsi dire, à toute la terre le
« bienfait inappréciable de la paix.

« Lorsque l'empereur sera satisfait sur tous
« les points qui précèdent et nommément sur
« celui de la paix entre la France et l'Angleterre,
« sans laquelle aucune partie de l'Europe ne
« peut pas se promettre une véritable tranquil-
« lité, S. M. I. reprendra alors volontiers avec la
« Grande-Bretagne des relations d'amitié que,
« dans l'état de juste mécontentement où l'em-
« pereur devait être, il a peut-être conservées
« trop long-temps. »

Cette déclaration me semble importante, non
pas seulement comme justification de la conduite de la Russie, mais comme expression commune des reproches que toutes les puissances
du continent avaient droit de faire à l'Angleterre.

Du côté de l'empereur Alexandre, tous les
engagements de Tilsitt ont été exactement rem-

plis; ils ont même été surpassés. Ce prince a fait plus qu'il n'avait promis, il a devancé d'un mois l'époque où il devait se déclarer contre le gouvernement anglais. En échange de sa franche association aux vues de la France sous ce rapport, il désire d'elle quelque complaisance au sujet des provinces turques. Le général Savary ayant dû demander l'évacuation de ces provinces, l'empereur, sans exprimer un refus, cherche du moins à gagner du temps; il allègue que la convention du 24 août renferme deux articles offensants pour la Russie; il veut absolument qu'elle soit modifiée. L'honneur de la Russie, l'honneur d'un allié comme Alexandre, ne saurait être indifférent à l'Empereur Napoléon. Celui-ci ne s'oppose à aucune des modifications propres à satisfaire la susceptibilité la plus ombrageuse, mais cette délicatesse tardive du cabinet de Pétersbourg n'était évidemment qu'un prétexte pour ajourner toute détermination finale sur cet objet. Enfin Alexandre, s'expliquant avec plus d'abandon, rappelle Tilsitt, et les projets et les conversations où il avait vu d'autres chances. Plus d'une fois Napoléon avait dit « qu'il ne tenait point à l'évacuation des « principautés; qu'on la traînerait en longueur. » Alexandre fait sentir que l'évacuation des provinces turques par ses troupes ferait jeter les hauts cris à ses sujets, qui souffrent et surtout à ceux qui blâment ses liaisons avec la France. La situation de ce prince avec sa nation est effectivement très-délicate. Napoléon le juge bien. Homme d'État et homme privé, il sent l'obligation de se résigner à quelques tempéraments; mais cependant il se garde de rien préjuger contre la Porte-Ottomane. Le dernier mot, le mot capital des conférences de Tilsitt a été qu'il ne serait pris aucun parti envers cette puissance que de concert entre les deux empereurs, et qu'en aucun cas *ils n'agiraient l'un sans l'autre*. Ce dernier mot est une ressource; on échappe à la difficulté par son ajournement.

A l'égard des autres questions, on est parfaitement d'accord. A peine une alliance a été conclue entre la France et le Danemark qu'elle a été communiquée à la Russie. Cette alliance sera temporaire. Elle est uniquement dirigée contre l'Angleterre. « Ce n'est qu'avec la Russie que « Napoléon veut une alliance éternelle et contre « tout ennemi. » Relativement à la Suède, à qui doivent être adressées des propositions pour la déterminer à faire cause commune avec la Russie et la France, l'Empereur Napoléon s'en remet à ce que fera l'empereur Alexandre; il approuvera tout, ratifiera tout. Alexandre laisse la même liberté à Napoléon en ce qui concerne le Portugal.

L'empereur Alexandre n'est pas seulement fidèle allié, il est ami sincère. « Je ne veux pas, « disait-il un jour à M. Lesseps, que l'Empereur « puisse me reprocher de lui avoir rien caché et « qu'on puisse profiter même d'une chose de « peu d'importance pour le refroidir à mon « égard...... En mai dernier, le roi de Suède « m'écrivit pour m'engager à déterminer le « comte de Lille à se rendre à Stockholm. Je « me bornai à lui envoyer cette lettre à Mittau, « sans lui donner aucun conseil. Je ne me suis « plus occupé de cela et je n'y pensais plus, « lorsque hier je reçus un courrier de mon gou- « verneur de Mittau qui m'annonçait que le « comte de Lille se disposait à s'embarquer pour « la Suède. J'ai aussitôt répondu qu'il n'était pas « mon prisonnier, que je lui avais offert l'hos- « pitalité et que, si elle lui devenait à charge, « il lui était libre de la chercher ailleurs. D'a- « près cela je pense qu'il s'en ira ; mais ce qui « me ferait la plus vive peine, ce serait que « l'Empereur crût que j'y suis pour quelque « chose.... » L'empereur Alexandre dit en outre à M. Lesseps que le comte de Lille l'avait plusieurs fois sollicité de le reconnaître, mais qu'il s'y était toujours refusé, « persuadé que ces pré-

« tendants ne remonteraient[1] jamais sur le
« trône. » Ainsi jugent les hommes. Ainsi la possibilité du rétablissement des Bourbons est maintenant une chimère aux yeux de la Russie, aux yeux de toute l'Europe, moins le roi de Suède, car elle est une chimère même aux yeux du gouvernement anglais.

Après la paix de Tilsitt, lorsqu'une alliance imprévue a réuni Alexandre et Napoléon, S. M. Louis XVIII n'a pas jugé que les convenances lui permissent de rester plus long-temps dans les États d'un prince devenu l'allié de celui qu'il regarde comme l'usurpateur de son héritage. Il s'est embarqué pour la Suède avec le duc d'Angoulême, et s'est rendu à Gothembourg où l'attendait le duc de Berry. Une frégate, *la Fraya*, a été mise à sa disposition pour le conduire en Angleterre. Sans doute l'Angleterre est pour lui un refuge toujours ouvert, un territoire allié où vivent encore ses droits méconnus ailleurs; il le croit, il doit le croire et il se trompe. L'Angleterre elle-même a cessé d'être inaccessible à la considération de la puissance française. La nécessité de ménagements éventuels pour Napoléon s'est fait sentir jusque dans ce pays qui,

---

[1] L'empereur Alexandre tint le même langage au général Savary, *Mémoires*, tome III, page 157.

après lui avoir juré une guerrre à mort, semble craindre de ne pouvoir tenir son serment. Pour éviter de rendre la paix à jamais impossible, le cabinet britannique, et quel cabinet! celui qui se compose des Castlereagh, des Perceval et des Canning, a peur de voir s'élever la maison de Bourbon comme un obstacle entre l'Empereur et lui! Sur l'avis des intentions de S. M. Louis XVIII, il a été décidé que ce prince irait habiter l'Écosse, et on fait préparer le château de *Holy-Rood* pour le recevoir. L'ordre a été donné dans les ports pour que la frégate *la Fraya* aille mouiller à Leith. Là débarquera le comte de Lille. Là des commissaires sont préposés pour l'accompagner à Édimbourg. »

Au moment où la frégate suédoise touchait les côtes d'Angleterre, les ordres du ministère sont communiqués à Louis XVIII. Ce prince sent vivement combien cette espèce d'exil en Écosse peut nuire à sa position. Éclairé sur ses intérêts et ferme dans le malheur, il refuse d'aller débarquer au lieu qu'on lui assigne. S'il vient en Angleterre, ce n'est point comme un fugitif qui demande un asile; il en avait un en Russie. « Son voyage est d'une nature entièrement poli- « tique; il a uniquement pour objet ses intérêts « comme roi de France; il retournera en Russie « plutôt que d'aller en Écosse ou d'être traité

« autrement que comme un souverain qui vient
« réclamer l'aide de la Grande-Bretagne. » Rien
de plus honorable que la conduite du roi. L'infortune ainsi soutenue est une épreuve glorieuse
qui appelle le retour de la prospérité. L'état
présent de l'Europe et de l'Angleterre ne permet pas aux ministres d'accéder aux prétentions
de ce prince. L'intérêt du pays, leur propre intérêt leur imposent d'autres devoirs. « Si le chef
« de la famille des Bourbons, disent-ils, consent
« à vivre parmi nous d'une manière conforme
« à sa situation actuelle, il y trouvera un asile
« convenable et sûr; mais nous connaissons trop
« la nécessité d'avoir, pour la guerre dans la-
« quelle nous sommes engagés, l'appui unanime
« du peuple anglais, pour compromettre la po-
« pularité qui jusqu'à ce jour a accompagné
« cette guerre; ce serait la compromettre que
« de prendre imprudemment un parti qui y don-
« nerait un nouveau caractère et découragerait
« la nation. La situation de la France et du con-
« tinent présentent-elles aujourd'hui plus de
« chances pour le rétablissement des Bourbons
« qu'à toute autre époque de cette guerre révo-
« lutionnaire que nous soutenons depuis tant
« d'années? L'Angleterre a-t-elle lieu d'attendre
« qu'elle sera mieux secondée maintenant par
« l'Europe qu'elle ne l'a été jusqu'ici? Au con-

« traire, la soumission presque entière du con-
« tinent *sanctionne en quelque sorte l'ordre de
« choses qui existe en France.* Certes, le moment
« d'abandonner une politique prévoyante et sage
« ne serait pas heureusement choisi.

« En reconnaissant Louis XVIII, nous offri-
« rions aux ennemis du gouvernement une belle
« occasion de l'accuser d'introduire des intérêts
« étrangers dans une guerre dont la physiono-
« mie est purement britannique. » Ce langage
dut assurément être pénible pour un prince
qui aimait à nourrir de meilleures espérances,
mais la réserve que se prescrivait le ministère anglais était un devoir de sa position. Quant à la
question du pays où s'établirait S. M. Louis XVIII,
on leva la difficulté par une sorte de transaction.
Le roi persistant dans son refus d'aller en Écosse,
on lui permit de débarquer à Yarmouth. Sur
l'invitation du duc de Buckingham, il se rendit
à l'ancienne habitation de *Gossfield-Holl* dans
le comté d'Essex. Quelques années après, il ira
s'établir dans l'humble retraite d'Hartwell. Là,
un esprit éclairé, une ame assez généreuse pour
adopter en pensée la gloire de cette France que
sa famille ne gouverne plus, une raison assez
vaste et assez pénétrante pour voir, dans l'excès
même des prospérités de Napoléon, un présage
de revers plus ou moins certains, mais presque

infaillibles, qui amèneraient des chances de restauration pour la dynastie exilée, une douce philosophie, des goûts littéraires et la société d'une nièce, formée à l'école du malheur, dont la vertu courageuse ornait sa modeste cour, tous ces biens précieux que le sort n'avait pu lui ravir, composèrent pour S. M. Louis XVIII une de ces existences d'expectative qui, malgré l'infortune présente, ne sont point sans agrément et sans charme. C'est de là qu'il partira, en 1814, pour remonter sur le trône de ses aïeux; mais, en 1807, lorsque le chef de la maison de Bourbon était obligé d'arracher au gouvernement anglais, comme une faveur singulière, l'autorisation de résider sur le sol de l'Angleterre, au lieu d'aller habiter l'Écosse, qui, hors le roi de Suède, hors ce prince téméraire qu'attend lui-même une déposition prochaine, aurait pu croire à la chute si peu éloignée de Napoléon, au rétablissement des Bourbons[1]

---

[1] Le dévouement le plus ferme avait lui-même perdu l'espérance. La toute puissance de la fortune avait vaincu jusqu'au royalisme de la Vendée. Madame de Bonchamp, dont le nom rappelle toutes les souffrances des guerres civiles et le courage d'une générosité si rare, dans ces guerres, envers les vaincus, avait été présentée aux Tuileries à l'Empereur Napoléon qui lui avait accordé une pension de six mille francs. Était-il autorisé à se croire solidement affermi sur le trône ce chef d'une famille

dans un temps aussi voisin ? C'est une sorte de justification de l'idée admise chez certains peuples que le don de prédire est un privilége de la folie [1].

L'époque de la rupture de la Russie avec l'Angleterre, cette époque où le continent tout entier se trouve associé à la France contre le seul des ennemis qu'elle n'ait pas vaincu, où la France est exempte encore des embarras que lui suscitera plus tard la guerre d'Espagne, cette époque est, selon moi, la plus belle du règne de Napoléon. Comme un voyageur arrivé au point le plus élevé de sa course aime à jeter un regard en arrière pour juger dans son ensemble l'étendue du terrain qu'il a parcouru, c'est un besoin pour moi aujourd'hui de reporter un coup-d'œil sur notre point de départ, et

---

nouvelle qui se sentait assez fort pour honorer et récompenser la fidélité à l'ancienne dynastie ?.

[1] Rien de plus juste que le jugement porté sur Gustave IV par S. M. Louis XVIII. Après avoir témoigné que, s'il s'affligeait de la déposition de ce prince, il n'en était point surpris, Louis XVIII disait dans une lettre confidentielle : « Gardez-vous de croire que je veuille l'accuser de démence, mais n'est pas fou qui ne raisonne point. Intact, sublime dans tous ses principes d'honneur et de vertu, il n'est malheureusement pas si bien partagé du côté des idées.... Jamais, je le prédis, il ne remontera sur son trône. »

de réunir en un faisceau[1] tous les faits intermédiaires dont est sorti le colosse actuel de la grandeur française.

Au 18 brumaire, un coup d'Etat pouvait seul arracher la France à l'anarchie. Le général Bonaparte a dû l'oser; la France a dû l'en absoudre. La veille, tout était confusion, dénûment, misère et effroi. Le lendemain, tout était espérance, et l'espérance eut bientôt ses réalités; des lois odieuses, abolies; les proscrits de fructidor, rappelés; la liste des émigrés, close; la liberté des cultes, mise en pratique; la nouvelle et l'ancienne France réconciliées par des honneurs rendus en même temps à la mémoire des généraux républicains et à la mémoire de Condé et de Turenne.

Créé Premier Consul, le général Bonaparte réorganise l'administration civile et militaire; il porte la lumière dans le chaos des finances, établit une banque et fonde une caisse d'amortissement. Comme Henri IV, il éteint les torches de la guerre civile, force à l'union les divers

---

[1] Après huit années si pleines de faits, si riches d'événements, il nous a semblé qu'une vingtaine de pages, consacrée à en offrir une récapitulation sommaire, ne serait pas un hors-d'œuvre. C'est un travail que le lecteur fait ordinairement lui-même. Il nous saura gré peut-être de le lui avoir épargné.

partis, et oblige à servir sous le même drapeau toutes les notabilités de mérite, de talent et de probité, qui jusqu'alors avaient suivi des bannières rivales ou même ennemies.

La situation de la France avec l'Europe a fixé toute son attention. Il offre la paix à l'Angleterre et à l'Autriche; il s'assure de la neutralité de la Prusse; il regagne l'affection des neutres en levant l'embargo mis sur leurs bâtiments dans les ports français; il allége le joug imposé aux États dépendants de la France, l'Espagne, la Suisse et la Hollande. Son nom seul influe sur l'élection d'un Pape.

La paix qu'il propose a été rejetée; il ne lui reste qu'à la conquérir. Il donne à Moreau cent-vingt mille hommes et en garde pour lui soixante mille. Il avait annoncé à l'Europe une armée de réserve; l'Europe refuse de croire à l'existence de cette armée. Une nouvelle route s'ouvre pour elle à travers les Alpes. Bonaparte a franchi le Saint-Bernard; il est à Milan quand le commandant en chef de l'armée autrichienne menace encore la Provence; il triomphe à Marengo, et douze places fortes lui sont livrées par une seule bataille. Un plénipotentiaire autrichien signe des préliminaires de paix que sa cour refuse de ratifier. Il faut de nouveau combattre. Moreau répond à l'appel de Marengo par la victoire de Hohenlinden. Les bases de négociation voulues par la France sont admises. L'une de ces bases change la face de l'Allemagne. L'Adige devient la frontière de la république Cisalpine. La frontière de la France, tracée à Campo-Formio, est élargie et régularisée par le traité de Lunéville.

Cependant le Premier Consul a, quelques mois auparavant, conclu avec les États-Unis d'Amérique un traité où il a fait revivre les principes de neutralité maritime de 1780. Au même instant une heureuse coïncidence lui assure, pour la défense de ces principes, un puissant auxiliaire. Dégoûté de l'alliance de l'Angleterre, Paul Ier les invoque comme le Premier Consul, et il appelle à les faire prévaloir avec lui la Prusse, la Suède et le Danemark. Paul est capable d'exaltation en sens divers. Le Premier Consul parle à son ame chevaleresque par un noble procédé, le renvoi spontané des prisonniers russes qui sont en France. Paul est promptement subjugué; ces deux caractères énergiques s'entendent; la Prusse, qui veut maîtriser leur action, se trouve pressée entre eux et forcée de leur obéir; un traité de confédération est signé entre les quatre puissances du Nord; un embargo général est mis sur les bâtiments anglais; un séquestre général sur les propriétés anglaises; le Hanovre est occupé; l'Elbe, l'Ems et le Weser, tous les ports danois, suédois et prussiens sont fermés à la navigation anglaise; l'entrée de la Baltique allait lui être pareillement interdite; mais, par la négligence de la Suède, une flotte anglaise a franchi le Sund et bombardé Copenhague. Paul Ier meurt. L'assassinat de ce prince dissout la confédération du Nord.

Privé de ce grand appui, le Premier Consul poursuit seul sa lutte contre l'Angleterre. Libre envers l'empereur Alexandre des ménagements qu'il s'imposait envers Paul, il déclare le Piémont division militaire française. Pour se procurer des moyens de compensation avec le gouvernement anglais, il fait attaquer le Portugal par l'Espagne, refuse de ratifier un traité insuffisant signé à Badajoz, et ratifie un traité plus avantageux, signé à Madrid, qui donne une extension de territoire à la Guyane française.

Le projet d'une descente en Angleterre n'est encore qu'une menace; mais la menace est déja inquiétante. La situation intérieure de l'Angleterre est pénible. Entre M. Pitt et le Premier Consul, la paix serait difficile; M. Pitt donne sa démission; une négociation s'ouvre; des préliminaires de paix sont signés; de toutes ses conquêtes, l'Angleterre ne garde que Ceylan dans les Indes orientales, et la Trinité en Amérique. L'état du continent est approuvé d'une manière formelle ou implicite. Au même moment, le Premier Consul signe la paix avec la Porte-Ottomane ; peu de jours après, avec la Russie ; il n'est plus une seule puissance par qui la république française n'ait été reconnue ; mais, avec la Russie, le traité de paix qu'a signé le Premier Consul est presque un traité d'alliance. Par une convention secrète, les chefs des deux États se lient pour exercer en commun une sorte de dictature sur le continent ; ils se promettent de régler ensemble les affaires d'Allemagne, les affaires d'Italie, et ce qui, pour la France, est le plus important, « de rétablir un juste équilibre « *dans les différentes parties du monde et d'as-* « *surer la liberté des mers.* »

Dans l'intervalle de la signature des préliminaires de paix avec l'Angleterre à la signature du traité définitif, la France n'est pas demeurée stationnaire. Son état intérieur s'est amélioré ; son état politique s'est agrandi. Une consulte de la république Cisalpine, assemblée à Lyon, a proclamé le Premier Consul comme son président, et cette république, comme république *Italienne*. La Prusse applaudit à ce changement ; la Russie y adhère; l'Autriche ne l'improuve que par son silence; l'Angleterre le sanctionne en signant, deux mois après, le traité d'Amiens.

D'après ce traité, l'île de Malte n'appartient ni à l'Angleterre ni à la France, mais des arrangements doivent être pris, de concert avec les grandes puissances, pour assurer l'indépendance de cette île, que l'Angleterre s'est engagée à évacuer dans un délai convenu.

Après dix ans de guerre, l'Europe repose dans une paix générale. Le rétablissement de la paix intérieure en France a précédé la cessation de la guerre étrangère. Le Premier Consul a échappé aux complots des démagogues et des chouans; il a brisé le poignard des Brutus; il a traversé intact l'explosion des machines infernales. De bonnes lois, des actes généreux, de belles institutions consomment la restauration morale du pays. Un concordat avec le saint-siége satisfait aux sentiments religieux des Français et en même temps tranquillise les consciences par la garantie donnée à la possession des biens ecclésiastiques. Une amnistie abolit les lois de sang toujours vivantes contre les émigrés et leur ouvre les portes de la patrie. La Légion-d'Honneur offre à toutes les ambitions nobles une noble récompense. L'incertitude d'une magistrature de quelques années n'existe plus. Bonaparte est nommé Premier Consul à vie.

Il reste encore à exécuter une disposition du traité de Lunéville, la sécularisation des biens ecclésiastiques d'Allemagne pour indemniser les princes dépossédés de leurs domaines héréditaires sur la rive gauche du Rhin. L'Autriche voudrait éloigner cette sécularisation et surtout la soustraire à l'influence française. Vains efforts! c'est le Premier Consul qui seul la dirige et l'opère, seul de fait, mais nominalement de concert avec la Russie. Le Premier Consul réduit à trente ou quarante les douze cents souverains qui se partageaient l'Allemagne ; il fortifie quelques États secondaires qui, devant leur agrandissement à la France, auront besoin d'elle pour le conserver ; enfin il obtient de la Prusse et de l'Autriche elle-même la garantie des arrangements faits par la France en Italie. Un autre grand ouvrage lui était réservé à lui seul. La médiation de la Suisse est, aux yeux de l'humanité, un de ses plus beaux titres de gloire.

Au milieu de tant de prospérités, le Premier Consul a essuyé deux grands échecs ; il a perdu l'Égypte ; il a échoué dans l'expédition de Saint-Domingue. L'Égypte eût été conservée sans l'assassinat de Kléber ; Saint-Domingue, sans la fièvre jaune. Pour rendre à la France une grande puissance coloniale, le Premier Consul, dès 1800, avait obtenu de l'Espagne la restitution de la Louisiane. En échange, il a fondé pour l'infant de Parme un royaume en Toscane. Le nouveau roi, créé par le Premier Consul, est venu lui rendre hommage. Un prince de la maison de Bourbon est dans Paris, et la France ne s'en aperçoit pas.

L'Angleterre a fait la paix par lassitude. C'était un essai, il n'a pas été heureux. La guerre est redemandée tout à la fois par des intérêts plébéiens et par les passions aristocratiques. Pour rompre la paix, le ministère n'a point de motif défini; forcé de s'en créer un, il dit : Malte ou la guerre. La guerre, répond le Premier Consul; et, en prononçant ce mot, il a prononcé l'arrêt de sa perte. La guerre, il est vrai, lui réserve encore dix années de triomphe, mais au bout de ce terme, elle ouvrira l'abîme où il doit périr. Vainement l'empereur Alexandre a offert sa médiation et la continue encore après la reprise des hostilités. Ce prince seul est sincère. Ses agents le secondent mal. A Paris, à Londres, à Vienne, les ambassadeurs russes appartiennent au système anglais; tous tendent à semer la mésintelligence entre le Premier Consul et leur souverain. Les prétextes ne leur manquent pas. Dans la supposition du retour de la guerre, le

Premier Consul a menacé l'Angleterre d'envahir le Hanovre et de reprendre dans le royaume de Naples toutes les positions qu'il y occupait avant la paix. D'autres que l'Angleterre auront à souffrir de ces mesures. Envahir le Hanovre, c'est inquiéter la Prusse, gêner sa navigation et celle de tous les États du nord de l'Allemagne; mettre des garnisons dans le royaume de Naples, c'est blesser le protectorat de l'empereur Alexandre sur ce royaume. La Prusse se résigne. La Russie va multiplier les plaintes et sur Naples et sur le Hanovre.

La France a recouvré la Louisiane; il n'est pas maintenant en son pouvoir de la garder. Une seule puissance peut se faire de cette possession une arme contre l'Angleterre, le gouvernement américain. C'est au gouvernement américain que l'a cédée le Premier Consul. La base de cette cession a été le maintien des principes de la neutralité maritime. Le continent européen, hors les États tout-à-fait dépendants de la France, se déclare neutre. Le Premier Consul consent à la neutralité de l'Espagne et du Portugal moyennant un subside. L'Angleterre admet cette neutralité où elle trouve aussi son avantage.

En renouvelant la guerre, l'Angleterre sait que l'état du continent ne lui offre pas les éléments actuels d'une nouvelle coalition; il lui faut recourir à d'autres armes; elle fait une double guerre, l'une à la France, l'autre à l'homme qui gouverne la France. Ses agents au dehors proclament ce système avec plus ou moins d'impudeur. A défaut des armées russes et autrichiennes, elle appelle à son secours les conspirations, les complots, tranchons le mot, l'assassinat. De toutes parts des trames sont ourdies par ses Envoyés en Allemagne contre les jours du Premier Consul. Elle a creusé la mine jusque sous le palais consulaire. Georges et Pichegru sont à Paris. Moreau est descendu à un indigne contact avec eux. Moreau est arrêté. L'horizon politique est sombre; l'Autriche fait des armements. En ce moment, on annonce au Premier Consul que Dumourier est avec le duc d'Enghien à Ettenheim. L'ordre est donné aussitôt d'enlever le duc d'Enghien et Dumourier. Celui-ci n'a pas quitté l'Angleterre. Le duc d'Enghien est saisi seul; il est conduit à Vincennes, il y est fusillé. Le Premier Consul vient de souiller par un meurtre juridique quatre ans d'un gouvernement sans tache. Le même jour voit sa plus mauvaise action et la meilleure; la mort du duc d'Enghien et l'adoption du Code civil.

Les trames des agents anglais contre le Premier Consul sont mises à nu par des correspondances authentiques. Le Premier Consul en appelle à la conscience du corps diplomatique accrédité en France. Les agents anglais sont marqués du sceau de la réprobation publique. Ils s'échappent des cours où ils sont accrédités et fuient comme d'obscurs malfaiteurs. Les désavouer était impossible. Le cabinet britannique prend le parti de les défendre. Il ose soutenir que des ambassadeurs sont irréprochables pourvu qu'ils respectent la sûreté des gouvernements auprès desquels ils sont accrédités. En réponse à cet audacieux aveu, le gouvernement français déclare qu'il ne reconnaît plus le corps diplomatique de l'Angleterre en Europe.

Au lieu de tuer le Premier Consul en 1800, les machinations anglaises l'ont fait consul à vie. Au lieu de le tuer en 1804, elles le font Empereur. L'Autriche, la Prusse ont provoqué le Premier Consul à fonder un système d'hérédité. Elles attendaient un roi, c'est un empereur qui se montre à elles. Toutes deux reconnaissent sur-le-champ le souverain héréditaire; mais, pour le titre impérial, l'Autriche met une condition; elle réclame la parité pour les maisons souveraines. La maison Bonaparte refuse l'égalité à la maison d'Autriche. Les Bourbons ne l'accordaient pas. Le chef de la maison d'Autriche qui, comme empereur d'Allemagne, n'est qu'empereur électif, veut, de son côté, devenir empereur héréditaire. On se met d'accord. Les deux empereurs se reconnaissent réciproquement, et Napoléon promet de prêter son appui pour faciliter la reconnaissance de l'empereur héréditaire d'Autriche.

S. M. Louis XVIII proteste contre l'usurpation de son trône. Sa protestation est envoyée à toutes les cours. Presque toutes la laissent sans réponse. L'Empereur des Français exige davantage. Il trouve mauvais qu'on ait reçu une pièce dirigée contre *la légitimité* du gouvernement impérial que l'on vient de reconnaître avec l'hérédité dans sa famille. La protestation du roi l'inquiète si peu qu'il la fait imprimer dans le *Moniteur*.

Si les cours de Berlin et de Vienne ont salué empereur le chef du gouvernement français, si le roi d'Espagne et les autres princes de la maison de Bourbon ont été les plus empressés à lui offrir leurs félicitations, une voix hostile a troublé ces acclamations de l'Europe, celle de la Russie. La correspondance amicale et confiante, qui depuis plusieurs années se suivait entre le Premier Consul et l'empereur Alexandre, s'était refroidie par degrés. Maintenant la Russie dénonce à la Diète de Ratisbonne la violation du territoire de Bade par l'enlèvement du duc d'Enghien; elle élève à Paris une discussion peu ménagée. Le Premier Consul y a répondu par une cruelle allusion à l'assassinat de l'empereur Paul. L'irritation est entrée au fond des ames. Les questions de cabinet ne peuvent plus se concilier; les légations respectives sont rappelées. Ce n'est pas encore la guerre, ce n'est plus la paix.

La reconnaissance de la dignité impériale dans la personne de Napoléon par toutes les puissances, moins la Russie et l'Angleterre, ne lui suffit pas. Il faut qu'une consécration religieuse rende le nouveau trône respectable aux yeux du pays et des étrangers. Quel prêtre est digne de ce ministère si ce n'est le chef de l'Église? Napoléon sera sacré par le Saint-Père, mais il se couronnera lui-même. Loin de s'abaisser devant la cour de Rome dans le moment même où il lui demande une si grande faveur, d'une part, il supprime les jésuites; de l'autre, il proclame l'intégralité du territoire de la république italienne, ôtant ainsi au saint-siége tout espoir de voir récompenser ses complaisances spirituelles par une augmentation temporelle de puissance.

Lorsque l'Angleterre a proclamé qu'il n'y a point de droit des gens pour elle, la France a déclaré qu'elle ne reconnaît plus le corps diplomatique anglais. Les actes des deux gouvernements sont conformes à leurs doctrines. Un seul mois est signalé par un double attentat. Quoiqu'en paix avec la cour de Madrid, l'Angleterre attaque quatre frégates espagnoles, brûle une de ces frégates, fait périr trois cents personnes et conduit dans ses ports le reste de sa proie. L'Empereur Napoléon fait saisir sur la rive droite de l'Elbe un agent anglais, sir Rumboldt, accrédité auprès des villes anséatiques. Les deux faits sont condamnables, mais du côté de l'Angleterre se trouve l'atrocité sans remède. Par l'intervention de la Prusse, sir Rumboldt est mis en liberté et retourne à Londres. Qui pourrait rendre à la vie les trois cents victimes de la perfidie britannique ?

Deux nouveaux combattants sont descendus dans l'arène; la Suède, sous les drapeaux de l'Angleterre; l'Espagne, sous les drapeaux de la France.

Dès le milieu de 1804, le parti anti-français étant devenu le plus fort en Russie, le fil des coalitions s'est renoué assez ouvertement entre les cabinets de Pétersbourg et de Londres, secrètement entre ces cabinets et celui de Vienne. Entre la Russie et l'Angleterre, l'intention est arrêtée pour un temps prochain. A Vienne, elle l'est éventuellement pour une date à déterminer plus tard.

La Russie envoie avec éclat des agents extraordinaires à Londres, à Vienne et à Berlin. Sans connaître l'étendue des projets qu'on forme pour sa ruine, Napoléon doit s'attendre à tout ce que la haine peut imaginer de plus hostile contre lui et il restera au-dessous de la réalité. En janvier 1805, une base convenue entre l'Angleterre et la Russie, base sur laquelle on est assuré de l'assentiment de l'Autriche, est de « réduire la France à ses anciennes limites, telles « qu'elles existaient avant la révolution. » Eh bien! nous le demandons à tout homme de bonne foi. A la place de Napoléon, supposons qu'un miracle soudain ait replacé sur le trône de leurs aïeux Louis XVIII ou Charles X. Sans connaître avec certitude le dessein médité contre la France, ils le soupçonnent. Que feront Louis XVIII et Charles X? La France est passée entre leurs mains telle que l'ont faite les dernières guerres et les traités qui ont terminé ces guerres. On veut leur enlever ce que la France a été forcée de conquérir, ce que les traités lui garantissent; ils sauront le conserver. On veut particulièrement les chasser de toute l'Italie; ils s'y affermiront. Dispensés par leurs ennemis de toute espèce de ménagements, ils s'étendront même en Italie pour mieux s'y défendre. Il n'est pas un Bourbon de France qui n'eût dû penser, qui n'eût pensé ainsi. Ce qu'ils auraient fait, Napoléon le fera.

L'autorité élective a été remplacée en France par un pouvoir héréditaire. La république italienne se change aussi en royaume. Il y a quelques années, tous les cabinets européens auraient béni l'homme qui eût fait disparaître une république. Aujourd'hui ce ne sont plus les républiques que l'on redoute. On craint la force que l'hérédité donne à la France.

Gênes et Lucques sont des dépendances françaises, mais quelquefois elles forment des embarras que leur incorporation à la France ferait évanouir. Gênes demande sa réunion à l'empire, et sa réunion s'opère. Aussitôt un cri de réprobation s'élève de Vienne, de Londres et de Pétersbourg. Il faut punir l'usurpateur qui anéantit un État indépendant ! C'est pour venger la justice méconnue que l'Angleterre, la Russie et l'Autriche vont de nouveau accourir ensemble sur le champ de bataille. Ainsi le proclameront les manifestes russes et autrichiens. L'assertion des manifestes est fausse. La réunion de Gênes n'a lieu que dans le mois de juin. C'est, comme nous l'avons vu dès janvier, qu'on est d'accord pour réduire la France *à ses anciennes limites*. C'est le 11 avril qu'a été signé le traité de coopération pour l'accomplissement de ce grand projet, par conséquent, deux mois avant la réunion de Gênes.

Napoléon voit grossir l'orage, et cependant il ne désespère pas de finir encore auparavant la guerre d'un seul coup, de la finir à Londres. Les flottes et escadres françaises, sorties de Toulon et de Rochefort, ont à dessein égaré les forces navales de l'Angleterre à leur poursuite. La Manche est libre; l'Empereur est à Boulogne avec plus de cent mille hommes exercés à un embarquement et à un débarquement rapides. Tout est prêt pour la descente; elle est possible; elle est facile; elle dépend d'un seul homme. Villeneuve, s'il est fidèle à ses instructions, peut, au commencement du mois d'août, renforcé par les escadres françaises et espagnoles qui l'attendent, être devant Boulogne avec plus de cinquante vaisseaux de ligne. Villeneuve est au-dessous du rôle qui lui est confié. Il va se faire bloquer dans Cadix.

Les préparatifs de la coalition nouvelle sont devenus publics. Les troupes marchent; l'Empereur demande des explications. Celles qu'on lui donne révèlent la présence de la guerre; il part, il franchit le Rhin, fait une armée prisonnière à Ulm, bat à Austerlitz les deux empereurs; reuvoie Alexandre en Russie, dicte à François II la paix de Presbourg. Le continent est soumis, mais la souveraineté des mers a été assurée aux Anglais par la bataille de Trafalgar.

Une autre puissance s'est rangée parmi les ennemis de Napoléon, mais elle n'a pas été assez tôt prête pour le combat; c'est la Prusse. Depuis six ans, la Prusse et la France sont dans des rapports intimes. La France, depuis six ans, veut fonder la paix du continent sur l'alliance prussienne. Dès 1803, pour prix de cette alliance, le Hanovre a été offert à la cour de Berlin. Cette cour voudrait accepter le Hanovre, mais éviter l'alliance. Cependant elle s'enhardit par degrés. Après avoir, en 1804, refusé l'alliance sur la base du maintien de l'état existant en Italie, elle l'accepte [1]; en 1805, lorsque l'état existant comprend, de plus que l'année précédente, Gênes réunie à l'empire, et Lucques devenue principauté héréditaire.

Avant la guerre de 1805, Napoléon s'est engagé avec la Bavière à ne réclamer aucun territoire au-delà du Rhin. Il fait plus avec la Prusse; il lui offre de prendre avec elle l'engagement de n'accroître *par l'incorporation d'aucun État*

---

[1] Par des déclarations verbales. Elle reculera au moment de la signature du traité.

ni l'empire français ni le royaume d'Italie. Fidèle à sa promesse envers la Bavière, il ne réclamera aucun territoire en Allemagne. Si, par la paix de Presbourg, le royaume d'Italie reçoit un accroissement, c'est que la Prusse, après avoir, le 15 août, provoqué à son tour l'alliance, s'y sera refusée vingt jours plus tard. Au lieu d'alliance elle ne veut plus qu'un traité de neutralité; Napoléon y consent. Elle ne veut plus même de traité de neutralité; il s'y résigne encore.

Sur ces entrefaites est survenu le passage de Bernadotte par Anspach. La Prusse s'irrite; l'Empereur Alexandre accourt à Berlin, l'archiduc Antoine l'y suit de peu de jours, la Prusse accède à la coalition; mais elle ne peut agir que le 15 décembre, et auparavant elle veut faire des propositions à l'Empereur des Français. Dans l'intervalle, celui-ci a gagné la bataille d'Austerlitz. La Prusse se trouve seule en présence du vainqueur.

Tout ce que Napoléon demandait la veille à la Prusse, il le veut encore. Il offre encore le Hanovre et l'alliance; seulement cette fois il parle avec plus de précision: l'alliance ou la guerre: l'alliance est signée à Vienne le 15 décembre par le comte d'Haugwiz. A Berlin, on décompose l'ouvrage de Vienne; on met à l'alliance des conditions qui la détruisent; on ne prend le Hanovre qu'en dépôt. On envoie le comte d'Haugwiz à Paris pour faire agréer les modifications que l'on propose. La Prusse n'a pas voulu du traité tel qu'il a été proposé à Vienne. La France déclare que ce traité n'existe plus. Elle en dicte un nouveau; elle exige, outre la prise de possession du Hanovre, une rupture immédiate avec l'Angleterre. La même cour qui a rejeté le premier traité accepte le second. Quelle politique!

La paix de Presbourg a changé la face de l'Europe. Grace à l'alliance française, plusieurs États d'Allemagne se sont agrandis et ont été émancipés. Le royaume d'Italie s'est accru; les Bourbons de Naples se sont retirés en Sicile; un frère de Napoléon règne à Naples; un autre, en Hollande.

En Allemagne et en Italie, le traité de Presbourg s'exécutait de bonne foi entre l'Autriche et la France. Tout à coup cette exécution se trouve interrompue ailleurs. Un gouverneur autrichien livre aux Russes les Bouches de Cattaro, au lieu de les remettre aux Français. Braunau ne sera pas évacué; les troupes françaises prolongent leur séjour en Allemagne.

La mort qui, en 1801, avait enlevé à la France un allié puissant dans Paul Ier, lui enlève, en 1806, un redoutable ennemi, M. Pitt. M. Fox lui a succédé; la paix n'est plus impossible. La négociation s'ouvre sous d'heureux auspices; elle avance peu; les Anglais veulent une négociation commune avec la Russie; la France veut une négociation séparée avec chacune des deux puissances.

Des ouvertures ont eu lieu entre la France et la Russie à l'occasion des Bouches de Cattaro; des paroles de paix ont été articulées. Un plénipotentiaire russe se rend à Paris. La négociation marche rapidement.

Le 20 juillet, tout est d'accord, circonstance d'autant plus heureuse pour Napoléon que, peu de jours auparavant, la face de l'Allemagne a été changée et que ce changement n'a pas empêché le plénipotentiaire russe de passer outre à la signature de la paix.

Le changement que vient d'éprouver l'Allemagne est l'effet de la confédération du Rhin, dont Napoléon est le Protecteur. Par l'acte de la confédération, les princes qui en font partie ont rompu leurs liens avec l'empire germanique. En abdiquant le titre d'empereur d'Allemagne, François II a complété la dissolution de cet empire.

Le traité de la confédération du Rhin a été communiqué à la Prusse avec déclaration de l'assentiment de la France à la formation d'une confédération semblable, sous son protectorat, dans le nord de l'Allemagne. Il ne reste plus qu'à conclure la paix avec l'Angleterre. L'espoir en est permis. Après une longue résistance, lord Yarmouth vient enfin de remettre ses pleins pouvoirs. La position de la France semble admirable. Ces beaux jours ne sont pas longs.

Le gouvernement anglais blâme la démarche de son plénipotentiaire. Il reproche à la Russie sa défection et l'excite à rejeter le traité de paix qui vient d'être conclu, en son nom, avec la France. Il révèle à la Prusse le consentement donné par Napoléon à la restitution du Hanovre.

Tout change à Pétersbourg et à Berlin. En Prusse, on assiége le roi de rapports mensongers; on lui montre la France envahissant la Westphalie; la Bavière envahissant Bayreuth; les légations françaises promettant les dépouilles prussiennes à tout État qui voudra s'allier à Napoléon; la France et la Russie s'unissant pour dépouiller la Prusse et créer un royaume de Pologne dont le roi serait le grand-duc Constantin. Le 10 août, l'armée prussienne a été mise sur le pied de guerre.

A Pétersbourg, le parti anglais l'emporte. Le ministre des affaires étrangères, prince Czartoriski, cède la place au baron de Budberg; l'empereur Alexandre refuse sa ratification au traité du 20 juillet, et forme des prétentions nouvelles.

Cependant la Prusse, malgré la mobilisation de son armée, continue ses démarches pour organiser sa confédération du Nord. Napoléon, qui eût favorisé la Prusse amie, suscite des difficultés à la Prusse armée pour le combattre. On s'aigrit; la rupture est inévitable.

L'Angleterre le voit; ce n'est plus M. Fox qui dirige sa politique. Atteint depuis quelque temps d'une maladie sans remède, ce ministre meurt. Plus de pensée de paix. On ne respire maintenant que la guerre. Napoléon tâche d'en ôter tout prétexte. Ce que l'Angleterre désire pour elle-même, il le lui accorde. Elle convient qu'elle est satisfaite en ce qui la concerne, mais elle veut en outre tout ce que veut la Russie. Sur les demandes de cette dernière puissance, l'Empereur fait aussi des concessions; il montre l'intention d'en faire d'autres encore, mais la Prusse est prête; la guerre va s'ouvrir; l'Angleterre rompt la négociation; son plénipotentiaire part, et les Français, que la Prusse vient de sommer d'évacuer l'Allemagne, marchent à la rencontre de cette puissance.

Deux batailles en un jour, Iéna et Auerstaedt, ont vu tomber l'armée prussienne et, avec elle, la monarchie de Frédéric II. Places fortes, citadelles, corps d'armée épars en pleine campagne, tout capitule. Les capitulations autrichiennes de 1805, tant insultées en Prusse, sont, en 1806, dépassées par les capitulations prussiennes.

Napoléon est à Berlin; il y marque son séjour par la mesure la plus terrible qui ait jamais été prise contre l'Angleterre, le blocus continental. Pour une suspension d'armes, comme pour la paix même, les négociations avec la Prusse ont échoué. L'armée française entre en Pologne; elle traverse Varsovie, bat les Russes à Pultusk et à Golymin, reste maîtresse du champ de bataille d'Eylau et prend ses quartiers d'hiver.

La Pologne tout entière aurait pu courir aux armes, si Napoléon eût voulu l'y appeler. Napoléon s'abstient d'encourager une ardeur imprudente qui, en le servant, pourrait ne préparer qu'un redoublement de souffrance aux provinces soumises à la domination autrichienne ou russe. Des députés de ces provinces lui offrent leur dévoûment et leurs bras. C'est lui qui les refuse, c'est lui qui les met en garde contre les périls auxquels ils s'exposent et dont il n'a pas la certitude de pouvoir leur épargner les suites. Quant aux provinces polonaises dépendantes de la Prusse, sa résolution est différente. Celles-là, il les organise, il accepte leur coopération, parce qu'avec l'intention de les affranchir il croit en avoir la possibilité [1].

Dans les derniers mois de 1806, une armée russe a envahi les principautés de Moldavie et de Valachie. La guerre a été déclarée à la Russie par la Porte-Ottomane.

Les Anglais ont appuyé les Russes. Le Divan, au commencement de 1807, a de même déclaré la guerre aux Anglais. Une flotte britannique a menacé Constantinople; elle a été obligée de repasser les Dardanelles. L'Angleterre fait une descente en Égypte d'où elle est bientôt chassée. Napoléon a conclu sous sa tente des alliances avec les ambassadeurs de Turquie et de Perse.

Danzig a succombé; la campagne vient de se rouvrir. Heilsberg et Friedland ont été pour l'armée russe ce qu'ont été Iéna et Auerstaedt

---

[1] Les Polonais eux-mêmes, éclairés sur les obstacles qui s'opposent à l'entière recomposition de leur ancienne existence, savaient gré à Napoléon de ce qu'il aurait voulu faire, tout en s'affligeant qu'il ne fît pas ce qu'ils auraient désiré. Aussi lui resteront-ils inviolablement attachés jusqu'à son dernier jour. « Bien différents en cela de ces peuples transfuges qui insultè-
« rent plus tard au colosse tombé, les Polonais, dit *l'historien*
« *des Légions polonaises en Italie*, M. Léonard Chodzko,
« succomberont en rangs serrés autour de ce drapeau qu'ils ont
« juré de défendre. »

pour l'armée prussienne. Des paroles de paix ont été portées; la paix a été faite au moment où les deux empereurs se sont embrassés au milieu du Niémen; et ce n'est pas la paix seulement qu'a produit leur entrevue, c'est une alliance.

Non contente de rejeter la médiation de la Russie, l'Angleterre bombarde Copenhague et enlève la flotte danoise. La Russie déclare tous rapports rompus entre elle et l'Angleterre. Par l'union de la Russie à la France et par l'influence de cette union, l'Angleterre se trouve repoussée de tous les ports du continent. Là est, selon moi, le point culminant de la puissance de Napoléon. Ses possessions s'étendront encore; sa véritable force ne s'accroîtra plus.

Il en est de même de son autorité en France. Éblouie de sa gloire au-dehors, de l'importance de ses travaux au-dedans, la France se livre sans réserve à un pouvoir qu'elle ne limite plus et qui ne sait pas se limiter lui-même. Tout lui est dévoué par enthousiasme, par intérêt ou nécessité. Les entraves constitutionnelles, dont le maintien eût été un bienfait pour lui-même, ont cédé à son esprit dominateur; ses volontés n'ont plus d'obstacles à craindre.

Déja sa dynastie tient une grande place dans les annuaires européens. Trois de ses frères sont rois; ses beaux-frères, grands-ducs ou princes.

Des mariages ont joint sa famille aux maisons de Bavière, de Bade et de Virtemberg. Si une autre alliance, plus éclatante encore, n'a lieu que plus tard, dès Tilsitt elle est possible.

Que devient cependant l'héritier des anciens rois de France? L'Angleterre elle-même n'ose plus le reconnaître.

Jamais monarque ou citoyen, prince nouveau ou souverain héréditaire, soit dans l'antiquité, soit dans les temps modernes, n'a exercé une aussi vaste influence que Napoléon, et surtout une influence qui fût, à l'instar de la sienne, le produit de ses actes comme politique et comme guerrier. De quels éléments était composé le monde soumis par Alexandre, comparativement avec ceux dont se forme l'Europe actuelle? Qu'étaient les empires d'Asie et leurs moyens de résistance, mis en parallèle avec les monarchies de Prusse, de Russie et d'Autriche? Quant à César, qui ne fit qu'une guerre pour Rome et dont la principale gloire fut de vaincre dans les guerres civiles, quel avantage, sous ce rapport seul, n'a pas sur lui Napoléon dont tous les triomphes furent obtenus sur l'ennemi étranger? Dans des siècles moins éloignés, pour dominer l'Europe, fallut-il autant de génie à Charlemagne et à Charles-Quint? Considéré en 1807, Napoléon s'élève comme le plus éclatant de ces phares animés que la Providence fait briller de loin en loin sur l'océan des âges, pour montrer de quels prodiges est capable le développement le plus complet de l'intelligence humaine, secondé dans son action de toute la faveur de la fortune. Ces phénomènes de grandeur et de puissance portent-ils avec eux le bonheur pour les peuples ? Le bonheur ? Non, mais ils donnent à l'ordre social des secousses qui ne sont pas sans résultat utile pour l'humanité. Jusqu'à présent les efforts qu'a faits Napoléon, même au milieu de la guerre, pour ouvrir à la nation française toutes les sources de richesse et de prospérité domestiques, rendent l'opinion indulgente envers lui. Non seulement, dans le cours de ses campagnes, malgré son éloignement de la France, sa pensée vivifiante se révèle et agit sur tous les points de l'intérieur, mais le commerce, l'industrie s'élancent à la suite de ses armées et vont recueillir une part de ses conquêtes. En faveur du bien qu'il aura voulu, on lui pardonnera long-temps le mal qu'il aura fait. Au moment de la paix de Tilsitt, le mal qu'il a pu déjà faire est oublié comme s'il eût été un moyen indispensable pour arriver au point où l'on est parvenu, et il n'est pas d'espérance que ne permette l'avenir.

Jusqu'à présent le rôle de l'historien a été en général doux, heureux et brillant ; chaque année désormais, sa tâche va devenir plus pénible. Toutefois nous devons faire ici une observation, qui peut-être eût été mieux placée au commencement de notre travail. Elle porte sur un penchant honorable du caractère français contre lequel il est à désirer que le lecteur se tienne en garde, s'il ne veut s'égarer dans ses jugements. Ce n'est pas à la France que l'on peut reprocher l'égoïsme comme nation. Jamais peuple ne fit si bon marché de lui-même à l'amour-propre étranger que le peuple français. C'est parmi nous une habitude généreuse, désintéressée, héroïque même, si l'on veut, mais très-impolitique, car on en profite à notre désavantage, de tout pardonner aux puissances étrangères, de permettre à leur ambition l'essor le plus illimité, d'admettre comme légitimes leurs plus coupables usurpations, tandis que nous condamnons pour nous, pour notre gouvernement, ce que nous approuvons pour les autres.

Dès long-temps tout équilibre a été rompu en Europe. Les puissances de premier ordre n'ont point d'autre idée que des idées d'agrandissement. Lorsqu'elles se sont armées nominalement contre la révolution française, elles se sont armées en effet pour conquérir.

A Valenciennes, à Condé, l'Autriche en a-t-elle

fait mystère? plus tard, elle ne dissimule pas que son principal objet dans la guerre est la possession de l'Italie.

Toulon, Quiberon, crient assez haut que détruire notre marine est la constante pensée de l'Angleterre. Est-ce pour l'équilibre européen qu'elle exécute ou tente des conquêtes aux Antilles, dans l'Inde, en Afrique et dans l'Amérique méridionale?

Chaque jour la Russie s'étend aux dépens de la Turquie et de la Perse.

Les empiètements, les spoliations auxquels se livrent ces cabinets, notre indulgence les considère comme les effets tout naturels d'une politique juste et bien entendue. C'est pour nous-mêmes que nous réservons toute notre sévérité.

Que notre gouvernement, qui n'a conquis du territoire étranger qu'en repoussant l'invasion de notre propre sol, retienne, pour prix des victoires qu'on l'a contraint de remporter, la dixième partie de ce qui a été occupé par ses armes; qu'il se venge de la première coalition en se donnant la Belgique et la rive gauche du Rhin; de la seconde, en gardant le Piémont; de la troisième, en plaçant dans son système fédératif Naples et Venise; de la quatrième, en réduisant la monarchie prussienne, c'est lui qu'on accuse d'immodération, lorsque même avant la guerre de 1805, dans le désir d'assurer la paix du continent, en offrant son alliance à la Prusse, il lui proposait d'établir pour condition fondamentale qu'en cas de guerre « aucun « État ne serait incorporé ni à l'empire français « ni au royaume d'Italie. »

Quand l'Angleterre, la Russie et l'Autriche sont lancées dans le vague d'une extension perpétuelle, la France, appelée par elles sur le champ de bataille, peut-elle rester une puissance circonscrite? Est-il en son pouvoir d'avoir une limite fixe, quand les autres n'en ont pas; lorsque, le lendemain de la paix, on lui conteste de nouveau la frontière que les traités lui ont assurée la veille? L'Angleterre, l'Autriche, la Russie et la France sont donc des puissances également dépourvues de barrières, des puissances également envahissantes. A la fin de chaque guerre, on ne fait que marquer le point d'où partira la guerre prochaine, et chacune le marque le plus loin qu'elle peut sur le terrain de l'ennemi.

Ce n'est pas la France, ce n'est pas Napoléon qui a donné cet exemple. Le fruit de nos premières campagnes n'avait fait que nous rendre, dans l'ordre européen, la part de prépondérance que nous avions perdue par le partage de la Pologne. Loin de nous laisser cette compensation, jamais l'Angleterre n'a donné une sanction définitive à l'acquisition de la Belgique par la France. Lorsque Rome et Hambourg étaient des villes françaises, c'était encore pour la Belgique que Napoléon avait à combattre contre l'Angleterre. Tranchons la question d'un seul mot, en portant nos regards vers les temps qui vont suivre. Cet homme qui, à en croire ses ennemis, était le fléau du monde, Napoléon a succombé. Qu'ont fait les héritiers de sa suprématie, ces amis du genre humain, ces vengeurs des droits des nations et de l'indépendance des gouvernements? Le monde sans doute est libre par eux? Ils l'ont partagé [1].

Ici se termine la partie de mon ouvrage dont la publication a été annoncée; mais, sans anticiper sur l'avenir, il est un fait actuel que je dois constater. C'est à 1807 qu'appartient le germe d'où sortira la perte de Napoléon.

Pour forcer l'Angleterre à la paix conformément à l'alliance de Tilsitt, la Russie doit agir contre la Suède; la France, contre le Portugal; ou, pour traduire plus largement la pensée des deux empereurs, la Russie laisse à Napoléon pleine liberté d'action sur le midi de l'Europe; la France laisse à l'empereur Alexandre une égale liberté dans le nord, en ce qui concerne la

---

[1] Les faits ont déjà fait voir si le partage était définitif.

Suède, et de plus il lui fait espérer une certaine tolérance du côté de la Turquie. En conséquence de ces concessions réciproques, la France se trouvera engagée dans l'horrible guerre d'Espagne ; la Russie, dans une guerre dont les dangers seront insignifiants, les résultats certains, l'avantage immense et immédiat, l'acquisition de la Finlande. La France pensera qu'une si belle acquisition doit suffire à la Russie. Alexandre ne s'en contentera pas.

Un moment, Napoléon a admis la possibilité d'un partage éventuel de l'empire ottoman. Dans l'éventualité, l'empereur Alexandre a voulu voir une certitude. Aussi le partage ne cessera-t-il d'être réclamé par ce prince. Napoléon s'y refusera par un double motif. Il le repoussera, sous le point de vue politique, parce que le lot de la France, quelque magnifique qu'il fût, serait toujours une source d'embarras et de dangers, tandis que celui de la Russie serait tout en réalités et en valeurs positives. Il le repoussera, sous le point de vue militaire, parce qu'il regarde l'empire turc comme un marais qui empêche la Russie de le déborder par sa droite. De là refroidissement graduel entre les deux empereurs. Ainsi Napoléon, après une déviation passagère, revient au système fondamental du cabinet de Versailles, système qui est celui de toutes les grandes puissances et aussi de quelques puissances de second ordre. Peut-être même le système auquel il se dévoue est-il d'un intérêt moins vif, moins prochain pour lui que pour l'Angleterre, sa perpétuelle ennemie; pour l'Autriche, son ennemie intermittente; pour la Prusse, qu'il vient de combattre; pour la Suède, qu'il combat encore. Aux yeux de la vieille politique des cabinets, il est amplement justifié, trop bien justifié peut-être, car le cours du temps qui révèle la vanité des calculs humains, nous montre déjà, sous un jour nouveau, la politique à laquelle on attachait une si haute importance. Aujourd'hui, à vingt années seulement de distance, l'extension de la Russie vers Constantinople, l'occupation même de Constantinople par la Russie, ainsi que, dès Tilsitt, Alexandre en formait la demande à Napoléon, pourraient encore être une calamité pour l'Angleterre et pour l'Autriche, mais on ne tient plus pour démontré que c'en fût une également pour le reste de l'Europe, et particulièrement pour la France. C'est toutefois à cette prévention du temps que l'Empereur Napoléon a, sans le prévoir, lié sa destinée. C'est d'une opinion antérieurement établie, opinion plus ou moins juste en elle-même, et dont la sagesse est depuis devenue problématique, qu'il va faire dépendre, en la soutenant avec trop de fermeté, le sort de son propre empire. Un jour, on attribuera sa chute à vingt causes différentes, à des causes matérielles ou morales, comme la guerre d'Espagne et la compression des idées libérales en France. Sans examiner la part de concours accessoire que chacune de ces causes a pu exercer sur le renversement du gouvernement impérial, il est une cause première qui, d'un aveu unanime, a développé ou fortifié toutes les autres, c'est la guerre de Russie. Or, la guerre de Russie a eu, ce que généralement on ignore, sa véritable racine dans la question turque. De cette question est né le dissentiment qui s'est graduellement fait sentir entre les cabinets de Paris et de Pétersbourg, et, dans la rupture que ce dissentiment a produite, se trouve le principe décisif de la ruine de Napoléon. Il en résulte qu'en dépit de tous ses torts sous d'autres points de vue, en dépit de ses erreurs, de ses fautes, c'est à des idées saines ou réputées telles qu'il faut faire remonter l'origine de sa perte. Deux idées principales ont notoirement dominé sa politique, l'une dès le jour de son avénement au pouvoir, l'autre plus particulièrement depuis 1807. Dans sa lutte pour le triomphe de la première, la répression du despotisme maritime de l'Angleterre, il était le défenseur des droits de tous les peuples, le champion du genre humain. Dans son attachement à la seconde, la protection de la Turquie, il se dévouait pour le maintien d'un système considéré alors comme étant d'un intérêt européen. Ainsi en réalité il périra pour n'avoir pas voulu sacrifier aux Anglais la liberté des mers; il périra pour n'avoir pas voulu sacrifier à la Russie l'existence ni même l'intégralité de l'empire ottoman.

FIN DU SIXIÈME VOLUME.

TABLE
DES CHAPITRES.

CHAPITRE LXV.

GUERRE ET POLITIQUE.

Proposition d'armistice faite par le roi de Prusse. — Refus de Napoléon. — Proclamation de Napoléon à la nation saxonne. — Renvoi des prisonniers saxons. — Imprévoyance du gouvernement prussien. — Capitulation d'Erfurt. — Poursuite des Prussiens par les Français. — Défaite de la réserve prussienne à Hall. — Honneur décerné au maréchal Davoust d'entrer le premier à Berlin. — Napoléon au tombeau de Frédéric à Potsdam. — Capitulation de Spandau. — Entrée de Napoléon à Berlin. — Arrestation et mise en liberté du prince d'Hatzfeld. — Égards de Napoléon pour la famille royale. — Paroles plus que sévères de Napoléon sur la cour de Prusse. — Témoignages de satisfaction donnés au corps du maréchal Davoust. — Proclamation de l'Empereur à l'armée. — Opérations militaires. — Capitulation du prince de Hohenlohe à Prentzlau. — Le prince Auguste Ferdinand fait prisonnier. — Capitulation de Stettin. — Poursuite du corps de Blucher par le prince de Ponte-Corvo. — Attaque de Blucher à Lubeck. — Capitulation de Blucher à Ratkau. — Capitulation des places de Hameln et de Nienbourg. — Prise de Czenstokau. — Entrée de l'armée française en Pologne — Activité de la vie politique de Napoléon. — Sévérité de l'Empereur envers le duc de Brunswick. — Griefs de la France contre l'électeur de Hesse. — Tentative de négociation faite par ce prince. — Occupation des possessions du prince d'Orange-Fuld. — Occupation du duché de Mecklenbourg-Schwerin. — Procédés bienveillants de l'Empereur envers l'électeur de Saxe. — Différence du jugement des peuples sur l'électeur de Saxe et l'électeur de Hesse. — Traité de paix avec la Saxe. — Article remarquable de ce traité. — Accession de plusieurs princes à la confédération du Rhin. — Négociation avec la Prusse. — Conditions proposées par l'Empereur. — Refus impolitique de Lucchesini de souscrire à ces conditions. — Refroidissement de l'Empereur pour la conclusion de la paix. — Remarque déplacée du marquis de Lucchesini. — Motifs de Napoléon pour ne pas conclure une paix partielle avec la Prusse. — Conclusion d'une suspension d'armes. — Conditions de cette suspension d'armes. — Refus du roi de la ratifier. — Organisation d'une administration française pour les pays conquis. — Prestation de serment à Napoléon par les autorités prussiennes. — Contributions extraordinaires de guerre. — Exemples antérieurs imités par Napoléon. — Exemple d'une junte autrichienne établie à Condé en 1793. — Paroles de Napoléon au ministre turc à Berlin.................................... 1

CHAPITRE LXVI.

AFFAIRES EXTÉRIEURES ET INTÉRIEURES.

Décret du blocus continental. — Initiative en Angleterre, représailles en France. — Texte du décret sur le blocus. —

Message de l'Empereur au Sénat. — Satisfaction en France de la défaite des Prussiens. — Réponse et députation du Sénat à l'Empereur. — Soins donnés à la littérature. — Accueil distingué fait par Napoléon aux hommes de lettres et aux savants. — Proclamation à l'armée française, datée de Posen. — Décret pour l'élévation d'un monument en l'honneur de l'armée. — Projet d'un édifice monumental pour la bourse de Paris. — Question polonaise. — Réserve de Napoléon sur la question du rétablissement de la Pologne. — Interprétations fausses des sentiments de Napoléon. — Gravité des obstacles qui s'opposent au rétablissement de la Pologne — État des rapports de la France et de l'Autriche. — — Convention entre la France et l'Autriche pour la reprise des Bouches du Cattaro. — Proposition d'alliance entre la France et l'Autriche. — Neutralité équivoque de la cour de Vienne. — Langage du général Andréossy à l'Empereur d'Autriche. — Plaintes de l'Autriche sur les proclamations polonaises. — Projet d'échange de la Silésie prussienne contre la Gallicie. — Indifférence de l'Autriche pour l'empire ottoman. — Conduite prudente de l'Empereur Napoléon à l'égard de la Pologne. — Établissement d'un gouvernement provisoire à Varsovie. — Ménagements de Napoléon pour les Polonais. — Déclaration de Napoléon sur les pays entre le Rhin et l'Elbe. — Organisation de régiments dans la Westphalie. — Abaissement des anciennes grandeurs devant la grandeur nouvelle. — Injustices réparées. — Arrangements avec Leipsig et Hambourg. — Soins de Napoléon pour l'armée. — Participation des alliés à tous les avantages de la conquête. — Affaires intérieures. — Instructions sur les questions à soumettre au grand-sanhédrin............59

CHAPITRE LXVII.

POLITIQUE EXTÉRIEURE.

Confiance du roi de Prusse dans la Russie. — Refus du gouvernement anglais de cautionner des emprunts russes. — Division de l'armée russe en deux corps sous les ordres de Benigsen et de Buxhofden. — Combats de Nasielsk, Czarnowo, etc. — Affaires plus graves de Pultusk et de Golymin. — Retraite de la cour de Prusse de Königsberg sur Mémel. — Ouvrages pour la défense de la Vistule. — Position de l'armée française. — Projet audacieux de Benigsen. — Combat de Mohrungen. — Arrivée de deux divisions russes tirées de la Moldavie. — Mouvements de l'armée française. — Lettre de l'Empereur au prince de Ponte-Corvo interceptée par les Russes. — Instructions diverses données par l'Empereur avant de quitter Varsovie. — Message au Sénat du 29 janvier. — Ordres donnés au général Marmont commandant en Dalmatie. — Combats de Passenheim, Bergfried, Deppen, Waltersdorf, Hof et Heilsberg. — Combat devant Eylau. — Bataille d'Eylau. — Retraite des Russes sur Königsberg. — Observations sur la perte des Français. — Mouvements des Français pour prendre des quartiers d'hiver. — Affaire d'Ostrolenka. — Prise des places de Breslau, Brieg et Schweidnitz. — Combats en Poméranie. — Activité de Napoléon pour l'approvisionnement de son armée. — Raisonnements des ennemis de Napoléon sur son obstination à prendre des quartiers d'hiver. — Motifs de sa conduite. — Différence de valeur entre l'homme civilisé et le barbare 105

CHAPITRE LXVIII.

POLITIQUE EXTÉRIEURE.

Motifs de l'Empereur pour tenter les voies de la négociation. — Lettre de l'Empereur au roi de Prusse. — Traité de paix entre la Prusse et l'Angleterre. — Avance de fonds faite à la Prusse par le gouvernement anglais. — Convention de Bartenstein entre la Prusse et la Russie. — Conformité du principe de la convention de Bartenstein avec le traité d'avril 1805. — Mission de M. de Vincent à Varsovie. — Intrigues de la Russie à Vienne. — Mission du prince Gagarin à Vienne. — Opposition de l'archiduc Charles à la guerre. — Convention qui dispense l'Autriche de concourir à la reprise de Cattaro. — Offre de médiation faite par l'Autriche. — Motifs de cette proposition. — Réponse de la Russie. — Réponse de l'Angleterre. — Réponse de la Prusse. — Réponse de la France. — Bases de négociation proposées par l'Empereur des Français. — Déviation de la politique anglaise et autrichienne à l'égard de l'empire ottoman. — Arrivée à Constantinople du général Sébastiani, ambassadeur de France. — Déposition des hospodars de Moldavie et de Valachie sur la demande de la France. — Note du général Sébastiani. — Déclaration du ministre russe Italinski. — Entrée des Russes en Moldavie. — Déclaration de guerre de la Porte-Ottomane à la Russie. — Intervention de l'ambassadeur de France en faveur de l'Envoyé russe. — Arrestation du consul général de France à Jassy. — Motifs de l'invasion de la Moldavie. — Écarts de la politique anglaise envers la Turquie. — Demandes adressées au divan par l'Envoyé d'Angleterre. — Départ de l'ambassadeur Arbuthnot pour Ténédos. — Causes du départ de cet ambassadeur. — Déclaration de guerre de la Porte-Ottomane à l'Angleterre. — Entrée de la flotte anglaise dans le passage des Dardanelles. — Ultimatum de l'ambassadeur d'Angleterre. — Invitation faite par le sultan Sélim au général Sébastiani de se retirer. — Refus du général Sébastiani. — Résolution de défendre Constantinople adoptée par le sultan Sélim. — Travaux défensifs dirigés par l'ambassadeur de France. — Concours actif de tous les Français et ardeur de la population turque. — Négociations infructueuses des Anglais avec la Porte-Ottomane. — Retraite de la flotte anglaise. — Reconnaissance du sultan Sélim envers l'ambassadeur de France. — Arrivée de nouveaux officiers français à Constantinople. — Influence de l'ambassadeur de France auprès de la Porte-Ottomane. — Principe vrai de la conduite de l'Angleterre.................. 152

CHAPITRE LXIX.

POLITIQUE EXTÉRIEURE.

Changement dans l'esprit du cabinet anglais. — Nouveau plan de finances. — Différence de la politique de M. Pitt et de celle de M. Fox. — Caractère de l'expédition d'Égypte. — Remarques sur l'abandon d'Alexandrie. — Prise de Curaçao. — Expéditions dans l'Amérique méridionale. — Remarques sur ces expéditions. — Discussions du parlement. — Changement du ministère à l'occasion d'un bill en faveur des catholiques. — Abolition de la traite des Noirs. — Rejet d'une loi sur les franches-tenures. — Vote de remercîments pour la bataille de Maida. — Ordre du Conseil du 7 janvier 1807. — Traits distinctifs de l'administration Fox et Grenville. — Composition du nouveau ministère. — Rejet de la proposition d'exprimer des regrets sur la retraite des ministres. — Rejet d'une proposition contre les engagements à prendre par les ministres. — Nouveau parlement. — Addition aux rigueurs de la loi sur l'insurrection d'Irlande. — Traités de subsides avec la Suède et la Prusse........ 211

CHAPITRE LXX.
AFFAIRES INTÉRIEURES ET EXTÉRIEURES.

Napoléon dans ses quartiers d'hiver. — Préparatifs militaires. — Message de l'Empereur au Sénat. — Formation d'un corps d'observation sur l'Elbe. — Appel de troupes espagnoles en Prusse pour faire partie de ce corps. — Ménagements de Napoléon pour la Suède. — Armistice entre la France et la Suède. — Ambassadeurs de Turquie et de Perse au quartier-général de Napoléon. — Alliance avec la Turquie et la Perse. — Projet d'envoyer vingt-cinq mille Français sur le bas Danube. — Projet d'envoyer une escadre française dans la mer Noire. — Prudence de Napoléon à l'égard de la Pologne. — Mesures relatives à la Pologne prussienne. — Soins donnés aux affaires intérieures de la France. — Secours aux manufactures. — Surveillance des intérêts du commerce. — Encouragements aux sciences, aux lettres et aux arts. — Mécontentement de l'Empereur sur la critique littéraire telle que l'exercent les journaux. — Opinion de l'Empereur sur les moyens d'encourager la littérature. — Projet d'un grand enseignement pour l'histoire et la géographie. — Résultat des délibérations du grand Sanhédrin. — Observations de l'Empereur sur le plan du Temple de la gloire. — Prix proposé sur le croup. — Améliorations financières. — Introduction de la comptabilité à partie double dans les finances de l'État. — Situation des recettes de l'année. — Situation des dépenses. — Finances de l'Angleterre............236

CHAPITRE LXXI.

ÉVÉNEMENTS MILITAIRES.

Siége de Danzig. — Capitulation de Danzig. — Actions d'éclat de plusieurs officiers et soldats. — Décret qui confère au maréchal Lefèvre le titre de duc de Danzig. — Capitulation des places de Neiss, Kosel et Glatz en Silésie. — Ouverture d'une nouvelle campagne par le général Benigsen. — Affaires de Spanden et de Lomitten. — Affaire de Guttstadt. — Plan des Russes déconcerté. — Retraite de Benigsen sur Heilsberg. — Bataille d'Heilsberg. — Bataille de Friedland. — Entrée des Français à Königsberg. — Retraite des Russes au-delà du Niémen. — Suspension d'armes entre les Français et les Russes. — Armistice séparé entre les Français et les Prussiens. — Proclamation de Napoléon à l'armée............282

CHAPITRE LXXII.

TRAITÉS DE PAIX ET D'ALLIANCE.

Négociation directe entre les deux empereurs. — Motifs des deux empereurs pour désirer une entrevue. — Entrevue sur le Niémen. — Rapprochement amical des deux armées. — Intimité des deux empereurs. — Désavantage de la position du roi de Prusse. — La reine de Prusse à Tilsitt. — Conclusion de traités de paix séparés avec la Russie et la Prusse. — Substance du traité de paix avec la Russie. — Substance du traité de paix avec la Prusse. — Article secret avec la Prusse. — Substance de la convention du 12 juillet pour l'exécution du traité de paix avec la Prusse. — Traité secret d'alliance entre la France et la Russie. — Stipulations de l'alliance relatives à l'Angleterre. — Stipulations de l'alliance relatives à la Turquie. — Autres stipulations secrètes de Tilsitt. — Rapprochement des conditions souscrites, en 1807, par la Russie avec celles qu'elle avait refusé de ratifier en 1806.................................. 313

CHAPITRE LXXIII.

EXAMEN DES TRAITÉS DE TILSITT.

Pensée dominante des traités de Tilsitt. — Reproches faits à Napoléon à l'occasion des traités de Tilsitt. — Reproche de n'avoir point rétabli la Pologne. — Reproche d'avoir abandonné la cause de la Turquie. — Reproche d'avoir affaibli la Suède. — Reproche d'avoir fait trop ou trop peu à l'égard de la Prusse. — Paroles de Napoléon à des députations de la Prusse. — Débats sur les contributions à payer par la Prusse. — Intervention de l'Empereur Alexandre en faveur de la Prusse. — Avantages des traités de Tilsitt pour la France. — Diversité des motifs qui ont déterminé la conduite de l'empereur de Russie. — Justification du ministère anglais sur sa conduite envers la Russie. — Dispositions des deux empereurs au moment de leur séparation. — Napoléon a-t-il négligé de s'appuyer sur les peuples? — Statut constitutionnel du duché de Varsovie. — Constitution du royaume de Westphalie.............................. 350

CHAPITRE LXXIV.

POLITIQUE INTÉRIEURE ET POLITIQUE EXTÉRIEURE.

Changements opérés dans la constitution française. — Suppression du Tribunat. — Organisation nouvelle du Corps législatif. — Circonstances qui favorisent l'accroissement de l'autorité impériale. — Discours de Napoléon au Corps législatif. Exposé de la situation de l'empire. — Retour de la Russie aux principes de la neutralité maritime. — Offre de médiation de la Russie au gouvernement anglais et réponse de ce gouvernement. — Expédition anglaise préparée dès le mois de juillet contre le Danemark. — Abandon du roi de Suède par l'Angleterre. — Négociation dérisoire de l'Angleterre avec le Danemark. — Débarquement de l'armée anglaise. — Proclamation du prince royal de Danemark. — Bombardement et capitulation de Copenhague. — Joie barbare en Angleterre. — Manifeste de l'Angleterre. — Tentatives inutiles de négociation de l'Angleterre avec le Danemark. — Mesures du Danemark contre les Anglais. — Violences des Anglais contre les bâtiments des États-Unis. — Attaque d'une frégate américaine par les Anglais. — Déclaration du gouvernement américain. — Tendance respective de l'Empereur Napoléon et de l'empereur Alexandre. — Envoi du général Savary à Pétersbourg. — Opposition de la noblesse russe au système français. — Situation délicate de l'Empereur Alexandre. — Langage de l'empereur Alexandre au chargé d'affaires de France. — Discussion entre la Russie et l'Angleterre sur les événements de Copenhague. — Déclaration de la Russie portant rupture de tous ses rapports avec l'Angleterre. — Retard de la Russie à évacuer les provinces turques. — Accord parfait des deux Empereurs sur les autres questions. — Communications confidentielles d'Alexandre relatives aux Bourbons. — Départ de S. M. Louis XVIII de Mittau pour l'Angleterre. — Résolution du ministère anglais d'assigner l'Écosse pour résidence à Louis XVIII. — Refus de Louis XVIII de se rendre en Écosse. — Motifs du ministère anglais à l'appui de sa résolution. — Asile accordé à S. M. Louis XVIII dans le comté d'Essex. — Apogée de

Napoléon. — Résumé des principaux événements qui ont eu lieu depuis le 18 brumaire. — Sévérité des jugements des Français pour leur propre gouvernement et indulgence pour les gouvernements étrangers. — Impossibilité pour la France d'être une puissance circonscrite quand l'Angleterre, la Russie, l'Autriche, ne le sont pas. — Acharnement de l'Angleterre à repousser la France dans ses anciennes limites. — Principe de la perte de Napoléon enfermé dans les engagements de Tilsitt..................................... 392

FIN DE LA TABLE DU TOME SIXIÈME.

ERRATA DES TOMES IV, V ET VI.

TOME IV.

Page 45, ligne 22; le 2 décembre, *lisez* le 2 novembre.
— 76, — 12; au plus degré, *lisez* au plus haut degré.
— 327, — 20; Angleterre, *lisez* Autriche.

TOME V.

Page 225, ligne 27; Nieburh, *lisez* Nienbourg.
— 261, — 3, Budua, *lisez* Budna.

TOME VI.

Page 69, ligne 22; quel est le corps délibérant, *lisez* quel corps délibérant.

www.ingramcontent.com/pod-product-compliance
Lightning Source LLC
Chambersburg PA
CBHW050609230426
43670CB00009B/1332